O dia a dia das creches e pré-escolas

Os direitos autorais desta obra serão destinados para as seguintes associações:
Associação de Pais e Funcionários da Creche OESTE – APEF
Associação de Pais e Funcionários da Creche Central
Associação de Pais e Educadores da Creche Carochinha – Coseas USP

D536   O dia a dia das creches e pré-escolas : crônicas brasileiras / Ana
        Maria Mello ... [et al.]. – Porto Alegre : Artmed, 2010.
        248 p. ; 23 cm.

        ISBN 978-85-363-2129-5

        1. Educação infantil. 2. Pré-escola. I. Mello, Ana Maria.

                                                            CDU 373.2

Catalogação na publicação: Renata de Souza Borges CRB-10/1922

O dia a dia das creches e pré-escolas

Crônicas brasileiras

Ana Maria Mello
Cristina Mara da Silva Corrêa
Flaviana Rodrigues Vieira
Natália Bortolaci
Rodrigo Humberto Flauzino
Vivian Cristina Davies Sobral
e colaboradores

2010

© Artmed Editora, 2010.

Capa
Ângela Fayet Programação Visual

Ilustrações
Ilustrações da capa são das crianças das cinco creches
Divisão de Creches Coseas – USP
Bumbas-meu-boi feitos: pais da Creche de São Carlos

Preparação do original
Cristine Henderson Severo

Editora sênior – Ciências humanas
Mônica Ballejo Canto

Projeto e editoração
Armazém Digital® Editoração Eletrônica – Roberto Carlos Moreira Vieira

Reservados todos os direitos de publicação, em língua portuguesa, à
ARTMED® EDITORA S.A.
Av. Jerônimo de Ornelas, 670 - Santana
90040-340 Porto Alegre RS
Fone (51) 3027-7000 Fax (51) 3027-7070

É proibida a duplicação ou reprodução deste volume, no todo ou em parte, sob quaisquer formas ou por quaisquer meios (eletrônico, mecânico, gravação, fotocópia, distribuição na Web e outros), sem permissão expressa da Editora.

SÃO PAULO
Av. Angélica, 1091 - Higienópolis
01227-100 São Paulo SP
Fone (11) 3665-1100 Fax (11) 3667-1333

SAC 0800 703-3444

IMPRESSO NO BRASIL
PRINTED IN BRAZIL
Impresso sob demanda na Meta Brasil a pedido de Grupo A Educação.

Agradecimentos

Este livro é fruto de debates acumulados ao longo de quase 30 anos junto a funcionários, pais e crianças das Creches da Coseas – USP, os quais gostaríamos de agradecer carinhosamente.

É resultado também de muitas reflexões e de influências de pessoas às quais somos gratos, como, por exemplo, professores, especialistas, pesquisadores e pensadores:

Maria Clotilde Rossetti-Ferreira, Zilma de Moraes R. de Oliveira, Iara Mattos (*in memorian*), Maria Victoria Benevides, Rita de Cássia Coelho, Fulvia Rosemberg, Maria Malta Campos, Heloisa Dantas, Carmem Craidy, Madalena Freire, Sonia Kramer, Telma Weiss, Tizuko Kishimoto, Marta Kohl, Lino de Macedo, Yves de La Taille, e mais recentemente: Jose Marcelino, José Sergio F. de Carvalho, Isabel Galvão, Maria da Graça Horn, Lívia Fraga, Ana Paula Soares, Letícia Nascimento, Cláudio Bazzoni, e tantos outros que fazem parte da história de nossas ideias. Além dos pensadores que sempre estudamos como: Marx, Freud, Gramsci, Walter Benjamin, Freinet, Wallon, Winnicott, Vygotsky, Piaget...

Agradecemos ainda a todas as instituições públicas que visitamos ao longo desse período. Muito obrigada pela acolhida!

Também somos gratos àquelas creches e pré-escolas públicas; às universidades e a estudantes e seus pesquisadores que vieram nos visitar e, com suas perguntas e observações, fizeram-nos mais críticos.

Autores

Organizadores

Ana Maria de Araújo Mello
Doutoranda no Departamento Psicologia e Educação FFCLRP. Supervisora das Creches COSEAS – USP Interior.

Cristina Mara da Silva Corrêa
Arte Educadora, pesquisadora das danças brasileiras, professora de dança Criativa na Creche/Pré-Escola Central COSEAS USP e nos últimos anos trabalho com a formação de professores.

Flaviana Rodrigues Vieira
Pedagoga pela Faculdade de Educação da Universidade de São Paulo e coordenadora pedagógica da Creche/Pré-Escola Oeste.

Natália Bortolaci
Licenciada em Pedagogia pela Faculdade de Educação da Universidade de São Paulo (FEUSP), atualmente é educadora da Creche Central e Pré-Escola da USP e professora de ensino fundamental da Prefeitura de São Paulo.

Rodrigo Humberto Flauzino
Pedagogo. Coordenador Pedagógico da Creche/Pré-Escola Central COSEAS – USP.

Vivian Cristina Davies Sobral
Formada no Magistério é Técnica de Apoio Educativo na Creche e Pré-Escola – São Carlos – COSEAS – USP.

Supervisores

Ana Paula Soares da Silva
Professora Doutora da área de Psicologia do Desenvolvimento e Educação Infantil da Faculdade de Filosofia, Ciências e Letras de Ribeirão Preto – Universidade de São Paulo (FFCLRP-USP) e pesquisadora do Centro de Investigações sobre Desenvolvimento Humano e Educação Infantil – CINDEDI.

Claudio Bazzoni
Doutor em Letras pela Universidade de São Paulo.

Izabel Galvão
Doutora em Psicologia da Educação. Professora na Universidade Paris 13/Norte, França.

José Sérgio F. de Carvalho
Mestre e doutor em Filosofia da Educação pela USP. Professor nos programas de graduação e pós-graduação.

Maria da Graça Souza Horn
Doutora em Educação pela UFRGS. Centro Universitário UNIRITTER.

Maria Letícia B. P. Nascimento
Doutora em Educação. Docente da FEUSP. Pesquisadora na área da Sociologia da Infância e Educação Infantil.

Colaboradores

Alessandra Arrigoni
Pedagogia plena. Professora de Educação Infantil, Creche/Pré-Escola Oeste.

Alessandra Lopes de Faria Giovani
Professora de Educação Infantil.

Alexsandra Vieira
Graduanda em Pedagogia, formada no Magistério pelo CEFAM Itaquera. Professora da Creche Central da USP.

Ana Cristina Alves de Passos Araújo
Professora de Educação Infantil da Creche Central da USP.

Ana Helena Rizzi Cintra
Licenciada em Filosofia pela USP. Especialista em Dança e Consciência Corporal pela FMU. Cursando Pedagogia na USP. Educadora da Creche/Pré-Escola Oeste da USP.

Andréa Bordini Donnangelo
Pedagoga pelo Centro Universitário fieo. Creche/Pré-Escola Central da USP.

Angélica Novais de Oliveira
Pedagoga, pós-graduada em Psicopedagogia. Creche Oeste – Pré-Escola da USP.

Ariane Fermino de Macedo
Professora de Educação Infantil da Creche e Pré-Escola São Carlos, COSEAS – USP.

Beatriz de Cássia Boriollo
Mestre em Metodologia da Educação e especialista em Educação Infantil pela UFSCar. Diretora da Creche e Pré-Escola São Carlos, COSEAS – USP.

Bianca Brigliatore
Técnica em Nutrição. Creche e Pré-Escola Carochinha COSEAS – USP.

Carla Albaneze de Oliveira
Professora de Educação Infantil e Ensino Básico. Psicóloga Clínica.

Cláudia Elisabete Duarte Calado de Souza
Pedagoga e professora da Creche e Pré-Escola Central.

Clélia Cortez Moriama
Pedagoga, formadora do Instituto Avisa Lá.

Cristiane Domingos de Souza
Pedagoga, licenciada pela Universidade Bandeirantes de São Paulo, professora da Creche Pré-Escola Oeste da USP.

Débora Beatriz Cardoso
Formada em Pedagogia pela UNICEP.

Elaine Aparecida Machado Pereira Rabelo
Graduada em Letras e Pedagogia, pós-graduada em Processo de Ensino e Aprendizagem. Professora alfabetizadora formada pelo PROFA e educadora da Creche Pré-Escola Saúde Pública – COSEAS – USP.

Elaine Maria Suzart dos Santos
Pedagoga. Educadora da Educação Infantil na Creche Pré-Escola Central – USP.

Eliene Oliveira Almeida Santana
Auxiliar de serviços gerais na Creche Pré-Escola Central COSEAS USP, graduanda em Pedagogia.

Elina Elias de Macedo
Pedagoga, aluna do programa de pós-graduação da Faculdade de Educação da Universidade de São Paulo e professora da Creche/Pré-Escola Oeste – USP.

Érika Natacha Fernandes Andrade
Formada em Pedagogia pela USP de Ribeirão Preto. Mestre em psicologia pela Faculdade de Filosofia Ciências e Letras de Ribeirão Preto – USP.

Francinalda Costa Pereira
Pedagoga, professora da Creche Central da USP.

Francisca Aparecida Santos de Souza
Professor de Educação Infantil na Creche/Pré-Escola Carochinha.

Francisca de Fátima da Silva
Professora de Educação Infantil na Creche e Pré-Escola Carochinha – Ribeirão Preto – SP.

Gabriela Schein
Psicóloga, estudante de Pedagogia, professora na Creche Central da USP.

Irene Augusto Moraes
Educadora aposentada pela Creche Pré-Escola Central – USP.

Isabel Aparecida Pita Lopes
Formada em Ciências Sociais com Especialização em Educação Infantil. Creche/Pré Escola Oeste/Divisão de Creches.

Janeide de Sousa Silva
Pedagoga licenciada pela Pontifícia Universidade Católica de São Paulo. Professora de Educação Infantil da Creche Central da USP e integrante do grupo estudos e pesquisas de Samba Rural Paulista – Sambaqui.

Janete Santiago
Professora de Educação Infantil da Prefeitura do Município de São Paulo – CEU CEI Campo Limpo Cardeal Dom Agnelo Rossi.

Jaqueline Trimmer Gonçalves
Professora de Educação Infantil e de séries iniciais do Ensino Fundamental. Educadora no setor de pré-escola da Creche e Pré-Escola Carochinha/COSEAS – USP.

Juariana Casemiro
Professora de Educação Infantil da Creche e Pré-Escola Carochinha – COSEAS – USP, Ribeirão Preto.

Krisley Bornia Ghilardi
Pedagoga. Professora na Creche/Pré-Escola Central – USP. Professora de Educação Infantil na Prefeitura Municipal de São Paulo.

Laudicéia Guimarães dos Santos Raguazi
Professor de Educação Infantil na Creche e Pré-Escola Carochinha/COSEAS/USP/RP.

Luciane Elizabeth Campos
Pedagoga. Educadora da Creche Pré-Escola Oeste – USP.

Luciane Pedrocchi Roiz
Pós-Graduada em Educação Infantil. Pedagoga. Professora na Creche São Carlos.

Lucimara de Souza Tibúrcio
Pedagoga e professora da Creche Central da USP.

Lucimeire Aparecida da Silva Coelho
Professora de Educação Infantil na Creche/Pré-Escola Carochinha.

Márcia Clause da Cunha
Educadora. Creche Pré-Escola Saúde – COSEAS – USP.

Margarete Marchetti
Formada em Magistério. Professora na Creche e Pré-Escola, São Carlos, COSEAS – USP.

Margareth Aparecida Orcídio Vieira de Andrade
Professora de Educação Infantil pelo Instituto Singularidades de São Paulo com o curso Normal Superior. Creche/Pré-Escola Central da USP.

Maria Aparecida dos Santos Martins
Professora de Educação Infantil da Creche/Pré-Escola Carochinha – COSEAS – USP.

Maria Cláudia Luzia Nunes Perna da Silva
Pedagoga. Professora da rede municipal de ensino de São Paulo.

Maria Dolores Alves Cardoso Betoni
Pedagoga e especialista em Educação Infantil e professora de Educação Infantil na creche e Pré-Escola – São Carlos – USP.

Maria José Bernardes
Professora de Educação Infantil – Creche/Pré-Escola Carochinha.

Marlede Viana de Figueiredo Gomes Lira
Formação em magistério e professora da Creche Pré-Escola Oeste.

Marlene Aparecida Lourenço
Pedagoga. Professora na Creche e Pré-Escola São Carlos – COSEAS – USP.

Marlene Felomena Mariano do Amaral
Graduação Normal Superior. Curso técnico em Enfermagem. Creche Carochinha – COSEAS – USPRP.

Marli Aparecida Coletto Biazon
Pedagoga com Especialização em Arte Educação e Psicopedagogia. Professora de Educação Básica na Creche e Pré-Escola Oeste – USP.

Olindina Maria Ferreira da Cunha
Pedagoga. Educadora da Creche e Pré-Escola Central da Universidade de São Paulo.

Patrícia Ferraz da Silva Lacerda
Pedagoga e Educadora da Creche/Pré-Escola Central da USP.

Regina Célia da Silva Marques Teles
Pedagoga. Diretora da Creche/Pré-Escola Carochinha – COSEAS – USP/RP.

Rita de Cássia Pizete Brunello
Professora de Educação Infantil na Creche/Pré-Escola Carochinha.

Rosa Virgínia Pantoni
Psicóloga pela Universidade de São Paulo – Faculdade de Filosofia, Ciências e Letras de Ribeirão Preto, com mestrado em Psicologia. Psicóloga da Creche/Pré-Escola Carochinha, Ribeirão Preto – COSEAS – USP.

Rosana Carvalho
Professora da Creche Carochinha – USP.

Rosana de Sousa Aquino
Educação Artística, com habilitação em Artes Plásticas. Educadora Creche Pré-Escola Oeste.

Rosângela dos Santos Oliveira
Professora de Educação Infantil na Creche/Pré-Escola Carochinha.

Rose Mara Gozzi
Pedagoga. Especialista em Educação Infantil e Arte Educação. Mestre em Ciências da Informação e Documentação. Atuou como professora e coordenadora pedagógica nas Creches da Divisão de Creches – COSEAS – USP. Diretora da Creche/Pré-Escola Oeste.

Rosemeire de Abreu Maia Momma
Professora de Educação Infantil e Fundamental no Instituto Superior de Educação de São Paulo – Singuralidades – COSEAS – Creche Central da USP.

Sandra Aparecida Galter Tonon
Professora da Creche/Pré-Escola Oeste – USP.

Sandra Heloisa de Paula Pinto Gomes
Professor de Educação Infantil na Creche e Pré-Escola Carochinha-Ribeirão Preto.

Sheila Cruz
Curso Normal. Magistério da Educação Infantil. Creche Pré-Escola Saúde – COSEAS – USP.

Silvia Elaine Martinez Parras
Magistério. Creche São Carlos, USP.

Sonia Vitória dos Santos
Pedagoga. Professora de Educação Infantil da Creche/Pré-Escola Oeste – USP.

Telma Garbim Gimenes Paschoal
Técnica em Nutrição. Creche e Pré-Escola Central.

Vanda de Souza Silva
Auxiliar de Serviços Gerais da Creche Pré-Escola Saúde Pública.

Vanessa Almeida de Carvalho
Pedagoga. Educadora da Creche e Pré-Escola Central – USP.

Sumário

Prefácio 19
Lívia Maria Fraga Vieira

Apresentação 25
Ana Maria Mello

Guarda-chuva 1
A construção da identidade na infância 31
Ana Maria Mello

1   Mambembes, ciganos, artistas, viajantes
e bonecos de nós mesmos 41
Érika Natacha Fernandes Andrade

2   Inclusão social no mundo digital 44
Rose Mara Gozzi

3   A reunião foi um circo! 46
Margarete Marchetti e Débora Beatriz Cardoso

4   Faço bolo para comer e cantar parabéns! 47
Bianca Brigliatore e Ana Maria Mello

5   É assim que se fala! 50
Ana Cristina Alves de Passos Araújo

6	Meninada! Vai brincar lá fora! Rodrigo Humberto Flauzino	51
7	Dor de mordida tem cor? Maria Aparecida dos Santos Martins e Ana Maria Mello	54
8	A Princesa Negra Margareth Aparecida Orcídio Vieira de Andrade	56
9	"Quem tem medo de espelho" ou "Espelho, espelho meu!" Juariana Casemiro e Rosana Carvalho	58
10	Memória nossa de cada dia Clélia Cortez	59
11	Crianças no combate à dengue Vivian Cristina Davies Sobral	61
12	Era uma vez um berçário e uma história Alessandra Arrigoni	63
13	Para o alto e avante! Tem heróis na pré-escola! Rodrigo Humberto Flauzino	65
14	Quem tem medo de brincar? Cristina Mara da Silva Corrêa	69
15	Um menino que roubou a cena da festa Gabriela Schein	72
16	Aqui tem banho de Sol Maria José Bernardes e Lucimeire Aparecida da Silva Coelho	73
17	As assembleias na creche – O caso da balança Maria Claudia Perna e Claudia Calado	76
18	Passeando pelos cantos Janeide de Sousa Silva	78
19	Os espaços prediletos da criança Rosângela dos Santos Oliveira e Alessandra Lopes de Faria Giovani	79
20	Ambientes protetores e provocadores de interações para todos! Regina Célia da Silva Marques Teles e Ana Maria Mello	81
21	Trânsito, praças, cidade limpa, brincadeiras e cia. Silvia Elaine Martinez Parras e Luciane Pedrocchi Roiz	85

Sumário

22 O Planeta? É a minha casa e a minha creche! 87
Flaviana Rodrigues Vieira

23 Criança, brincadeira e natureza combinam 89
Angélica Novais de Oliveira e Elina Elias de Macedo

Supervisão I – Muitos olhares: De cronistas e narradores 93
José Sérgio F. de Carvalho

Supervisão II – Muitos olhares: A construção de identidades
e de sujeitos na Educação Infantil 96
Ana Paula Soares da Silva

Guarda-chuva 2
A estética como marca da cultura 101
Flaviana Rodrigues Vieira e Rose Mara Gozzi

1 À noite todos os muros são pardos – mas durante o dia... 117
Marli Aparecida Coletto Biazon e Rosana de Sousa Aquino

2 Sementes, meninos e meninas 119
Jaqueline Trimmer Gonçalves

3 Hoje é sexta-feira! 121
Andréa Bordini Donnangelo e Claudia Calado

4 Natal com presentes alternativos 123
Vivian Cristina Davies Sobral e Débora Beatriz Cardoso

5 No embalo das embalagens 125
Rodrigo Humberto Flauzino

6 Picasso em cena 127
Cristina Mara da Silva Corrêa

7 O aniversário da minha mãe e
como mandar crianças para a lua 129
Beatriz de Cássia Boriollo e Maria Dolores Alves C. Betoni

8 Narciso acha feio o que não é... 132
Olindina da Cunha e Natália Bortolaci

9 Nessa festa tem bruxa 134
Isabel Aparecida Pita Lopes e Sandra Aparecida Galter Tonon

Sumário

10 "Só quem gosta de farinha é quem sabe peneirar" 136
Marlede Viana de Figueiredo Gomes Lira e Luciane Elizabeth Campos

11 Como é que faz som com a abóbora? 139
Érika Natacha Fernandes Andrade

12 Charadas e sucos malucos 141
Telma Garbim Gimenes Paschoal

13 Histórias em quadrinhos: desenhos e textos animados 143
Sonia Vitória dos Santos

14 Rapsódio das caixas que contam histórias 145
Margarete Marchetti e Silvia Elaine Martinez Parras

15 O lixo 149
Andréa Bordini Donnangelo e Maria Claudia Perna

16 Giz, gizinho e gizão 151
Rosemeire de Abreu Maia Momma

17 "Senhoras e Senhores! Este é o mundo em que a gente vive!" 153
Ana Helena Rizzi Cintra e Cristiane Domingos de Souza

18 Era uma vez... 155
Patrícia Ferraz da Silva Lacerda e Elaine Maria Suzart dos Santos

19 Visibilidade interativa para muitos olhares: aqui, abaixo do Equador 157
Rosa Virgínia Pantoni e Ana Maria Mello

20 Cavaleiros do Sol 160
Beatriz de Cássia Boriollo e Maria Dolores Alves C. Betoni

21 Mãos na massa 163
Carla Albaneze de Oliveira e Krisley Bornia Ghilardi

Supervisão I – Muitos olhares: As creches como lugares
de construção de culturas, relações e história(s) 166
Maria Letícia B. P. Nascimento

Supervisão II – Muitos olhares: Anotações e reflexões
acerca da estética como marca da cultura 172
Maria da Graça Souza Horn

Guarda-chuva 3
Reconhecendo as contradições entre crianças, famílias e educadores: a construção da intimidade ... 177
Ana Maria Mello

1 Ouvir com todos os sentidos 189
Sheila Cruz

2 O outro e a casa do outro 193
Ariane Fermino de Macedo

3 Das onze e meia ao meio dia 195
Ana Helena Rizzi Cintra

4 Panela no fogo 198
Vanessa Almeida de Carvalho e Lucimara de Souza Tibúrcio

5 "Causos" na enfermaria 200
Marlene Felomena Mariano do Amaral

6 Casca da laranja não se joga na rua... 204
Ariane Fermino de Macedo

7 Um circo atrás da porta 207
Alexsandra Viera e Francinalda Costa Pereira

8 Os patos estão me chamando! 209
Laudicéia Guimarães dos Santos Raguazi e Francisca Aparecida Santos de Souza

9 Mostrar o mundo para a criança: prazer e dever! 212
Vanda de Souza Silva

10 Por que temos nojo? 214
Marlene Aparecida Lourenço e Vivian Cristina Davies Sobral

11 Ambiente de leitura na Educação Infantil 215
Rose Mara Gozzi

12 Quero colo! 218
Elaine Aparecida Machado Pereira Rabelo e Márcia Clause da Cunha

13 Balaio de gato 220
Irene Augusto Moraes e Janete Santiago

14 O tapete mágico 222
Sandra Heloisa de Paula Pinto Gomes

15 Oxente, adulto brincante?! 223
Eliene Oliveira Almeida Santana

16 Painéis e murais para a criança abaixo de 3 anos? 225
Francisca de Fátima da Silva e Rita de Cássia Pizete Brunello

17 O divertido é sentir medo 227
Janeide de Sousa Silva

18 Como as baleias mamam? 230
Clélia Cortez

19 Pra trabalhar com crianças, é preciso Bunzumzum 232
Ariane Fermino de Macedo

20 Reconto: o canto do medo 234
Ana Maria Mello

Supervisão I – Muitos olhares: Em busca de compreender
o sentido das condutas infantis 238
Izabel Galvão

Supervisão II – Muitos olhares: A crônica ou a deliciosa mistura
de saberes e de sabores 243
Claudio Bazzoni

Por fim... 247
Maria Clotilde Magaldi

Prefácio

Este livro é resultado dos registros de práticas e projetos de 73 educadores e técnicos das creches vinculadas à Divisão de Creches da Coordenadoria de Assistência Social (COSEAS), da Universidade de São Paulo.

A ideia de um livro reunir e comentar "crônicas da educação infantil nas creches da USP" é muito interessante e inovadora. É mesmo uma ideia muito bacana e de muita coragem. É notável o esforço da organização do livro – com a captação das crônicas, advindas de processos de formação – e dos comentários sobre temáticas-eixo de autores convidados. Percebe-se intensa participação na leitura e na escrita de todos os envolvidos.

A noção das crônicas e seu processo de produção são fecundos em muitas perspectivas. É uma forma inteligente e criativa de dar visibilidade à vida cotidiana de creches e pré-escolas. Elas nos desvelam um cotidiano contado por professoras. Quais são os acontecimentos, as "efemérides", as surpresas, os aprendizados que se passam nessas instituições? Ora, para aqueles que se interessam pela educação da criança pequena nesses espaços coletivos, o material reunido pelos organizadores contém tesouros que podemos ir descobrindo aos poucos. É uma boa maneira de aproximar-nos de uma realidade diferente daquela que vivemos no dia a dia. É uma entrada no "terreno" da educação infantil, pelas mãos das professoras.

É também uma boa estratégia para conhecermos o trabalho na educação infantil: o que fazem e como fazem as professoras; quais recursos intelectuais e materiais mobilizam; como relatam o que fazem. É, pois, uma forma bastante elaborada de "registro" de práticas pedagógicas, de práticas institucionais de socialização, de experiências humanas relacionadas à construção de conhecimentos e de saberes. É uma forma de produção intelectual das educadoras. Um estilo ou um gênero de reflexão sobre os fazeres, que pode ser matéria para a formação de futuros professores ou para a formação continuada dos que já estão em exercício na área.

As crônicas são uma fonte muito rica para pesquisa e conhecimento sobre o *currículo em ação* nas instituições que se ocupam do cuidado-educação da criança pequena. Vistas nessa perspectiva, as crônicas aqui divulgadas inserem-se na atualidade dos debates sobre o currículo na educação básica, nos auxiliando a explicitar linhas, diretrizes, eixos... Até chegar às *ações do currículo*, no *currículo em ação*.

Impressiona a diversidade de materiais e de lugares. Como as professoras ensinam conteúdos, atitudes, comportamentos, linguagens, conduzindo as crianças de um lugar a outro; levando as crianças a experimentar e a explorar os meios físico e social; introduzindo-as nos códigos da linguagem escrita; exercitando a fala e a argumentação.

Esta produção é realmente um importante sistema de registros que ajuda a contar a história da educação infantil no nosso país, revelando formas específicas de organização educacional, de práticas regulares de cuidado e de educação em contextos coletivos, que estão se tornando cada vez mais exigentes em termos de profissionalização.

Nós costumamos dizer que as instituições educacionais, para crianças pequenas, antes da idade escolar obrigatória, foram inventadas no Ocidente, primeiro em países do Velho Mundo – França, Itália, Reino Unido, etc. – e depois se difundiram no Novo Mundo e em outros países orientais. As *infant--schools*, na Escócia; os jardins de infância, na Alemanha; as antigas salas de asilo da França, depois as escolas maternais e as creches e escolas da infância, na Itália, compõem o rol dessas instituições educacionais. O que as diferenciava era, sobretudo, a faixa etária da criança atendida. A creche foi criada para atender crianças de 0 a 2 anos. As escolas maternais, na França, eram destinadas às crianças a partir de 2 anos. Os jardins de infância a partir de 3 ou 4 anos. Elas se diferenciavam também pela proposição pedagógica, que atribuía peculiaridades às pessoas que lidavam com essas crianças. Essas pessoas, quase sempre mulheres, deveriam ter determinados atributos de conhecimento, de saberes e de atitudes para educar crianças e para se relacionarem com as famílias e com a comunidade.

No Brasil, as primeiras experiências com educação infantil datam do final do século XIX, e foram primordialmente objeto de iniciativas privadas. Antes mesmo da República, temos o exemplo do Jardim de Infância ligado ao Colégio Menezes Vieira, no Rio de Janeiro, e outro ligado à Escola Americana, em São Paulo.

Uma primeira experiência republicana e pública, no Brasil, o Jardim de Infância Caetano de Campos, de São Paulo, foi criado em 1896, no interior de um modelo republicano de sistema escolar público. Esse modelo é pouco a pouco expandido para outros estados brasileiros. Assim, temos, mais tarde, o jardim de infância no Paraná. Em Minas Gerais, o primeiro jardim de infância, público é de 1908, também criado no contexto da reforma de ensino que instituiu os grupos escolares, no Governo João Pinheiro. Paralelamente, temos as experiências das creches, em que outros atores são também visíveis: médicos, advogados, religiosos, industriais, associações femininas beneficentes, etc.

Observamos, pois, um protagonismo feminino na criação de creches e de escolas maternais. Na criação de creches para os(as) operários(as) no setor têxtil, temos ainda o empresariado no início do século XX, que aparece como outro protagonista. O que é interessante notar é que, no Brasil, os jardins de infância nascem da iniciativa privada e também da experiência pública, no campo da educação, integrados à legislação de ensino nos estados – diferentemente das creches.

O Brasil, historicamente, erigiu um sistema plural e descentralizado de ensino. É desde o Império, com o famoso Ato Adicional de 1834, responsável por reformar a Constituição Imperial de 1824, que os sistemas de ensino serão descentralizados, constituindo-se os sistemas das províncias e o sistema federal. Essa organização persistirá com a República. Os estados vão ter os seus sistemas de ensino, e a União vai ter o seu. Toda a riqueza da história da educação infantil poderá ser conhecida nos estudos das políticas e das práticas no âmbito dos estados. Pesquisando a legislação educacional de Minas Gerais e do Brasil, verificamos a ausência da palavra "creche" e de qualquer referência à criança de 0 a 3 anos nas leis da educação ao longo do século XX. Na legislação federal, os termos "pré-primário" e "educação pré-primária" serão predominantemente empregados. Em 1937, com a primeira proposta de Plano Nacional de Educação, estão presentes os termos "jardins de infância" e "escolas infantis".

Mais tarde, em 1948, o projeto da primeira LDB refere-se a "instituições pré-primárias" em geral. Ora, mesmo usando um termo amplo – educação pré-primária ou educação pré-escolar, que significam uma educação formal antes da escola primária – a legislação se referia, na prática, à criança de 4 a 6 anos. É muito recente, portanto, a legislação educacional brasileira incluir a criança de 0 a 3 anos como sujeito de direitos à educação, e incorporar a creche nos sistemas de ensino.

Nessa história, a concepção assistencialista tem uma presença muito forte. Com efeito, quando começamos a observar uma expansão da oferta de educação infantil na forma de pré-escolas, de creches, de centros infantis ou de "creches casulos", percebemos que alguns requisitos que integravam a legislação educacional, caracterizando o jardim de infância e a escola maternal como instituições educacionais, conforme as normas da Educação, foram deixados de lado. Mesmo porque a expansão dessa oferta irá acontecer fora dos sistemas de ensino, com o apoio de políticas da área da assistência social, centralizadas, sobretudo, pela antiga Legião Brasileira da Assistência (LBA), vinculada, desde 1974, ao Ministério da Previdência e Assistência Social, criado durante o governo militar do general Geisel.

Vale lembrar que a ação da LBA foi muito importante ao difundir um modelo de atendimento à criança pobre de 0 a 6 anos, mas, sobretudo, ao atingir a criança de 4 a 6 anos, com uma instituição chamada de creche. Paralelamente, observamos também a ação do Mobral – antigo Movimento Brasileiro de Alfabetização – que, a partir de 1981, junto com o Ministério da Educação, atuou na organização de um grande programa, o Programa Nacional de Educação Pré-escolar, que vai apregoar uma expansão a partir do uso de formas ditas não convencionais de atendimento. Isso significou, e pode ainda significar em muitos recantos brasileiros, o uso de espaços disponíveis nas comunidades quase sempre não adequados a um atendimento de qualidade.

Nesse contexto, o trabalho com as crianças não era feito necessariamente por professores. Muitas pessoas que não tinham nenhuma formação, ou às vezes nem tinham a escolaridade de ensino fundamental ou de ensino médio, eram os que realizavam o trabalho com as crianças.

Tudo isso imprimiu uma marca de assistencialismo, no sentido de que não era – e não é – muito possível implementar propostas pedagógicas consequentes, intencionais, com qualidade, num ambiente em que você não tem pessoas com formação, com experiência, e no qual falta infraestrutura. Foi esse modelo de educação pré-escolar compensatória que sustentou a expansão da oferta pública e da privada (comunitária ou filantrópica) no Brasil a partir do final dos anos de 1970, com relação à educação infantil.

Nos anos de 1980, presenciamos a ação dos movimentos sociais, uma nova configuração da sociedade e da família com a urbanização e a presença significativa de mulheres no mercado de trabalho. Uma nova demanda, também, com relação à educação da criança pequena e uma nova visão das necessidades da criança vão levar ao fortalecimento de um ideário, que vai passar a ser o entendimento da educação da criança como direito. É nesse contexto que as creches da USP são inauguradas.

Novos espaços foram abertos para se discutir a importância do acesso à educação infantil sem perder de vista a qualidade do atendimento em creches e em pré-escolas. Nesse contexto, o surgimento das creches nas universidades brasileiras pode ser analisado como espaço de intensa experimentação de formas de criação de filhos pequenos, que aliam gestão democrática e novas abordagens sobre a infância e sobre propostas pedagógicas específicas.

Novos desafios certamente surgiram com a definição das responsabilidades dos municípios para com a oferta da educação infantil enquanto primeira etapa da educação básica e com a inserção das creches e das pré-escolas nos sistemas de ensino. É preciso considerar as desigualdades sociais e as disparidades existentes entre os municípios brasileiros. A capacidade financeira de municípios é diferenciada e, embora tenhamos todos esses avanços, ainda contamos com recursos financeiros insuficientes para o desenvolvimento e para a manutenção desse atendimento.

Destaco que o direito à educação infantil, embora proclamado, precisa ser efetivado nas políticas e nas práticas institucionais de cuidado-educação.

Acredito que *O dia a dia das creches e pré-escolas: crônicas brasileiras* nos revela sobre os desafios da concretização dos direitos das crianças à convivência democrática e afetuosa, à brincadeira e ao acesso aos conhecimentos. É com certeza uma rica contribuição para a história da educação infantil. História de suas práticas e rotinas. Tais crônicas, organizadas segundo "eixos" em textos introdutórios e acompanhadas pelos debates dos especialistas, dão visibilidade para os princípios pedagógicos e para os critérios de qualidade que permeiam a vida nessas instituições educacionais em nosso país.

Esse trabalho das Creches da USP indica que a formação e a valorização profissional, a participação das crianças e de suas famílias, bem como a articulação do binômio cuidar-educar, devem estar nas pautas do debate nacional sobre a política e a pedagogia da educação infantil brasileira.

Lívia Maria Fraga Vieira
Doutora em Sociologia da Educação.
Professora da Faculdade de
Educação da UFMG

Apresentação

Ana Maria Mello

Este livro é resultado dos registros *de fazeres* de 73 educadores e técnicos das Creches uspianas. Foi organizado em colaboração com representantes de cada Creche da Divisão de Creches da Coordenadoria de Assistência Social (COSEAS). Para organizá-lo, fizemos duas oficinas em cada creche e algumas reuniões com os organizadores. As oficinas *Tecendo o texto* resultaram nos temas e, posteriormente, os organizadores trabalharam a integração dos mesmos. Finalmente li todas e, por duas, três e quatro vezes, demos devolutivas para cada colaborador ou dupla de colaboradores. Nessas oportunidades, debatemos sobre as ideias convergentes e divergentes dos fazeres apresentados nas crônicas.

Na primeira *Tecendo o texto*, apresentamos o cronograma, o formato do livro e alguns combinados.[1] Desenhamos o formato inicial pressupondo um processo de escrita que contaria com mais de 70 cabeças e dezenas de mãos! A Creche Central teve ainda a experiência de organizar mais uma oficina e envolver duas mães estudantes de Letras[2] (FFLCH-USP) no debate sobre "*Como escrever crônicas?*". Para 15 educadores da Creche Carochinha, organizamos semanalmente oficinas de leitura e escrita.[3]

Assim, nessa primeira oficina, fomos tecendo o texto, trocando e-mails com organizadores e *combinando* com os autores a disponibilidade para responder às comunicações. Nessa mesma oportunidade, elegemos o organizador local. Finalmente combinamos sobre as autorias e seus autores. Quem

---

[1] Para esse grupo de trabalho, "combinados" significa contrato do coletivo.
[2] Agradecemos a Érica Alexandra Bertolon do Amaral e a Fabiana Emiko Oshiro.
[3] Agradecemos a Luiz Puntel que, durante o segundo semestre, planejou conosco (Ribeirão Preto) oficinas de registros. A ideia foi provocar os educadores semanalmente a pensar sobre a língua, mas acima de tudo debater temas e registrá-los.

escrevesse prioritariamente um artigo, o nome viria primeiro; se fosse a quatro mãos, colocaríamos em ordem alfabética; participação e agradecimentos em notas de rodapé e, finalmente, os organizadores locais viriam na capa, em ordem alfabética. Discutir também a autoria fez parte da aprendizagem. Para melhor adesão dos autores, partimos do principio de que era necessária transparência de contrato desde o primeiro encontro.

Para organizar a segunda oficina, pedimos a todos os colaboradores que escrevessem um parágrafo sobre o tema escolhido, como também enviasse o seu currículo em duas linhas. Antes de iniciar a segunda fase, portanto, analisamos os parágrafos recebidos. Constatamos que era preciso pesquisar mais para orientar melhor o grupo. Nesse momento buscamos no material de Cláudio Bazzoni (ADI Magistério, SME, 2002) inspiração para este trabalho. Era preciso encontrar juntamente com o grupo *as causas e as consequências* de cada tema proposto, com objetivo de orientá-los no assunto principal. Também lemos diferentes crônicas do livro *Educação de crianças*, do Antonio Prata (Escola Viva, DBA, 2002) e do livro *Os fazeres na educação infantil* (Cortez, 1996).

Quando iniciamos a segunda oficina, os grupos ainda tinham diferentes dúvidas sobre como organizar os temas. Os problemas apresentados nas oficinas foram acolhidos pelos organizadores e tratados de forma que a análise dos fatos fosse identificada, gerando os temas de cada autor. Esses diálogos, entre o que se pensa e o que se faz no cotidiano das Creches, foram fundamentais para os educadores (professores e pessoal de apoio) exercitarem seus registros, valorizando suas ações diárias, como também compreendendo os percursos de suas ideias na hora de escolher o que registrar.

Cada capítulo apresentará a história das ideias, que ora batizamos de "texto guarda-chuva". Isso porque deverá abrigar diferentes temas das diferentes creches e pré-escolas uspianas. Em seguida, as "crônicas abrigadas" devem descrever e analisar os fatos apresentados e, finalmente, os especialistas deverão analisar crônicas, encaminhando sugestões de reflexões, debates e bibliografias.

Os três "textos guarda-chuva" são: sobre a construção da identidade na infância, considerando a palavra e o brincar infantil; sobre a estética como marca da cultura da infância; sobre as vantagens de se reconhecer as contradições entre as crianças, suas famílias e seus educadores na construção da intimidade entre adultos e crianças.

Por ora, o processo tem sido de formação continuada, já que envolvemos os técnicos nas construções das crônicas junto aos seus professores. O formato, portanto, é resultado do trabalho de supervisão de diferentes níveis, o qual denominamos de "supervisão coletiva – muitos olhares". As crônicas (artigos) foram escritas a partir de experiências já sistematizadas em relatórios, painéis, murais, exposições, artigos internos. Como publicação, elas são inéditas.

Este livro nasceu, portanto, da vontade de tantas mãos e cabeças mostrarem mais *fazeres* na educação infantil. Ele reflete as histórias das nossas ideias, explicitando, também, a metodologia de registro para a construção do mesmo.

Esperamos que nossos leitores se divirtam lendo, debatendo, divergindo, consentindo, rejeitando, autorizando, reeditando por aí o dia a dia com crianças abaixo de 6 anos.

Após uma das oficinas desenvolvida, tive vontade de escrever uma crônica sobre esse dia, sintetizando assim nosso processo formativo. Acredito que ela revelará a aprendizagem desse gênero de texto, embora, é claro, todos saibamos que esse processo não tem fim.

Assim, segue abaixo a primeira crônica das 62 organizadas para este livro.

Sobre reuniões de gente grande e brincar de faz de conta

A Menina de Cachinhos brincava sozinha em plena reunião de formação continuada daquela creche. Ela sabia. E como brincava bem!

Ocasionalmente ela parava de brincar, visitava a mãe e lhe pedia a chupeta. A mãe lhe dava, mas fazia gestos e caretas discretas parecendo ser alguma represália ao uso indevido daquele objeto infantil tão prazeroso. A Menina sugava um pouquinho, olhava para os amigos da mãe, ecolalava algo – ainda com a boca cheia de chupeta – pensava, entregava aquele objeto para a mãe e corria para brincar no parque.

De tempos em tempos a Menina retornava ao ciclo e o olhar repreensivo materno ia ficando mais definido. Era possível que sua mãe, educadora, não quisesse que sua filha, beirando aos quatro anos de vida, chupasse aquele mamilo de borracha, e ainda mais em público, e que público! Eram dezenas de olhares capacitados de educadores, amigos, é verdade.

Você sabe, mesmo entre amigos, os educadores são críticos. Também são capacitados para essa tarefa! No caso específico dos educadores das creches da USP, são dezenas de horas mensais entre formação central, reuniões em duplas para planejamentos, reunião de período e representantes de ambientes, grupos de estudos... São diferentes modalidades para diferentes temas.

Mas, voltando à Menina de Cachinhos que brincava-sugava-brincava-sugava-brincava.... Claro, ela não refletia sobre o que a odontologia, a nutrição, a sociologia, a antropologia, a pedagogia, os *psis* todos iriam comentar sobre seus atos de prazer.

Já pensou a professora Doris winicottiana? *"Ah! Essa Menina não consegue separar-se de sua mãe para brincar, será que ela precisa de tutela sistemática?"* Ou, se fosse uma colega, com uma leitura otimista do mesmo Winnicott, poderia significar de outro modo: *"que graça de Menina – brinca tanto, consegue respeitar o trabalho da mãe, fala baixinho, brinca sozinha no parque, volta, organiza suas ideias elaborando aquela reunião, usa a chupeta para pensar e refletir o porquê de ela estar ali, e durante 6 horas!"*.

Mas, ocasionalmente, eu olhava para seus cachinhos tão bem feitos e torcia para ela estar brincando de reunião lá no parque. É verdade, a Menina brincava muito bem de fazer de conta, como já disse, ela já sabia, e o debate era solidário, era ótimo, poderia servir como modelo imediato! É verdade, o tema da nossa reunião não era daqueles cheios de contradições, ou seja, ninguém falava sobre como fazer para introduzir novos hábitos de alimentação; ou como levar a criança a cuidar de si e do ambiente; como educar e cuidar de uma criança com síndrome de Apert – e sem hipótese diagnóstica. Ninguém discutia ainda, como quer o Dr. Winnicott – como no momento de adaptação, de acolhimento, fortalecer e enriquecer as relações pessoais das crianças com suas famílias e introduzir, ao mesmo tempo, um mundo mais amplo de pessoas e oportunidades; ou mesmo porque as crianças naquele período não mais pulavam corda; ou não andam de pernas de pau; ou um assunto que leva a alterar o humor de todos nós: onde estão as tesouras da creche!

Nannan, a coisa era mais simples. A Menina podia reapresentar o conteúdo daquela reunião escolhendo simplesmente um instante daquele encontro de gente grande, era preciso escolher apenas uma mentira verdadeira ou uma verdadeira mentira.

A Menina de Cachinhos podia tudo, ela brincava de fazer de conta e nós aprendíamos como fazer crônica.

Sobre o currículo na educação infantil no Brasil

Hoje, em nosso país, são muitos os documentos curriculares que têm como objetivo geral discutir concepções, princípios, critérios de qualidade e, de forma específica, a organização de conteúdos para diferentes ações educativas nas diversas áreas da educação infantil. Alguns deles apresentam prescrições em áreas de aprendizagem, como é o caso do Referencial Curricular Nacional para a Educação Infantil (RCNEI, MEC 1998). Após sete anos do RCNEI e, com a intenção de subsidiar diferentes níveis de debates, o MEC publicou outros três documentos.

Para quem tem como tarefa gerir a pedagogia de cada unidade escolar (educativa), como as diretoras e as coordenadoras pedagógicas,[4] o documen-

---

[4] Opção feita pelo gênero feminino, já que 99,8% dos técnicos em educação são mulheres.

to *As políticas de educação infantil: pelo direito das crianças de 0 a 6 anos* (MEC, 2006), é importante na compreensão dessa história recente.

O segundo, Os *parâmetros nacionais de qualidade para a educação infantil,* – volumes 1 e 2 (MEC, 2006), apresenta a história do debate sobre qualidade na educação infantil, apontando caminhos para esse momento.

Um terceiro trata dos ambientes adequados para a infância. Os *parâmetros básicos de infraestrutura para instituições de educação infantil* (MEC, 2006) apresenta "estudos e parâmetros nacionais relacionados à qualidade dos ambientes das Instituições de Educação Infantil, para que estes se tornem promotores de aventuras, descobertas, desafios, aprendizagem e facilitem as interações".

Estes três documentos, em nossa opinião, sintetizam o debate acumulado dos últimos cinco anos, sobre a organização nos ambientes de aprendizagem e suas dimensões (espaços, tempos, funcionalidade e interações) bem como a construção dos direitos da criança, sua família e seus educadores nas unidades que cuidam e educam crianças abaixo de 6 anos em tempo integral e/ou parcial.

No entanto, como o *ambiente de aprendizagem* é composto de um conjunto de aspectos que, necessariamente, estão interligados, as perguntas mais correntes entre nós são: como organizar as dimensões do ambiente – qual é o melhor local? Que quantidade de tempo vou utilizar? Com quais materiais? Com quais faixas etárias? Qual é o tamanho adequado do grupo? Onde as crianças mais gostam de brincar e ficar? Onde colocá-las para dormir e/ou repousar? Onde brincar com água e tomar banho? Com quem? Quais são seus parceiros e objetos prediletos?

Para todas as crianças, predominantemente para os menores de 3 anos e aquelas que ficam em tempo integral, ainda há um conteúdo que, muitas vezes, aparece como contraponto dos conjuntos das linguagens. São os conteúdos de *construção de hábitos pessoais, das relações e do ambiente,* que podem ser localizados também nos *direitos conquistados* (ECA arts. 53º, 54º, 56º e 246º, 1990) e nos *princípios e fins da educação* (LDB, arts. 2, 3 e 4 1996).

Finalmente, e de fundamental importância, os *conteúdos das linguagens:* de fazer de conta, a linguagem oral (leitura e escrita) e plástica, a música, a dança, o gesto/movimento, as ciências e a matemática e, atualmente, a linguagem virtual, preenchem as pautas das orientações, supervisões, cursos, oficinas, em diferentes unidades educativas de tempo integral e/ou parcial.

Como consideramos que há hiatos entre as orientações curriculares, as diretrizes construídas pelos conselhos e as secretarias de educação municipais, os planos dos professores, dos pedagogos e dos diretores e o *currículo em ação,* há necessidade de instrumentos metodológicos para aproximar esses três níveis de lacunas. Nesse sentido, as *orientações didáticas de cada rede,* ou o como organizar as situações educativas e os projetos em cada unidade, são urgentes para que possamos construir, com autonomia, os planos de trabalho de cada professor, o projeto pedagógico de cada unidade – coordenados, orientados e supervisionados pelos pedagogos, diretores e supervisores.

Embora não tenha sido a intenção principal, esperamos que este livro reflita as centenas de orientações didáticas das diferentes situações educativas publicadas em diferentes subsídios pelos Conselhos Nacional, estaduais e municipais, como também pelo MEC.

Guarda-chuva I
A construção da identidade na infância

Ana Maria Mello

No processo pelo qual um indivíduo passa a existir, três passos são minimamente necessários: a concepção, o nascimento e a construção da identidade. Analisaremos a seguir a construção da identidade, que compreende todas as experiências através das quais tomamos consciência de nós mesmos como pessoas distintas de todas as outras. As manifestações da consciência de si aparecem durante o primeiro ano de vida da criança e se desenvolvem, rapidamente, à medida que ela cresce e se relaciona com o outro, com objetos e espaços da cultura. As provas dessa consciência de si surgem conforme é formada a "trama" de experiências de que nós mesmos podemos nos recordar mais tarde. Experiências sensoriais e motoras iniciam esse processo.

Quem não se lembra do sabor de um bolo da infância, ou do banho da casa da avó ou, ainda, de um sabor que é associado a experiências desagradáveis? São oportunidades que pertencem à aprendizagem das sensações, significando para o desenvolvimento humano a construção da *pauta* da infância. Na adolescência e na idade adulta essas aprendizagens reaparecem em outros contextos, levando o indivíduo a recordá-las e a ter de se relacionar com elas.

Boa parte do que a criança pode vir a ser é previamente determinada por sua herança genética. Todavia, é em uma cultura concreta que a criança passa a existir. É na família, na sua comunidade, na creche, na escola, no parque... que a criança se constitui como sujeito. Ao nascer, nasce também um pai, uma mãe, um avô, um outro bebê amigo e, por que não, um vizinho ou uma educadora de creche. Como bem afirmou Rossetti-Ferreira (1993), todos poderão fazer parte da trama de experiências dessa criança.

Assim, nascer menina no dia 2 de fevereiro de 2006, ser brasileira, segunda e última filha de professores, ter olhos pretos e cabelos lisos e se chamar Joana confere uma diferença em relação a uma menina nascida no mesmo dia 2 de fevereiro de 2006, ser japonesa, segunda e última filha de professores, ter olhos pretos e cabelos lisos e se chamar Tomiko.

As duas não só têm patrimônios genéticos diferentes como também estarão vivendo experiências culturais diferentes. Joana e Tomiko, mesmo crescendo em situações acolhedoras de desenvolvimento, estarão expostas a concepções distintas de desenvolvimento infantil, de aprendizagem e de conhecimento. Terão sensações e oportunidades diferentes de se movimentar em um tempo e espaço onde suas interações irão acontecer, significando aspectos de cada cultura em particular. O desenvolvimento de Joana e de Tomiko é, portanto, "simultaneamente orgânico e social" (Lima, 1997, p. 24).

Nesse sentido acreditamos que a construção da identidade não é fixa em relação ao tempo, como a da concepção e a do nascimento. O processo de nos conhecermos envolve três ciclos temporais: o presente, o passado e o futuro. Sendo assim, não só vivemos no presente, mas, também, antecipamos o futuro e nos apropriamos do passado. Nem mesmo o passado é imutável, pois o efeito do que já passou pode ser modificado pelo que se está passando e pelo que se passará ainda.

O nosso passado se afirma, por exemplo, quando algo que enfrentamos agora nos provoca alegria pela lembrança de um lugar agradável, ou temor devido a uma experiência desagradável; mas essa memória vinda do passado é reapresentada quando chegamos a traduzir a *pauta* infantil. Dependendo das interações com o meio, haverá possibilidades de contínuas transformações do passado. Muitos autores em psicologia tratam do tema, mas foi Vigotsky (1987, p. 72), estudando a história do comportamento humano, que sugeriu:

> se a atividade dos homens se reduzisse a repetir o passado, o homem seria um ser voltado exclusivamente para o ontem e incapaz de adaptar-se a um amanhã diferente. É precisamente a atividade criadora que faz dele um ser projetado para o futuro, um ser que contribui e que modifica o presente.

Nesse sentido, é fundamental considerar que a criança se transforma na e pela interação com o seu meio social, pois as pessoas, os objetos e os espaços – *o outro* – impulsionam-na a construir sua identidade. São as pessoas com as quais a criança construiu vínculos afetivos que lhe garantem a possibilidade de diferenciar-se, de transformar o passado e não apenas repeti-lo, de criar e modificar o presente, projetando o futuro.

A identidade e a palavra

A linguagem oral deve ter espaço privilegiado nos programas/projetos/currículos para as crianças nas creches e nas pré-escolas. A importância desse destaque revela-se óbvia: linguagem/pensamento e construção da identidade se iniciam nesse período da infância. Assim, gostaria de apresentar algumas considerações, partindo da leitura de artigos de Vigotsky (1984 e 1991) e de Wallon (apud Werebe e Nadel, 1986), autores citados frequentemente nos programas oficiais para a educação infantil brasileira. Iniciamos nossas considerações com a *palavra*.

A palavra constitui o vínculo fundamental entre a percepção e o pensamento. Ela permite generalizar a experiência acumulada, operar com os conhecimentos sobre os objetos e imaginar outros sem a presença destes. A palavra fixa o padrão sensorial e o consolida na memória da criança, possibilitando um uso mais preciso e intencional. Para que o processo de significação sensorial se vincule significativamente ao pensamento, é fundamental introduzir a designação das propriedades dos objetos e de suas variações.

A palavra, ao designar o objeto, expressa fundamentalmente sua função e seu uso no meio social em que permanece a maior parte do tempo inalterada, mesmo quando se modificam as características externas. A caneca, que oferecemos na creche ou em casa, serve para se beber o seu conteúdo, não importa sua cor, tamanho e forma. A criança, quando aprende o nome do objeto *caneca*, passa a reconhecê-la independente de suas variações externas. Mas o que acontece com as palavras que designam propriedades? É necessário fazer abstrações sobre o objeto e sua significação e uni-los conforme sua qualidade que, em geral, não está refletida na utilização do objeto. Quando a criança já consegue essas abstrações, um rolo de papel higiênico pode ser um carrinho, um palito de sorvete pode ser um termômetro e assim por diante. Portanto, para mudarmos a função social do objeto, é necessário abstrair o objeto, saber dessa função, saber qualificá-lo, etc.

Para as crianças menores de três anos, é muito difícil a compreensão das palavras que envolvem a questão de propriedades. Elas só compreendem uma propriedade após experimentá-la sensorialmente. Quando um adulto insiste com a criança sobre o nome de alguma propriedade, como quando lhe diz: "Esta caneca é *vermelha!*", na realidade a criança não assimilou que "coisa" significa *vermelha*. Muitos educadores organizam planejamentos para ensinar as cores, apresentando-as uma de cada vez. Assim, organizam "a semana do vermelho", o "dia do boné vermelho" e tantas outras estratégias que assistimos nas creches. Com isso, supõe que, por exaustão, a criança "memorizará" o que é o vermelho, quando, na verdade, ela entra em contato com a ideia do que é vermelho a partir do momento em que percebe uma diferença nas cores que passa ser significativa para ela, a partir do momento em que sua atenção estiver focada nessa experiência sensorial de contraste.

Portanto, a palavra, antes de desempenhar sua função de abstração, tem de partir da própria experiência sensorial da criança. Os nomes dos padrões vão sendo aprendidos a partir das próprias ações da mesma ao examinar e utilizar os objetos do seu meio social em suas atividades cotidianas. Assim, nas primeiras etapas do desenvolvimento sensorial, não é necessário sugerir aos educadores que utilizem muitas vezes e de várias formas a denominação das propriedades das palavras. Juntamente com a linguagem, as ações da criança adquirem um nível conceitual em que se introduz a palavra para denominar um padrão, o que servirá para a generalização e conscientização da percepção. Para Vigotsky (1991, p. 71), "em qualquer idade um conceito expresso por uma palavra representa um ato de generalização. Mas os significados das palavras evoluem".

A identidade – da imitação ao faz de conta

A teoria e a prática do jogo compreendem um conjunto de diferentes problemas e questões. A origem e a natureza do jogo, sua estrutura e organização, as variedades de jogos e seus significados, a metodologia para que o educador possa planejar, organizar e avaliar e muitos outros aspectos são objeto crescente de estudo, nos últimos anos realizados por psicólogos, pedagogos, antropólogos, etc. Os artigos denominados "O papel do brinquedo no desenvolvimento", de Vigotsky, e "O Jogo", de Wallon, autores da psicogenética, têm sido estudados para traduzir as ações de cuidar e educar crianças pequenas em tempo integral, nas creches.

A teoria sócio-histórica sobre o brinquedo foi formulada por Vigotsky e desenvolvida por seus discípulos. Daniil Elkonin, no seu trabalho intitulado *"Psicología del Juego"*, expõe de forma mais sistemática os pressupostos da teoria, assim como faz uma seleção dos dados empíricos recolhidos a partir dos problemas que esta teoria inspirou. Iniciaremos essa tarefa discutindo o *Brinquedo,* segundo a concepção Vygotskiniana, onde o mesmo corresponde ao jogo de "Fazer de Conta" que assistimos diariamente nas creches, em casa, nas ruas, em diferentes culturas.

Nesse tipo de brincadeira, as crianças são capazes não só de representar a vida real, como também de transformá-la. Os astronautas, por exemplo, vão a Marte e a outros planetas, os pedreiros constroem casas, muros, hospitais, etc. Para Vigotsky, o jogo infantil não é simplesmente uma recordação daquilo que já foi vivido, é um processo criativo das impressões vividas, suas combinações e construções partindo delas mesmas. Uma nova realidade será apresentada em cada tema, como criação de autoria da criança. Durante o jogo, a criança, pela primeira vez, é autora do seu *script*, de suas ações, de seus papéis e de seus cenários; pode-se construir, por exemplo, um cenário de um planeta nunca visto no sistema solar, ou uma ponte que não leva a lugar nenhum, pois sua imaginação autoriza aquela forma, aquela construção.

Para que a criança alcance esse nível de desenvolvimento do *brinquedo,* onde ela busca a situação imaginária, afirma o autor que haverá uma evolução da "memória em ação" a "situação imaginária nova". Vigostky (p. 135) escreve:

Isso significa que, na situação original, as regras operam sob uma forma condensada e comprimida. Há muito pouco do imaginário. É uma situação imaginária, mas é compreensível somente à luz de uma situação real que, de fato, tenha acontecido. O Brinquedo é muito mais a lembrança de alguma coisa que realmente aconteceu do que imaginação. É mais a memória em ação do que uma situação imaginária nova.

Se observarmos cuidadosamente a criança *brincando* nas creches e nas pré-escolas, por exemplo, iremos distinguir quatro elementos que conformam a estrutura do jogo e estão presentes em maior ou menor proporção, segundo o desenvolvimento da criança e de cada grupo neste tipo de jogo. Os elementos são: *os papéis, os objetos que utilizam, as ações lúdicas desenvolvidas segundo os temas escolhidos, e as interações.*

Antes de discutirmos algo sobre cada elemento, algumas considerações são necessárias. Em cada elemento podemos observar a participação de outros jogos. Na escolha dos temas, por exemplo, observamos, muitas vezes, as experiências que as crianças trazem das histórias que ouviram, leram ou, ainda, de *jogos de aquisição* (Wallon, 1981, p. 76). Nesses jogos, a criança para e observa atentamente como se fosse "toda olhos e toda ouvidos". Na construção do cenário, temos, com certeza, a participação dos "jogos de fabricação" (Wallon, 1981, p. 76). Cadeiras, caixas e tocos empilhados transformam-se em cenário de uma oficina de carros, ou de um aeroporto. Na escolha de papéis, novamente os *jogos de aquisição* aparecem, muitas vezes, combinados com os *jogos funcionais* (Wallon, 1981, p. 75) denunciados pelos os ruídos dos carros, aviões, pelos gestos corporais da suposta mãe, educadora, etc.

Wallon, nesta classificação, denomina como *jogos de ficção* o que Vigotsky chamou de *brinquedo* e nós chamamos de *fazer de conta*. Nossa escolha foi retirada da própria denominação que nossas crianças, em torno dos 3 anos, fazem quando estão jogando, "faz de conta que eu sou a mãe" ou "vamos fazer de conta que aqui era o mar!". Essa classificação tem sido muito usada por nós para poder identificar, nos jogos de fazer de conta, não só os quatro elementos que destacamos aqui, como, também, para alertar sobre a diversidade de conteúdos que aparecem nesse jogo. Essa identificação que fazemos dos jogos, utilizando a classificação Walloniana, com certeza é mais ampla e mais interdisciplinar, se considerarmos cada jogo descrito pelo autor uma disciplina!

Nos relatos de experiências apresentadas neste livro, a brincadeira de faz de conta e também os jogos tradicionais serão descritos considerando os elementos de cada brincadeira. Na estrutura do jogo de fazer de conta, vamos identificar alguns elementos como: *papéis* e *objetos, ações lúdicas* e *interações,* como também refletir quais os aspectos que devemos identificar na linguagem do faz de conta, para a construção da identidade das crianças.

Os papéis

Quando a criança assume um papel, atua como se fosse outra, ou melhor, na perspectiva do outro (criança, adulto, animal, etc.). Ao assumi-lo, ela procura aproximar-se das ações dessa pessoa, por exemplo, uma menina reapresentando o papel de enfermeira não só afirma "eu sou a enfermeira", como também passa a aplicar injeções, pôr o termômetro debaixo do braço da companheira, dar conselhos, etc. Mas representar ou (re)apresentar um papel não deve ser entendido somente como a imitação dos atos de uma outra pessoa, mas a atitude dessas pessoas diante dos problemas, obrigações, sentimentos e sensações. Em nossa experiência temos notado que, quanto maior é o entusiasmo da criança por um papel, maior será o "controle" desse papel. O educador pode ser reapresentado, por uma criança, assumindo as funções de forma muito semelhante ao modelo que ela tem, executando suas tarefas, intervindo da mesma forma que aquele intervém. Ao admirar o trabalho do educador, a criatividade, a ousadia, a determinação desse educador imaginário, a criança tenta ser como o que ela pode apropriar-se dele. Ao reapresentar o papel de um gato, muitas vezes ela o apresenta arranhando os colegas, miando de fome ou, ainda, aconchegando-se nas pernas dos companheiros. Esses sentimentos, às vezes bruscos, agressivos, outras vezes carinhosos, suaves, fazem com que as crianças vivam contradições que existem nas relações sociais.

Os objetos

Sobre as crianças com menos de 3 anos, Vigotsky lembra que o "objeto dita à criança o que ela tem de fazer". Alguns adultos oferecem às crianças, por exemplo, abaixo de 3 anos, tintas em potes de iogurtes, sucos, etc. Imediatamente a criança leva à boca; sugerindo que aquele *conteúdo-tinta* é para beber, divergindo assim da ação esperada pelo adulto – pintar algo.

Você já observou ainda adultos provocando crianças abaixo de 3 anos? O adulto afirma *"O dia está feio hoje"* – quando não está. A criança insiste na sua percepção; algumas vezes, quando os adultos persistem na provocação, a criança busca outras pessoas insistindo também com argumentos "O dia *não* está feio, não é verdade? Tem sol... Você está mentindo, não está?

Para Vigotsky isso acontece pois, *neste momento, percepção e significado ainda estão ligados entre si.* Como a criança está sendo provocada para duvidar da sua percepção, ela confere e busca informações como *tem sol, não está chovendo*, etc.

As ações lúdicas

As ações e interações constituem *a forma* como a criança manifesta as oposições. Segundo Wallon (p. 86), o jogo "resulta do contraste entre uma atividade libertada e aquelas em que normalmente ela se integra. É entre *oposições* (grifo meu) que ele evolui, e é superando-o que se realiza". As ações lúdicas se realizam em um plano imaginário e se identificam porque não são uma reprodução exata das ações verdadeiras, são esquemas diversificados onde a criança deverá buscar sequência lógica para que o tema escolhido fique coerente para ela mesma. Por exemplo, em uma brincadeira, a ação de "tomar banho" pode ser realizada fazendo movimentos com as mãos como ensaboar-se, enxaguar-se, fechar a torneira, etc. Há uma sequência a ser respeitada; porém, quando a criança iniciou essa ação, ela não combinou com seu imaginário algo tão concreto quanto a sequência do nosso exemplo, pois, para ela, interessava a "ação em si mesma". As ações, quando estão vinculadas entre si, em sequência que segue uma lógica determinada, dão lugar à trama, ao argumento do jogo. Nesse momento é que a criança está autorizada a ser a autora do seu *script*, conforme exemplificamos acima.

As interações

Em nossas experiências temos observado que, para essas interações lúdicas, é necessário que a criança já esteja podendo regular suas ações, seus papéis com o outro. E, aqui, novamente é Wallon (p. 82-83) quem afirma que

> o meio que impõe à atividade de um ser os seus meios, os seus objetos, os seus temas, as suas interações, e, quando se trata do homem, o meio social sobrepõe-se ao meio natural para o transformar de idade para idade, substituindo-o totalmente. Quanto mais nova é a criança, isto é, quanto mais necessita de cuidados, mais estritamente depende dele.

Desse modo, como as interações não estão diretamente vinculadas ao jogo, a criança busca o real gerando conflito para o companheiro, ou companheiros, que respondem com irritação, agressão, desistência, ou aceitação, solidariedade, etc.

Para que o jogo de fazer de conta seja acolhido nos debates sobre construção da identidade na infância, é necessário que as crianças tenham oportunidades de reapresentar os seus papéis até o final. Os personagens escolhidos por elas deverão estar sincronizados com o tema escolhido; esses personagens deverão buscar objetos para construção de um cenário adequado, compatível com aquilo que foi imaginado, os objetos deverão facilitar outras atribuições, dando à criança maior plasticidade, etc.

Assim, brincando, a criança vai se apropriando do mundo que a cerca, ela vai se tornando capaz de se diferenciar – *"eu sou Fernanda e não sou uma boneca, mas a boneca de Júlia pode ser chamada de Fernanda."*

Um programa que considere esses aspectos precisa conceber que, para conhecer como as crianças constroem sua identidade, devemos conhecer seus brinquedos e brincadeiras. Enfim, o esclarecimento do papel do jogo de fazer de conta, enquanto instrumento para construção da identidade na infância, ainda merece muita reflexão por parte daqueles que o utilizam em programas pedagógicos.

Por que esses aspectos são importantes quando educamos as crianças pequenas?

A ideia de que o sujeito toma consciência de si, do seu *eu*, na interação com o outro, é bastante difundida na psicologia. Piaget, Wallon, Vigotsky e Winnicott, autores que encontramos nos programas/currículos brasileiros, trataram este tema com abordagens diferentes (MEC, 1998; SME – DOT, 2007).

É no esforço da criança, desde o nascimento, em compreender e se apropriar da fala do outro, na perspectiva de seu parceiro mais competente (educador, pai, mãe, outra criança...), que ela se desenvolve.

O papel do outro (empírico e representado) na formação da criança foi defendido por Vigotsky (1991) nos seus estudos sobre interação, onde define o conceito da *zona de desenvolvimento proximal*. O autor considera *o outro* como tendo uma função fundamental na instrução formal, nas tarefas vividas, nas instituições de educação e de cuidado. Também Wallon (apud Dantas, 1990) considera que tudo se inicia nas relações interpessoais cotidianas, isto é, nas e pelas interações com o meio social. Neste confronto da criança com diferentes parceiros, ela vai formando sua linguagem, seu pensamento e sua afetividade. Conceitos como *fusão/diferenciação, função do meio, interação, mediação semiótica* estão cada vez mais populares entre os profissionais de creches e pré-escolas e estão intrinsecamente ligados à possibilidade de o indivíduo se conhecer e conhecer o outro.

Para nos fazer entender por um ou mais interlocutores, devemos comunicar ao outro nossas experiências, ideias, desejos, sentimentos. Ou, ainda, quem queira convencer o outro de suas razões, deverá falar de tal forma que sua linguagem reproduza o necessário para ser compreendido. Assim, a tarefa de educar crianças para a conquista de uma linguagem rica em conteúdos, cada vez mais articulada e logicamente estruturada, deriva da função social como meio de comunicação.

Nos projetos para as crianças na Creche da USP, os conteúdos foram organizados considerando, de acordo com Piaget (1980, p. 46), "o conjunto das condutas" (imitação diferida e faz de conta, plástica, oral, gestual/movimento, dramática, musical) "que supõe as manifestações representativas de um objeto ou de um acontecimento ausente", como sendo uma unidade, pois aparecem mais ou menos simultaneamente para essa faixa etária, embora com complexidades distintas.

Influenciados também por Piaget (1980), técnicos e educadores das Creches estudaram a função da semiótica (função simbólica) no desenvolvimento infantil, organizando o conjunto de condutas ou, como chamam, as linguagens. Eles partiram do reconhecimento das *imitações diferidas* (Piaget, 1980; Werebe e Nadel, 1986), organizando o ambiente, considerando as dimensões dos espaços e objetos, das interações e do tempo, para que a criança, no seu dia a dia, pudesse brincar. A ideia foi de que a criança pudesse brincar de fazer de conta, se expressar utilizando tintas, pincéis, canetas, argila, terra, areia, água, como também ouvir, "ler" e dramatizar histórias, ouvir músicas, cantar e dançar... Essas diversas formas de comunicação deram (e dão) oportunidades à criança de estar em contato com diferentes estilos de expressão artístico-cultural e, consequentemente, permitir o uso da linguagem oral continuamente.

Para ampliação do repertório da linguagem oral, além de considerar as diversas linguagens existentes e organizar ambientes criativos, os educadores tiveram de aprender a reconhecer e traduzir os balbucios, os vocábulos ritmados e os choros do bebê. Ao nomear os objetos e pessoas com entusiasmo e propiciar oportunidades para que a criança diferenciasse sons onomatopéicos, os educadores se utilizaram de estratégias fundamentais para o projeto de educar e cuidar de crianças pequenas nas Creches Uspianas.

Lembremos ainda que, para propiciar oportunidades para que as crianças percebam a função social da comunicação oral e do brincar, é fundamental o diálogo entre elas e entre adultos e crianças. Muitas experiências oferecem poucas oportunidades para os pequenos falarem e brincarem. Muitas vezes, é a quantidade de crianças por adulto (razão adulto/criança) que dificulta esses contatos. Outras vezes, é a concepção (sobre infância, instituição...) ou mesmo a forma de organizar o ambiente que impede contatos entre parceiros prediletos.

Portanto, para se construir um ambiente de educação e cuidado coletivo, devem-se considerar alguns critérios de qualidade que respeitem as crianças na creche (COEDI – MEC, 2005) como, também, deve-se incluir no dia a dia o debate sobre a construção da identidade da criança na educação e cuidado no coletivo.

A formação continuada e um destaque sobre a importância da brincadeira

Muitos educadores brasileiros organizam seu foco de formação continuada elegendo a(s) rotina(s) ou, como preferimos nomear, a organização do(s) tempo(s)-espaço(s). Em nossas experiências conquistamos um bom nível de organização dos tempos e espaços, focando na formação, na brincadeira da criança. Consideramos da imitação ao fazer de conta; o jogo de aquisição descrito por Wallon até os de construção; ou mesmo aquelas brincadeiras tradicionais como *brinco* (serra, serra, serra o papo do vovô), *cabra-cega, perna--de-pau, pula-corda, jogos de adivinhações, combinadinhos* (eu com 4, eu por cima, eu por baixo...). Quando o ambiente é planejado segundo o principal modo de expressão da criança – a brincadeira –, os espaços e tempos tornam integradores, o grau de participação das crianças e adultos aumenta, como, também, a adesão dos professores aos planos de trabalhos semanais, mensais e semestrais. Nossa hipótese é que, quando o educador vê a criança brincando, imaginando, construindo, organizando e reorganizando suas ações lúdicas, qualquer nível de planejamento, torna-se ativo. As dimensões dos espaços e do tempo ficam à disposição da infância, a brincadeira é constituída segundo o olhar da criança e não segundo o desejo do adulto.

É claro que não acreditamos na brincadeira espontânea, sabemos que brincar é uma ação aprendida na e pela cultura, logo os espaços e os tempos são organizados e reorganizados pelos parceiros mais competentes das crianças. O que provocamos continuadamente, o que planejamos em nossas avaliações anuais e em projetos pedagógicos é a ampliação da participação da criança e sua família no dia a dia do cuidado e da educação na educação infantil.

Assim, nas crônicas que se seguem contaremos algumas experiências sobre formação continuada com foco nas interações entre as crianças e entre adultos. Contaremos como mediamos as relações para que a criança pequena construa sua identidade, considerando as interações de cuidado e educação, no dia a dia das creches e pré-escolas.

Crônicas

1

Mambembes, ciganos, artistas, viajantes e bonecos de nós mesmos

Érika Natacha Fernandes Andrade

> A construção da identidade é possível pelo desenvolvimento de um trabalho que aborde as marcas pessoais de cada criança. Destaca-se, nesta crônica, como é relevante organizar momentos e atividades para a criança observar, descobrir e falar sobre aspectos como: as características físicas, modos de agir e pensar, história pessoal, gostos, preferências e habilidades. Para tanto, parte-se da questão: podemos construir bonecos de pano para falar e refletir sobre a identidade?

Essa era a nossa vida. Mambembes? Ora, bem que rolavam pequenas encenações. Ciganos? Lembrando bem, tivemos estadia em vários espaços da nossa Creche. Artistas volantes? Pode ser! Até mesmo uma oficina portátil para fazer nossas artes tinha sido organizada. Na verdade, éramos um pouco de tudo isso: mambembes, ciganos, artistas e viajantes. Tínhamos uma bolsinha com retalhos de várias cores, tamanhos e texturas, além de fitas. Tínhamos, também, uma caixa com canetinhas de tecido, tesoura, cola, lã de cores diferenciadas e pedaços maiores de tecido, tipo algodão cru. Essa era a nossa preciosa bagagem! Por vezes, várias pessoas podiam nos avistar com tapetes enrolados debaixo de nossos braços ou, até mesmo, com cavaletes e tábuas para que pudéssemos organizar mesas em qualquer canto ou reino.

Os lugares para onde íamos? A cada dia, nosso destino era surpreendente. Algumas vezes, arranjávamos nossos espaços no pátio, e, enquanto algumas crianças estavam em seus momentos de banho, outras ficavam criando na nossa oficina itinerante. Em outros momentos, o tanque de areia, o refeitório ou o quintal eram nossos paradeiros. Nesses lugares, as crianças confabulavam com os personagens principais de nossas aventuras. Era sempre a mesma festa: a nossa "arte mambembe", a arte da construção de bonecos de pano!

Mas não eram bonecos quaisquer. Eram nossos bonecos! Ou bonecos nossos? Ou seriam os bonecos de nós mesmos? Agora... Como surgiram esses bonecos-nós? Sabe aquele zum-zum-zum clássico, típico das crianças pré-escolares de 5 ou 6 anos? É aquele zum-zum-zum, com direito a debates, perguntas, informações e muitas oposições. A criançada fazia questão de comparar as diferenças:

"Meu cabelo é curto... comprido é bonito... vou deixar crescer... eu não gosto muito de calça...".

"Eu sou forte... O cabelo dela é feio... Ele é marrom...".

"Eu consigo andar de perna de pau... Eu não consigo escrever... Eu gosto de futebol...".

"Tem índio que gosta de pintar o corpo com urucum...".

Realmente, descobrir sobre si mesmo, sobre o outro e sobre o ambiente fazia parte da temática do "zumbido" provocado pelas crianças. Aliás, em meio às suas atividades, muitas crianças organizavam os espaços e já dominavam os argumentos para as negociações; outros tinham que aprender a negociar, a aceitar as diferenças.

Foi assim que, então, lançamos a proposta da oficina de bonecos, ou melhor, a brincadeira-oficina que tinha a seguinte pergunta-mestra: quem sou eu? De maneira legal, lúdica e artística, as crianças passaram a construir bonecos de pano, ou melhor, passaram a se autoconstruir, a se autorretratar em bonecos de pano. No papel de mambembes, ciganos, artistas e viajantes, aproveitamos momentos diversos da organização do tempo e dos espaços para montar acampamento, desenvolver nossa arte e, principalmente, falar sobre o que estava por detrás da construção dos bonecos: a diversidade dos "eus" e dos "modos de vida".

Em uma situação, Vitor pôde perceber, valorizar e falar sobre uma característica sua. Ao ter que decidir sobre a cor do pano que representaria sua pele, o menino estendeu na mesa as várias possibilidades de tecidos e disse que o tom mais escuro era bonito, parecido consigo e que o usaria para o boneco-Vitor. Bruno, por sua vez, contou com a ajuda de alguns amigos para falar e concluir aspectos relativos às suas características. Investigando bem, e se interessando pela melhor maneira de se retratar, Bruno percebeu que nem o tom mais claro e nem o tom mais escuro de tecido se pareciam com a sua pele. Já que não havia outra cor de tecido, tivemos que achar uma solução para a observação de Bruno – lembrando que não podíamos usar a cor natural do tecido de algodão cru, como também não poderíamos tingi-lo com os corantes que possuíamos, pois o tecido obteria uma tonalidade escura demais. Um dia, porém, uma mãe nos sugeriu tingir o tecido de algodão cru com pó de café. O resultado? Não pôde ser melhor! Bruno achou o tom que queria para se retratar no boneco de pano.

Luana, que por um bom tempo manteve longos os seus fios de cabelo, encontrava-se, naquele período, com os cabelos bem mais curtos. Para decidir sobre a cor e o tamanho das madeixas da boneca-Luana, a menina passou a negociar consigo mesma em frente ao espelho, enquanto era observada por suas amigas.

"É marrom. Mas não sei qual".

Por alguns minutos, Luana ficou se olhando no espelho enquanto segurava dois novelos de lã: um de cada lado de sua face, na altura de seu rosto e colados ao seu cabelo. Parecia querer entender qual daquelas cores fazia realmente parte de sua identidade. Era a verdadeira declaração de raças! Duas amigas de Luana, que a ajudavam na confecção da boneca, contribuíram com opiniões bem próximas do real. Aceitando as sugestões, que remetiam a um marrom mais escuro, Luana fez sua escolha. Agora, se a ajuda valeu para a escolha da cor dos cabelos, o mesmo não aconteceu com o tamanho dos fios. Relembrando seus cabelos mais longos, Luana quis retratar-se de modo diferente do atual: recusou os fios curtos e assumiu cabelos mais compridos. Teria, Luana, buscado um modo ideal de grafar sua imagem, num exercício de crítica e autocrítica: o que eu sou e o que eu gostaria de ser?

O exercício de negociação, das crianças consigo mesmas e, também, com o grupo de amigos, sugeriu outras conversas, temas e debates nem tanto comuns e explícitos no grupo, como questões de gênero: do que meninos ou meninas gostam, o que fazem; questões étnicas: como diferentes culturas se organizam em determinadas datas festivas, ou o que comem, como se vestem, etc.

"Eu gosto de jogar bola... As meninas não são muito boas de bola".

"Eu adoro ficar de vestido. Vou fazer o meu desenho de vestido".

No decorrer das oficinas, da observação dos diálogos e do interesse demonstrado pelas crianças em desenhar rostos, cabelos, roupas preferidas, etc., outras atividades foram pensadas e propostas para o grupo. Em uma delas, tiramos duas fotos de cada criança: uma de rosto e outra de corpo. Com as imagens reveladas, em grupo, conversamos sobre as fotos e observamos atentamente cada detalhe. Com as informações trocadas em meio às conversas, cada criança retratou o próprio rosto, desenhando-se, também, na perspectiva de corpo inteiro. Além do desenho, a escrita foi uma outra linguagem usada pelas crianças para que falassem sobre si. Todo o processo foi muito envolvente! Para valorizar as produções e autorias, organizamos um lindo e imenso painel com fotos, desenhos de autorretratos, textos com escritas sobre gostos, preferências e características, além de uma "chuva" de bonecos--crianças pendurados em frente ao painel.

Ao final do semestre, o grupo mambembe aposentou a bolsinha e a caixinha com retalhos, panos, fitas, tesouras, colas e canetinhas. Enganam-se, entretanto, os que pensam que as viagens artísticas, ciganas e dramáticas chegaram ao fim. Sempre há novas ideias, sempre há novos começos. Sempre há um novo espetáculo! Sempre há um novo reino e uma nova façanha para a imaginação mambembe!

Os bonecos? Ora, esses nem eram bonecos mais. Quer dizer, eram bonecos sim. Mas algo de mágico havia invadido aqueles rolinhos de pano com características de criança. De tanto falar neles, ou seja, falar de nós por meio dos bonecos, teriam eles ganho vida? Bom, isso não importa. O que interessa é saber que cada criança do grupo estava mais viva, mais presente, mais conhecida – para si mesma e para os amigos.

Um dia, no final da tarde, três crianças, enquanto esperavam por seus pais, ajudavam a organizar os materiais que havíamos usado para a construção dos bonecos. Retirávamos os materiais da área externa, ao lado da sala, e os levávamos para serem guardados nas estantes, dentro da própria sala.

"Acabamos? Já guardamos tudo?"

Um dos ajudantes, voltando de fora e entrando na sala com um boneco de pano sem identificação com nome disse:

"Não. Falta guardar a Estela."

Sim. Ainda tínhamos que guardar a boneca-Estela.

Ops... Ou seria, agora, a tão conhecida amiga-Estela?

2

Inclusão social no mundo digital

Rose Mara Gozzi

> A temática desta crônica está relacionada com a formação de educadores-funcionários da limpeza, administração, zeladoria, saúde – e como a creche pode propiciar ações no sentido de inclusão digital.

Uma conversa entre duas colegas de trabalho me chamou a atenção: uma delas disse que entrou em um curso de inglês e estava atrasada com as lições do *Home of English*. A outra, espantada, perguntou: "E se o estudante não tiver computador para realizar tais tarefas via internet?" Respondeu a outra: "Não há problema, pois existe um laboratório na escola com vários computadores para que os estudantes possam fazer suas lições."

O que teria indignado uma das colegas? Seria uma preocupação econômica, pois nem todos os brasileiros têm acesso a esse tipo de equipamento? Ou uma questão social em relação às pessoas que não dominam tais ferramentas, no mundo contemporâneo?

As constantes mudanças da chamada "Sociedade da Informação" trouxeram possibilidades novas para o sujeito que vive na contemporaneidade. Estas vão, desde a possibilidade de acessar diversas informações, até a liberdade de difundi-las em escala universal, via *Web*.

Este fato é inegável, mesmo sendo necessário considerar que nem todos os cidadãos têm condições para obter as informações, utilizando dispositivos de última geração, seja pelo custo dos equipamentos, seja por não possuírem conhecimento sobre seu modo de utilização, ou falta de acesso a espaços públicos prestadores de tais serviços.

Como o acesso à informação não significa, obrigatoriamente, a apropriação de informação, um dos caminhos possíveis para incluir, efetivamente, os cidadãos na cultura da contemporaneidade é a instituição educativa, adotando tais práticas que garantam a possibilidade de todos os segmentos das instituições (crianças, pais, educadores e funcionários) produzirem e participarem da cultura e não apenas consumi-la.

Novas relações entre informação e educação decorrem do avanço tecnológico e de questões ligadas à informação (seu volume, o modo de produção, circulação e recepção). Estas implicam considerar novas formas de relações pedagógicas possíveis no ato de ensino aprendizagem. Se antes essas comunicações eram somente realizadas face a face, agora, com o avanço tecnológico, há novas possibilidades de comunicação.

Nessa perspectiva, o nosso desafio foi criar possibilidades de inclusão digital com as educadoras e, principalmente, para as equipes de saúde, cozinha, limpeza e zeladoria. Para tal, a Direção e os funcionários criaram uma nova forma de registrar as memórias das reuniões. A proposta para as equipes foi elaborar as memórias das reuniões e socializá-las via *e-mails*.

Embora a inclusão digital esteja em voga, as Universidades e prefeituras brasileiras criaram possibilidades dos funcionários adquirirem computadores a "baixo custo"; porém muitos continuam sem acesso. Algumas vezes por não terem a máquina, outras por não sentirem necessidade. Em nossa experiência, essa situação ocorria principalmente com os funcionários da limpeza, cozinha e zeladoria, talvez pela própria natureza do trabalho, que não exige este tipo de ferramenta para desenvolver suas atividades.

Vale lembrar que nessas equipes também há exceções, pois alguns tinham conhecimentos sobre a máquina e seu uso. Esses poucos funcionários contribuíram significativamente com seus colegas de trabalho, ajudando-os, desde a elaboração da memória, até o envio do documento para todos os membros das equipes.

Tivemos a participação de outros funcionários: uma educadora de 8 horas e uma educadora da Oficina de Informação, que construíram os endereços eletrônicos para quem ainda não tinha. Havia uma atenção solidária dos colegas nesse momento.

Na prática, cada membro do grupo teve o compromisso de registrar a memória da reunião e enviá-la, via *e-mail*, aos demais membros da equipe. Dessa forma, a maioria dos funcionários foi se apropriando da ferramenta e aprendendo a elaborar as memórias das discussões, contribuindo significativamente para o planejamento e a avaliação das ações de cada equipe, visando à busca da qualidade no trabalho em um ambiente de Educação Infantil.

Por isso, a forma de conceber a relação com o conhecimento somente centrada no educador torna-se uma verdadeira contradição em um mundo repleto de informação e equipamentos tecnológicos. Os sujeitos hoje têm, cada vez mais, a possibilidade de buscar formação e informação nos dispositivos, bem como são por eles afetados, desde os mais antigos como livros, jornais, mesmo os jornais, até os mais contemporâneos, como a rede internet, a *Web*.

Ao retornar à conversa das duas colegas, podemos perguntar: que experiências com computadores, escola e cultura passaram pela vida dos cidadãos brasileiros?

Na apropriação do uso do computador tivemos a oportunidade de ouvir o seguinte comentário de uma das funcionárias da cozinha: "Quero fazer um curso de informática para aprender mais". Enfim, alguns funcionários mais, outros menos, porém todos desfrutando de um conhecimento de direito do cidadão brasileiro.

3

A reunião foi um circo!

Margarete Marchetti e Débora Beatriz Cardoso

> Esta crônica conta como o espaço das reuniões pedagógicas, de momento desagradável e pouco frequentado, tornou-se uma atividade prazerosa para educadores, famílias e crianças. Que tipos de encontros foram pensados, como os ambientes podem ajudar ou atrapalhar o bom andamento das reuniões, como essas inovações melhoraram a frequência são assuntos abordados.

E lá estávamos nós para mais uma reunião de pais do primeiro semestre!

Epa, cadê os pais? Foi essa a pergunta que pairou no ar naquele momento. Já passava da hora marcada e nada, nem sombra das nossas convidadas especiais. Olhei para minha companheira, já desanimada com aquela situação, quando, de repente, a porta se abriu. Eles chegaram; entrou uma, duas. Cadê o resto? Afinal temos doze crianças na nossa sala.

Sem respostas no momento, começamos nossa reunião de poucos pais do primeiro semestre. Que reunião silenciosa, dava até para ouvir os passarinhos chocando seus ovos no forro. E conversa vai, conversa vem, entre uma ciscada e outra, a reunião termina. Saímos da reunião com a sensação de que algo estava errado. A única certeza era a de que os passarinhos não eram os culpados. Podiam até continuar a ciscar o forro. Mas nós, educadoras, tínhamos um grande desafio no momento: refletir e encontrar respostas e uma solução para esta situação tão delicada. Afinal, essa parceria com as famílias era imprescindível.

Foi então que resolvemos montar um projeto onde os pais pudessem participar do começo ao fim. Onde eles pudessem fazer parte, ou melhor, se sentir parte dele de uma forma descontraída.

Meu respeitável público, temos a honra de apresentar o nome do projeto que mudou o nosso olhar na hora de preparar as reuniões para educação infantil: O Circo! Isso mesmo! Foi com o circo que trouxemos as famílias de volta. Através desse tema montamos um espetáculo onde as crianças puderam interpretar seu personagem predileto. Durante a sequência de ações, as crianças puderam conhecer suas possibilidades corporais e descobriram novas formas de se movimentar e de se expressar, as famílias iniciaram suas participações colaborando com pesquisas e acabaram se envolvendo no projeto. A mãe do mágico procurou, com muito carinho e empenho, a melhor figuração, com direito a cartola; a bailarina ensaiava a coreografia com sua roupa feita de papel pela sua mãe e irmã. Outros pais auxiliaram nas confecções dos cartazes para a divulgação do espetáculo. Todos estavam muito envolvidos com o grande espetáculo. Não só as famílias, mas toda a Creche foi convidada.

E o grande dia chegou! A reunião seria no picadeiro – que teve lotação esgotada – onde eles, os pais, seriam o público e seus filhos os personagens desse belo espetáculo de linguagens. A mudança aconteceu não só no formato da reunião, mas também no nosso trabalho que só se engrandeceu e se aprimorou.

Agora, nós, educadoras, planejamos, durante todo o ano, momentos significativos e de interação pais-crianças-creche, ideia que alcançou a adesão de toda a creche.

Os debates sobre participação das famílias permanecem em nossas pautas, mas não é mais nosso foco, já que há uma cultura de participação nas diferentes modalidades oferecidas pela creche. No passado, durante dois desses debates, nosso foco de formação continuada foi nossa relação com a família. Ali estudamos legislação, debatemos sobre visibilidade de cada ação e situação educativa. Discutimos como organizar e socializar todo o trabalho de todas as turmas, de forma a apresentar a dimensão das linguagens trabalhadas. Ali fomos aprendendo a fazer juntos, a divergir, a defender e a negociar as ideias pedagógicas que foram sendo construídas.

A Reunião-Circo foi um marco, não só porque conquistamos audiência, mas muito mais por termos, hoje, pais interessados em debater sobre cuidado e educação infantil.

4

Faço bolo para comer e cantar parabéns!

Bianca Brigliatore e Ana Maria Mello

> O objetivo desta crônica é mostrar como podem ser organizados os aniversários das crianças que frequentam as Creches e Pré-escolas, sem que elas sejam submetidas às situações de exploração e de consumo. Enfatiza-se que tais comemorações devem ser planejadas e discutidas junto com a meninada, a fim de que o aniversariante tenha atenção individual e que, juntamente com colegas e educadores, viva essa data de maneira significativa.

Você sabe? Tem muita gente que gosta de aniversários, outros não podem nem ouvir falar de bolo, "parabéns a você", bexigas e outros objetos natalícios que já ficam mal-humorados.

Mas quando somos pequenos, gostamos; é difícil encontrar criança que não gosta de comemorar aniversários. Muitas crianças gostam de crescer!

Nas creches, o ideal, ainda para o primeiro ano, é organizar o aniversário de cada criança em pequenos grupos. Podemos convidar a família para participar da comemoração e, assim, os bebês aproveitam mais.

Já os maiores de 2 anos começam a participar e querem saber o que exatamente vai acontecer no dia do seu aniversário! Eles já podem estar apenas entre amigos; as famílias organizam outras homenagens fora da instituição.

Nessa oportunidade, a creche e a pré-escola podem dar visibilidade sobre a concepção que tem do consumo, de organização de festa, com participação de crianças e participação de família. A instituição aproveita esses momentos para debater a ideia delicada da homenagem, da celebração do dia do nascimento. Também alguns debates são feitos com as famílias sobre como celebramos esse dia, que o dia do aniversário deve ser lembrado de forma a não estabelecer padrões únicos, comerciais e de consumo.

Mas como organizar aniversários nas creches?

Você bem sabe que reunir crianças de 2 a 6 anos não é tarefa muito fácil: é preciso combinar, repetir muitas vezes, é preciso exercitar. Quando separamos os ingredientes, elas mexem com o açúcar, com a farinha, discutem sobre as cores, os cheiros, sobre as espessuras, elas têm interesse maior na manipulação do que em formular questões mais específicas sobre quantidade, receitas, resultados.

As crianças maiores vão ficando mais exigentes e querem até discutir a receita. Quantas pessoas irão participar? Que tipo de bolo ou que tipo de preparação o amigo escolheu para podermos fazer? Qual é o bolo predileto do Antônio? O que o amigo prefere? Quanto tempo precisa ficar no forno ou na geladeira?

Se observarmos e anotarmos todas as perguntas, quando estamos no processo de preparação listamos uma dezena delas, principalmente a discussão que gira em torno do que é real, da matemática e do que é lúdico.

Também podemos organizar um quadro dos aniversariantes, com os pratos prediletos. Ali estará especificado o dia em que será a comemoração; mesmo que o amigo faça aniversário no final de semana, já programamos o dia em que o aniversário será na creche. Ainda temos que organizar os ambientes culinários. Qual espaço é melhor para concentrar as crianças? Depende muito do tipo de preparação a ser feita, mas podemos utilizar um grande galpão, pois pode ser necessário um pequeno fogão; às vezes a sala pode virar um ambiente culinário, principalmente nos dias de frio e chuva.

Basta organizar, pois, quando falamos de comida, a rotina das pessoas da cozinha da creche também é alterada, quando, muitas vezes, são eles quem ajudam na finalização de um prato, na confecção de um creme mais elaborado, de um molho que exige técnica, até mesmo um simples suco para bolão (geladinho, gelinho, sacolé). Muitas vezes utilizamos outros equipamentos.

Como dissemos, pode não ser tão fácil reunir crianças de 2 a 3 anos, mas insistir para que vistam uma touca e convencê-las de trabalhar com alimentos é muito divertido. Crianças gostam de fantasias, misturas, de perguntas e respostas e de receitas! Crianças gostam ainda de misturar cores, texturas, sentir os resultados. Daí organizarmos oficinas culinárias. Nessas oficinas confeccionamos biscoitos, gelatinas, pão de queijo, bolos de aniversários e, algumas vezes, receitas de países distantes. Você sabe, o aniversário é uma data especial, na qual a criança merece atenção individual.

Criança pequena em instituição grande precisa de atenção individual!

Aniversário é um dia especial, é o dia do amigo, e um dia que será o dia de cada criança. É por isso que utilizamos diferentes recursos para que a criança seja lembrada, a ideia de organizar o meio para que a criança goste do seu dia de nascimento e dos dias de nascimento de seus amigos e familiares.

É gostoso vê-los crescer, e gostoso fazer aniversário na creche para todas as crianças.

Receita para fazer o bolo com crianças pequenas

Como todas ações educativas, para fazer um bolo também precisamos de um ritual:

A primeira coisa a fazer é untar a assadeira e, quando as crianças são questionadas do por quê, logo vem a resposta: Para o bolo não grudar!

A seguir, iniciamos a preparação do bolo. As crianças começam a contar os ovos, os adultos as provocam dizendo que vão duas colheres de farinha e mostram três. Uma outra criança faz qualquer coisa para usar a colher de pau, logo outra quer uma também. Aí lembramos que o combinado são duas colheres de pau por bacia, e que é hora de esperar um pouquinho.

Ah! Há ainda a mágica da clara: tente virar a vasilha após a clara batida, ela não cai! Porém, cuidado, deve-se estar certo de que a clara está mesmo no "ponto de neve", senão pode acontecer um desastre.

Misturam-se, então, em outra vasilha os outros ingredientes: a gema, o açúcar, o leite, o chocolate, a farinha de trigo e o fermento em pó. A cada mistura, uma pergunta, um resultado.

Agora é a vez dos pós mágicos; eles são os prediletos: a farinha engrossa, o fermento faz borbulha com água quente e depois faz o bolo crescer.

Após juntar a mistura da massa e as claras em neve, colocamos na assadeira e vai para um lugar muito especial da creche: A COZINHA. Lá o bolo é colocado no forno para assar.

"Mas precisa assar para comer, né?", ainda pergunta uma criança.

É. Fazemos o bolo, para cantar parabéns para o Tiago e o Duda, e para comer!, anuncia a Professora Rosangela.

A vontade de comer a massa mole é coletival Um dedinho molhado para experimentar, outra palma da mão que escapa na tigela para testar todos os dedos.

Assim, vamos conversando sobre os aniversariantes, quando eles entraram na creche, o que os pais deles vão fazer para comemorar o dia do aniversário, se vai ter bolo também, se avó e o avô virão visitá-los...

5

É assim que se fala!

Ana Cristina Alves de Passos Araújo

> Esta crônica nasce e se desenrola num momento de lanche. E não é de sabores ou predileções que estamos falando, mas sim de conversa de criança sobre a linguagem. E é nessa quase "metalinguagem" que a autora descreve sua narrativa. É uma reflexão do uso e da apropriação da oralidade para essa faixa etária. De uma palavra que desliza em seu sentido, que é reinventada, desmontada e questionada.

A picuinha já vinha de algum tempo, um cutucando o outro, bufando com os rostos quase que colados por bigodes de leite com chocolate, que tanto ele quanto ela, adquiriam a cada gole dado na bebida, servida em pequenas jarras amarelas, dispostas à mesa, cercadas por canecas e guardanapos. Se houvesse alguma possibilidade de silêncio num salão com quarenta crianças lanchando e conversando descontraidamente, este seria quebrado.

– Não é assim!!! Ela não tá querendo falar direito!!! Desabafou num grito ensurdecedor, seguido por um choro agudo, desses bem sentidos, como quem acabara de ser irremediavelmente contrariado e o mundo precisava saber.

Ela, por outro lado, protestou: "Falo do jeito que eu bem quiser!", afirmou, segura de si. Com a voz embargada pela emoção, olhou nos olhos do colega, acendeu as bochechas, enrugou o nariz, disse alto e em bom tom: "COTOLADI...TOCOLADI...". Antes que pudesse pronunciar mais um amontoado de sílabas, decodificadas imediatamente pelo amigo, este, na altura de seus 4 anos e meio de idade, argumentou com propriedade: "Minha mãe falou que já sou grande. Quem é grande fala direito, não fala como bebê!"

Ela, no entanto, parecia ignorar dados e fontes apresentadas pelo colega e prosseguiu, ainda com a bochechas acesas, mas, agora, com as sobrancelhas num formato de "V" e um sorriso arengueiro no canto da boca, que se transformava gradualmente em risadas, a cada novo aglomerado de sílabas que conseguia aleatoriamente agrupar: "TOLOTALE...FOFOFAFI...LOLOLATI..." Assim continuou com uma lista de palavras que chegavam aos ouvidos do amigo como palavrões.

Diante da cena ele, estarrecido, fitava-a com um olhar estranho e contraditoriamente sereno. Inadmissível alguém com tão pouco conhecimento duvidar, discordar, mais, caçoar das verdades que trazia de casa embasadas pela própria mãe! Era o cúmulo! O final dos tempos! Isso não podia continuar. Alguém tinha que fazer alguma coisa e esse alguém seria ele.

Num arroubo apaixonado, em nome da fidelidade às coisas que a mãe da gente fala, ele... chora, chora e sapateia, sapateia e fala: "É CHOCOLATE que se fala, CHOCOLATE! Você não sabe falar CHOCOLATE?!"

Ela, por sua vez, já estava na sétima combinação e com a pança rija de tanto rir, terminando exatamente sua última palavra,"COCOLATE!", quando ouviu uma voz intrigante que procurava trazer um pouco de luz à discussão: "Ela não sabe falar". Diagnosticou um terceiro colega de mesa, enquanto servia-se da bebida. Um breve silêncio ocupou o espaço.

"Sei, sim, é chocolate que se fala..." – procurou restituir o orgulho próprio, pouco antes de ser interrompida por uma explosão de risadas. "COCOLATE!" Ela disse COCOLATE!", observou o menino ainda choroso e que até então lutara com todos os argumentos de que dispunha, em nome da forma correta de se falar as palavras."O cocô late!", complementou aquele que acabara de intervir no embate, sem esconder o espanto.

Foi então que ela se deu conta....realmente havia dito cocô late! Calou-se por um breve segundo e... explodiu em gargalhadas, enquanto procurava entender a lógica, explicando para si mesma: "Cocô não late é o cachorro que late!" Os meninos não a acompanharam nesta reflexão, já que espalhavam o assunto escatológico para os demais da mesa, causando espanto e gargalhadas.

O precoce e obstinado gramático, contendo o riso que ainda restava, olhou ao seu redor, aconchegou-se na cadeira, abraçou com os cinco dedos a caneca, virou-se para a companheira que, já longe da polêmica, sossegadamente, servia o último gole de leite, e, gentilmente, solicitou, depois de um profundo suspiro: "Por favor, passa o GUARANAPO?"

6

Meninada! Vai brincar lá fora!

Rodrigo Humberto Flauzino

A crônica versa sobre a importância do uso dos ambientes externos na Educação Infantil e da valorização desses espaços como potencializadores do olhar curioso das crianças para diferentes fenômenos. Busca-se "pinçar" as falas das crianças durante suas observações aos eventos naturais, como as florações dos Ipês e experimentações agridoces de amoras, para destacar como experiências positivas podem surgir quando adequadamente provocadas pelos parceiros mais experientes.

> **Você sabia que...**
>
> Tanto a amoreira quanto algumas espécies de plantas medicinais, chamadas "silvas", produzem amoras. Há amoras brancas e pretas, mas só as segundas são comestíveis. As brancas servem apenas para alimentar animais. É uma fruta de sabor ligeiramente ácido e adstringente, usada para fazer doces, compotas e geléias?
>
> Fonte: http://www.horti.com.br/home/curiosidades/amora.htm

Os episódios aqui contados
Merecem ser apreciados.
São "causos" de crianças
Que se aventuraram em muitas andanças.
Falantes crianças pequenas
De dois ou três anos apenas.
Elas saíram da sala e exploraram o mundo de fora
Nos passeios, bradavam: "simbora!".
Pés descalços no quintal
Fruta de pomar, passarinho piando, coisa e tal!
Segura!
Olha a fruta madura!
Atenção!
Quanta folha de árvore no chão!
E a outra caindo, caindo, caindo...
Escuta! Que o inseto está zumbindo!
Experimenta! Que a amora está suculenta!
Grama, vento, sol e chuva!
Só me faltou ver um casamento de saúva!
Foi brincando lá fora que a meninada viu a sutileza,
De descobrir e aprender com os Sinais da Natureza!

Episódio 1: A menina e a amora

Não era a primeira vez que as crianças deixavam suas salas para visitar a amoreira do quintal. Elas tinham fácil acesso ao local e como gostavam de fazer isso! Ali no parque, aquele momento representava nosso desejo em direcionar os olhares das crianças de 2 e 3 anos para o fenômeno da frutificação. Quanta pretensão nossa querer falar conceitualmente sobre o desenvolvimento das plantas!

As amoras eram frutas apreciadas pela criançada e, naquela hora, bem naquela hora em que estávamos sob a árvore, experimentando as frutinhas e começando a falar sobre a bendita frutificação, Lurdinha, uma senhora de 3 anos, disparou seu saber biológico mirim: "As amoras roxinhas, tem umas que são azedinhas. As amoras roxinhas têm umas que são doces. As amoras vermelhas, que nem morango, tão verdes!".

Se a fala da pequena nos chamou a atenção, mais ainda nos impressionou o lugar onde ela se deu. Ainda nem estávamos no nosso momento de roda... Bem, mas foi assim que aconteceu: Do lado de fora, longe da lousa, do giz e das quatro paredes de nossa "sala de aula", vimos que Lurdinha conseguiu fazer, à sua maneira, uma boa classificação entre as frutas que já estavam no ponto de serem comidas e aquelas que ainda precisavam amadurecer um pouco mais no pé. Com a boca também já roxinha, de tanto comer as doces frutinhas, a esperta menina percebeu que, a cada dia, os frutos estavam ficando maduros e procurou compreender o que isso significava de fato, no ato, com a boca na botija. É certo que outras experiências vividas pela pequena em outras interações devem ter vindo à tona naquele momento. Por certo, ainda, ela tomou posse dessas informações e passou a elaborá-las, descobrindo qual fruta já estava boa para ser devorada, que já havia se desenvolvido, sendo beneficiada pela passagem do tempo, e quais delas ainda não. Por fim, Lurdinha chegou a uma solução coerente: elegeu o atributo COR para distinguir o outro atributo da fruta, ou seja, o SABOR. Na sua explicação de que as "roxinhas" ora são azedas, ora são doces, e que as vermelhas estão "verdes", ou seja, não maduras, nossa pequena lidou com a comparação e conseguiu explicar deliciosamente porque as frutas de uma mesma árvore podem possuir diferenças entre si. Qualquer pessoa, ou até mesmo qualquer biólogo, que ouvisse o relato dos critérios adotados pela menina Lurdinha, conseguiria facilmente entender quais eram as frutas apropriadas para o consumo e quais não eram.

Bem, e quanto às nossas explicações sobre as etapas do desenvolvimento da amoreira e sobre o ciclo vital da planta? Ah! Deixemos essa história pra lá! Assim como tinha muita gente boquiaberta com a explicação de Lurdinha, também tinham aqueles ocupados demais com a boca cheia de amora e que já não podiam falar mais nada!

Episódio 2: A árvore de pipocas!

"Nossa, parece uma árvore de pipocas!".

Foi o que exclamou a pequena Tonica, assim que viu aquela árvore. Naquele dia nosso grupo havia saído da creche para ver a exuberância de um grande evento natural, capaz de encher os olhos de encantamento daqueles que o veem: a floração do ipê branco. Essa espécie apresenta uma característica interessante: sua floração é efêmera e acontece entre o final do mês de agosto e início do mês de setembro. Seus galhos ficam repletos de flores brancas, sem que haja uma folha sequer entre elas. O mais interessante é que em dois ou, no máximo, três dias, todas as flores caem, deixando a árvore totalmente "despida". A segunda floração, que ocorre mais ou menos dentro de quinze dias, não é tão intensa quanto a primeira.

Ao se depararem com os ipês floridos, as crianças de 2 e 3 anos pareceram ficar encantadas com sua beleza. Também pudera, a garotada, desde bem pequena, aprecia muito o contato com a natureza. A primeira reação dos pequenos foi correr em direção à árvore para colher as flores que já estavam no chão ou, ainda, tentar pegar aquelas que se desprendiam facilmente dos galhos com a ajuda do vento.

E foi nesse momento que ouvimos aquela voz dizer que as flores brancas lembravam pipocas.

"Mas por que você acha que ela se parece com pipocas, Tonica?" – Perguntamos à garota.

"Porque fica tudo juntinha assim, igual a da minha mãe!" – Falou-nos ao mesmo tempo em que fazia um gesto de união com as mãos.

Na situação vivenciada no ambiente externo, diante da observação do ipê branco, Tonica usou gestos e sua linguagem para tentar explicar aos seus educadores que a árvore se parecia com pipocas, pelo provável fato de se manterem sempre bem unidas nos saquinhos ou nas panelas ou nos carrinhos dos pipoqueiros.

Gesto e palavra se complementaram. De certa forma, nossa esperta garotinha associou a aparência das flores da copa da árvore ao visual que as pipocas adquirem ao estourar: ficam todas juntas, concentradas no interior das panelas ou saquinhos. Mas, vejam, se prestarmos bastante atenção na coloração das flores do ipê, veremos que elas não são totalmente brancas como podem nos parecer à primeira vista.

Quem olhar bem verá que no interior de cada flor há nuances amareladas que se aproximam dos milhos de pipoca quando estourados. Pode-se dizer que esse tenha sido um importante detalhe que contribuiu para a Tonica construir atentamente sua analogia. Além disso, a união e a coloração uniforme de várias flores, bem como a ausência de folhas para contrastar com as mesmas, nos levam a crer que foram os elementos que fizeram com que a criança trouxesse à mente a imagem de pipocas feitas por sua mamãe em outros momentos vividos. Como Tonica disse: "É igual a da minha mãe!".

Lurdinha e Tonica, duas espertas garotinhas... E eu aqui fico pensando: será que elas sacariam tudo isso se tivessem permanecido apenas dentro de suas "salinhas?"

7

Dor de mordida tem cor?

Maria Aparecida dos Santos Martins e Ana Maria Mello

> A crônica mostra como as ações adotadas pelos educadores/adultos e também o ambiente podem significar de formas diversas a mordida de um bebê e outro de etnia diferente.

Vocês já viram crianças morderem e serem mordidas, não é mesmo? Particularmente quem trabalha com as crianças abaixo de 3 anos sabe: crianças mordem!

Os bebês de 3 meses primeiro levam tudo à boca; observe os bebês no berçário, todos eles levam tudo à boca. Por que eles fazem isso? Qual é o propósito de as crianças se comportarem assim?

Alguns dizem até que bebês até 3 anos de vida estão em uma fase especial e que a boca é a zona de prazer do bebê. É verdade, todos nós já ouvimos falar da FASE ORAL. Parece que tudo isso já começa na amamentação. Todo mundo sabe que *a maior aproximação de mães e bebês é no momento de amamentar*. Como o bebê não consegue ficar 24 horas sendo amamentado, ele sente a necessidade de se satisfazer, colocando objetos na boca. Outros autores alertam: "o bebê leva tudo à boca para conhecer o mundo, para aprender sobre os objetos, tudo isso faz parte de seu aprendizado".

Bem, não importa não é mesmo? O que reconheço é que as crianças têm prazer em levar todos os objetos à boca e têm prazer em aprender.

Mas tem alguns pediatras que lembram à fisiologia e dizem: *as crianças precisam coçar a gengiva, ou, ainda, crianças pequenas levam tudo à boca antes do nascimento dos dentes, depois vai diminuindo, diminuindo...*

Também parece que isso acontece com a criança; os objetos são menos colocados na boca após 18 meses; eles estão mais competentes para pensar e falar. Investigam os objetos, perguntam sobre eles, perguntam sobre suas qualidades e funções. A boca, o toque não são mais campo único de aprendizagem.

É nesse período da vida que os bebês humanos começam a morder. Por que será? Por que não são todos os bebês que mordem? Por que alguns são mordidos? Educadores e pais se perguntam, muitos se chateiam. Mas o que sabemos é que as crianças nessa fase mordem, e mordem mais se o ambiente estiver desorganizado e se os comportamentos dos adultos forem de muita alteração ou de acentuado desinteresse. É por isso que a conversa sobre mordidas entre os adultos que ficam com as crianças abaixo de 3 anos é bem-vinda.

Você também sabe: em creches temos o privilégio de conviver com várias etnias. Luís, por exemplo, é branco, olhos claros, parece neto de francês ou alemão. Enquanto Roberto é afro-descendente com avós maternos e paternos descendentes de africanos e/ou índios.

Mas nós estávamos *conversando* com vocês sobre boca e não sobre etnias. É que quero contar um "causo" que aconteceu no meu grupo de crianças de 2 anos de idade sobre Boca-Etnia. É verdade! Pode parecer engraçado, mas, como Roberto e Luís, temos umas dezenas de boquinhas descendentes de africanos, índios, italianos, espanhóis... Boquinhas miscigenadas, boquinhas latinas. Não vamos fazer confusão, caro leitor, são boquinhas da América Latina, elas mordem, mas não latem. Bem, às vezes brincam de latir também.

Mas voltando ao nosso "causo": estávamos brincando em um tanque de areia, quando Luís e Roberto começaram a disputar um brinquedo. Os dois começaram a chorar e a tentar argumentar sobre os direitos que tinham sobre o brinquedo. Os argumentos podem ser bons, interessantes, mas, nessa idade, Luís não entende Roberto, Roberto não entende Luís e eu não entendia os dois! O ciclo está formado e logo os dois trocaram uma mordida.

Você deve estar aí pensando, né colega:

"Ué... E daí? Crianças mordem mesmo."

"Console-as e logo tudo passará!"

E foi o que fiz. Logo tudo parecia em paz e chamei-os para o banho. Depois da farra habitual, todos limpos, banheiro organizado, sacolas penduradas. Ufa! Finalmente verifiquei o braço de Roberto, a marca praticamente desapareceu, enquanto no de Luís continuou avermelhada e roxa. Alguns colegas passaram por ali e comentavam: *nossa, mordeu mesmo!* Outro adulto comentou: *coitado do Luís!* Passei pomadas nas mordidas dos garotos, conversamos um bocado e logo fomos brincar de outra coisa.

A conversa continuava em torno da mordida de Luís; eu tentava desconversar, mudar de assunto, mas logo eu pensava também: *E a mordida que Roberto ganhou?*

A pele negra encobre marcas, picadas de insetos, batidas e mordidas. Os adultos comentavam da mordida dada pelo Roberto e não a mordida que ele havia recebido.

Passamos o resto da tarde assim: cada vez que alguma criança ou adulto comentava sobre a marca do Luís, Roberto mostrava a sua apagada.

Mordidas são acontecimentos da infância, são comportamentos precoces de defesa de negação; o modo que tratamos cada uma delas, como organizamos e planejamos os ambiente, as interações é que são diferentes. Mordidas podem ser aprendizagem, e necessariamente elas são miscigenadas.

É por isso que dor de mordida não tem cor, ela deve ser observada, tratada e acompanhada, considerando a dor dos meninos e meninas como os: Luís, Lídia, Roberto, Mariana, Adilson, Iara, Yoko, Dayana, Bernad, Doris, Takano, Marcella, Faîola, Michèli, Yan, Kiara, Natacha, Boris Eygs, Akiko, Dará, Verinä, Yahya, Harun, Kim e tantas Kangas Fayolas por aí!

8

A Princesa Negra

Margareth Aparecida Orcídio Vieira de Andrade

> Cinderela! Toda a verdade sobre a beleza e nobreza se encerram nessa princesa? É para nós o modelo mais acessível? Partindo dessa indagação das próprias crianças que às suas maneiras questionam a respeito do "ser princesa" é que a crônica se desenrola. Numa observação atenta de conversa de pátio, durante o projeto *África*, em que os modelos apresentados de homem e mulher diferem bastante do difundido ideal europeu, é que a educadora propõe e desenvolve sua atenta crônica.

"Margareth, existe princesa negra?"

Esta foi a pergunta que um grupo de meninas de 6 anos fez, interrompendo uma brincadeira divertida entre elas, no pátio.

Mesmo sabendo a resposta que poderia ser imediata, pois sabemos que na África não só existe como já existiram muitas princesas e rainhas, fiquei reticente.

Imediatamente fui pensando nos exemplos de princesas negras. O bom exemplo que toda criança gosta é da historia de Alafiá, uma princesa mais conhecida na literatura, *de pele negra como a noite, com olhos grandes e escuros, da região de Daomé, na África;* ou Cleópatra que ficou muito famosa e conhecida como a rainha do Egito!

Mas, naquele momento, as meninas queriam mesmo era saber sobre princesa e não sobre rainha. Então, diante de tal situação, resolvi fazer um suspense, observando os olhares atentos das meninas e pensando numa forma de responder, sem destruir o sonho ou abalar a autoestima, em especial de uma delas por ser negra.

Afinal, princesas negras ocupam espaços privilegiados somente na literatura infantil africana, certo ou não?

Vocês, que estão lendo esta crônica, conhecem ou sabem contar imediatamente alguma história de uma princesa negra?

Sei que outras perguntas costumam ter respostas muito mais imediatas, como, por exemplo: se andar de perna-de-pau necessita de um equilíbrio diferente de andar de patins; se doce de batata doce é mais doce do que doce de goiaba, ou – para ficarmos na literatura infantil – por que Alice no país das Maravilhas corria atrás do coelho apressado e caiu em um buraco escuro mas cheio de histórias?

Mas não, a pergunta é sobre a existência de uma princesa negra que me pareceu, naquele momento, merecer uma resposta mais elaborada.

Por um instante poderia me sentir como se estivesse caindo num enorme buraco negro, vendo imagens das "belas princesas dos contos de fadas", como A Bela Adormecida – linda, branca e loira; Cinderela – sofrida, linda e branca; e Branca de Neve que, como o nome já diz, é tão branca quanto a neve, e que, de negro, só tinha mesmo seus cabelos; aliás, nenhum dos seus anões era negro. E olha que havia sete anões!

E o que fazer diante de tal questão, uma vez que, no universo da literatura infantil, aqui no Brasil, não existem princesas negras nas histórias mais lidas e conhecidas pelas pessoas de modo geral.

É certo que temos algumas exceções, já que as instituições de educação trabalham com literatura africana e indígena. Sem contar aquelas pessoas que conhecem ou têm acesso às poucas comunidades quilombolas espalhadas pelo país que procuram manter viva a história do povo africano que, apesar de tanto sofrimento em "terras brasiles" com a escravidão, sempre procurou manter a alegria viva dentro de si, através de suas festas, eventos e rituais culturais.

Mas, espere aí, que estereótipo de princesa é este, totalmente fora dos padrões brasileiros e que encanta tanto os sonhos de nossas meninas e meninos?

Sim, porque, se pararmos para observar bem os traços físicos de toda a população brasileira, encontraremos aí a miscigenação através de belas mulheres de pele clara com lábios carnudos e cabelos encaracolados ou crespos. Temos, também, pessoas de pele escura, olhos claros, lábios finos e cabelos lisos e tantas outras variações.

Enfim, qual seria a melhor solução ou o melhor tratamento para aquela questão infantil de raça e etnia colocada para mim?

Estávamos naquele semestre trabalhando com *O Projeto África*. Naquele momento, algumas histórias já haviam sido contadas para as crianças. Também tínhamos organizado várias receitas para fazer xerém, galinha de cabidela, papas de mandioca, arroz pintado e tantos outras delícias africanas. Assim, refletir sobre se existia ou não princesa negra, caia muito bem nessa pauta-afro.

Em nosso planejamento já estava previsto também a exibição do filme *Kiriku e a feiticeira*, que ilustraria a resposta.

"Professora, existe ou não existe princesa negra?" A insistência das meninas fez com que voltasse do devaneio em que me encontrava e que, ao contrário do que possa parecer, não durou mais do que alguns segundos e respondi seguramente a elas:

"Sim, meninas, existe e, amanhã, após assistirmos juntas ao filme Kiriku e a feiticeira, vocês terão a oportunidade de ver uma bela princesa!"

No dia seguinte, o filme foi exibido, contando a história de um menino que se tornou um herói negro por derrotar uma feiticeira muito má, chamada Karabá, e que, no final, descobre-se que ela era, na realidade, uma linda princesa africana enfeitiçada no passado. O filme foi bastante ilustrativo para os olhos daquelas crianças que acompanharam atentamente toda a história. Passado um tempo, convidei por um dia, a menina negra para ser uma "verdadeira princesa". Nessa oportunidade, nós a fotografamos. Ela também serviu de manequim vivo para o desenho fotográfico de cada criança.

Nosso mural das histórias africanas, fotos e relatos dessa experiência ficaram delicadamente afros; e a menina-negra-princesa passou a acreditar também nas histórias de princesas como a Alafiá e a Cleópatra.

9

"Quem tem medo de espelho" ou "Espelho, espelho meu!"

Juariana Casemiro e Rosana Carvalho

> Esta crônica reflete sobre o papel do objeto espelho como um material pedagógico propício para a construção de identidade, mesmo de crianças pequenas, apesar da resistência de pais e professores.

Tem alguém aí que já ouviu a frase "espelho, espelho meu, existe alguém neste mundo mais bela que eu?"

Essa frase famosa pertence a que história? Todos nós sabemos, não é mesmo? A história da *Branca de Neve e dos sete anões*. Essa frase é repetida incansavelmente nas diversas versões.

E o Mito do Narciso? Porque será que Narciso se apaixonou por ele mesmo? Ou, melhor, pelo seu reflexo?

Podemos afirmar que os bebês humanos, a partir de 3 meses, já se manifestam diante de espelhos. Uma criança pode pensar que sua imagem é a imagem do outro, no inicio a imagem da mãe, ou de uma pessoa de seu contato social.

O bebê humano nessa fase confunde o outro consigo mesmo. Narciso de certa forma fez isso e se apaixonou por ele mesmo.

Nós, professores de bebês, sabemos que eles são capazes, convivendo com sua própria imagem, de poder assumir uma relação com sua própria identidade – quem sou eu? Eu *não* sou minha mãe, eu *não* sou Pedro, eu *não* sou Juariana e *não* sou Rosana.

Quando isso acontece, a criança passa do reflexo do espelho para outro momento do se desenvolvimento. Vocês já prestaram atenção como os pequenos utilizam o próprio nome para falar de si próprio – o Pedro foi... A Teca não gosta... Filipe não quer. Além de não conseguirem usar pronomes possessivos, a negação acompanha a linguagem, ou seja, *eu não sou a Teca*.

Muitos colegas professores não acreditam que o espelho possa ser um personagem, possa ser um objeto de trabalho do professor. A bola é, a boneca também, os carrinhos nem se fala! Na lista de material pedagógico ainda não aparecem espelhos para as paredes de diferentes tamanhos, caixas e gavetas – surpresas com espelhos, livros com espelhos.

Por que será que ainda não elegemos os espelhos como recursos de interação?

Em nossa cultura é comum ainda termos medo do espelho: *"quem deixou esse espelho aqui? É perigoso! Temos crianças pequenas"*; ou alguns ditos populares: *"quebrar um espelho dá sete anos de azar"*, *"os espelhos atraem os relâmpagos"*; *"após as refeições não devemos olhar no espelho"*...

A ideia sobre os perigos de espelhos é tão predominante que, outro dia, um pai disse para nós: *olha, achei um espelho no chão, não é melhor guardá-lo?* Algumas colegas, quando chegam, também expressam o medo desse objeto, acreditam que é melhor evitar, vai cortar as crianças e machucá-las.

É claro que precisamos tomar cuidado. Que tipo de espelho colocar? Quando são retalhos, eles estão lixados? Em qual parede iremos colocar? Quais serão as propostas que iremos desenvolver?

Mas há espelhos para todos os momentos e todas as idades, não é mesmo? De todos os tamanhos, para contar histórias, para escovar os dentes, para pentear os cabelos, para olhar, olhar, olhar até saber quem sou eu.

10

Memória nossa de cada dia

Clélia Cortez

Esta crônica apresenta o trabalho de registro em vídeo de uma creche que já tem 26 anos. A crônica tem o intuito de mostrar que as instituições de educação infantil devem organizar sua memória pedagógica, de forma que esse registro possa servir como material de pesquisa e também como método de reflexão e formação de seus educadores a partir de suas próprias experiências.

Assim que a Creche adquiriu, com a ajuda de alguns pais, um gravador de DVD, a sala da diretoria transformou-se em um miniestúdio de TV. Aquelas antigas fitas em VHS, com cenas e histórias vividas por funcionários, educadoras e crianças que já saíram há um tempo, ou as que ainda permanecem, geraram boas lembranças e histórias.

Sabe quando um professor se propõe a selecionar imagens de revistas para fazer uma determinada atividade com as crianças e passa horas tecendo comentários sobre o que observa? É a notícia vigente na época da edição, a foto de um artista ou modelo, a imagem de uma paisagem exuberante. Qualquer assunto leva ao passado, às suas próprias experiências, a sentimentos, muitas vezes nostálgicos, e a comentários sobre um determinado tempo.

De repente, 30, 40 minutos e o tempo passou. E os cabelos das educadoras? Arrepiados na época, *black power*, volumosos ou compridos; hoje curtos, mais lisos ou encaracolados. Sobre os espaços: nossa... *esse berçário com as paredes verdes; hoje não tem mais a porta fechada, que separava berçário maior do menor, os caldeirões para as refeições são móveis e mais alegres.*

Quantas histórias e personagens povoam 25 anos de história de uma Creche. Já imaginou se não estivessem nos arquivos de suas fitas em VHS, muitas vezes recuperadas pelos tantos anos de existência?

Pois é. Em vez do folhear das revistas, as imagens são transferidas da fita para o DVD. Elas aparecem na tela grande da TV da *sala de gravação*, são rememoradas com conversas do tipo:

- Essa aí é a mãe da, da, da ? Como é o nome mesmo? O pai era lá da Poli? Ou da História? (entram várias pessoas do passado na sala para discutir e acabar com o esquecimento).
- E olha aí o boi na nossa Festa Junina: "ah chegou, chegou, chegou meu boi agora"
- Nossa, olha a Eva! Que saudade! Lembra o "pique" para correr com as crianças e inventar milhões de brincadeiras pelo pátio?
- *Adorava caçar bichinhos e medir o tamanho deles.*
- *Nossa, até hoje eles se lembram dessa brincadeira!*
- *E qual é esse projeto que tem o João nessa cena?*
- *Ah, lembrei, é sobre o Egito!*

São tantos tempos, espaços, grupos, passeios e projetos... E hoje viraram tantas e tantas histórias. Mesmo com a falta de nitidez de algumas imagens, a perda das cores ou sons, uma coisa é certa: os personagens, sobretudo as crianças, revelam expressão e vida. Porque nessas imagens, por mais que não tenham o resultado de um profissional que sabe captar imagens focadas e não cenas tremidas, ou direcionadas a pisos, tetos e chão, tem profissionais da infância, que focam as crianças, mostrando, assim, o que são e o que pensam sobre o mundo e nos surpreendem.

Nada daquelas musiquinhas ensaiadas para apresentação da festa da primavera ou dos pais, tampouco a repetição de gestos artificiais que mais lembram robôs em série. Tudo é verdade mentirosa ou mentira verdadeira nessa história pedagógica. Algumas ações educativas podem não agradar muito ao universo adulto: o menino atrás da porta, o cutucar de um nariz no ateliê de culinária, o "chifrinho" na cena de despedida das crianças dos prés, o desenho não concluído, uma careta daqui, outra dali.

Quando os educadores têm oportunidade de analisar cenas, projetos e história da pedagogia de sua unidade educativa, eles percebem como o conhecimento é provisório, percebem, ainda, a condição que é favorecida para expressão de sentimentos e conhecimentos. O conceito de infância, por exemplo, nos últimos 25 anos foi modificado; com isso, novas áreas de conhecimento foram organizadas.

Essas cenas muitas vezes são revistas ainda pelos educadores para aprofundar e circular nosso movimento de ideias e teorias sobre o universo infantil. Nesses momentos, não nos importa se o cabelo está diferente do modelo atual, se estamos mais velhos, o importante mesmo são os anos de experiência e o quanto já aprendemos com tudo isso. Preciosas imagens nos permitem entender nossas ações e, muitas vezes, transformá-las em ricas situações de aprendizagem.

Como um projeto foi pensado, a interação dos educadores nas brincadeiras com as crianças e em outras propostas, os ambientes organizados, as conversas. Quantas ideias e concepções documentadas! Olhar e valorizar as conquistas das crianças e as ações dos educadores diante disso nos ajuda também a compor a história da nossa própria formação e do nosso projeto pedagógico.

Por isso, para produzir boas imagens, mesmo que ainda não saibamos todos os segredos tecnológicos, uma coisa é certa: vale continuar filmando tudo, vale buscar nos capacitar continuadamente para melhorar as imagens e as edições. Mas não devemos esquecer nosso foco. É a criança que pensa, sente e expressa e como os adultos captam e mediam essas interações.

Sem ensaios, maquiagem ou rodeios, os educadores, e demais adultos na educação infantil, podem nos mostrar como compreendem o universo da criança, como constroem suas ideias para os projetos pedagógicos, como provocam e motivam para curiosidades.

E as crianças? Estas podem nos mostrar que as suas questões formuladas são realmente sérias, que abrem portas para o desenvolvimento e a aprendizagem infantil, que seus gestos, falas e ritmos constroem novas histórias de gente, brinquedos, brincadeiras.

11
Crianças no combate à dengue

Vivian Cristina Davies Sobral

Esta crônica relata como a visita de um vigilante epidemiológico à creche, fomentou nas crianças de 6 anos a vontade de saber mais sobre o mosquito da Dengue. As educadoras pesquisaram o tema e estimularam a aquisição de novos conhecimentos. As crianças puderam apropriar-se de conhecimentos de relevância social e divulgá-los. Também puderam avaliar suas atitudes cotidianas e transformá-las de acordo com o que aprendiam.

Era uma tarde ensolarada de verão. As crianças brincavam pelo parque, quando uma mulher desconhecida, com um uniforme da prefeitura municipal e uma prancheta na mão, entra na Creche acompanhada por uma professora que ia lhe mostrando todos os cantos. A moça observava, fazia algumas anotações e continuava observando. Olhava os espaços internos e externos, apontava os baldinhos das crianças, as pás, cada brinquedo era apontado e ela anotava de novo. As crianças, curiosas, aproximaram-se da mulher e perguntaram quem ela era. Ela foi logo explicando que estava procurando mosquitos da dengue.

- Ah! Então a senhora quer prender mosquitos – arriscou Pablo.
- É verdade, eu vim ver se aqui tem mosquito da Dengue, pois na região da Creche, uma pessoa ficou doente.

A mulher recomendou que as crianças nunca deixassem nenhum brinquedo no parque, pois, quando chove, a água que se acumula nos objetos pode se tornar um foco de mosquito da dengue. Depois de despedir-se, a moça foi embora.

Não demorou muito e as crianças começaram a brincar de mosquito da dengue. Cada inseto que encontravam era, para eles, o tal mosquito.

Aquela visita despertou o interesse em todos. Interesse instalado, agora era só trabalhar. Certamente muitos já haviam ouvido falar sobre a Dengue nos meios de comunicação; assim, as educadoras pediram para as crianças fazerem, em casa, uma pesquisa sobre a Dengue. Dias mais tarde, receberam livros, fotos e folhas impressas falando sobre o assunto. O material foi selecionado e lido para as crianças que descobriram que a Dengue é uma doença que é transmitida por um mosquito chamado *aedes egypty*. Também descobriram que o mosquito, para se reproduzir, necessita de água parada e que, no dia a dia, muitos objetos que descartamos ou deixamos expostos à chuva podem acumular água.

As educadoras então convidaram as crianças para um passeio pela creche para observar se havia algum objeto que pudesse acumular água. Ao caminhar pela creche, as crianças foram percebendo que objetos pequenos, como pratinhos e panelinhas, que às vezes eram esquecidos no parque, representavam perigo. Também perceberam que se o lixo ficasse exposto à chuva, as embalagens plásticas que estavam dentro dele poderiam acumular água.

As educadoras propuseram que saíssem pelos arredores da creche para verificar se havia muitos objetos jogados no chão. Todos saíram com luvas e sacos de lixo e voltaram com os sacos cheios de copinhos descartáveis, papéis de bala, garrafas, latinhas, embalagens plásticas de cigarro e outros descartes. Voltaram brabos porque muita gente joga lixo na rua e, assim, a Dengue cresceria mais e mais. Dias depois as educadoras organizaram com a Turma uma agenda coletiva para alertar a população sobre a doença e como preveni-la.

A Turma decidiu fazer cartazes sobre os sintomas da Dengue e como prevenir o contágio. Resolveram fazer isso através de fotos onde as crianças representariam os sintomas e as ações preventivas. Começaram então a produzir as fotos. Aos pares, as crianças representavam os sintomas da Dengue, como: dor de cabeça, febre alta, manchas vermelhas pelo corpo, dor de barriga, dores nos fundos dos olhos e falta de apetite. Depois foi a vez de representarem as formas de prevenção da doença, e, mais uma vez, divertiram-se muito, procurando pela Creche os locais mais apropriados para fazerem as fotos.

Depois das fotos prontas, as crianças escreveram uma legenda explicando o que significava cada foto. Os cartazes foram feitos e o resultado foi tão fantástico que foram reproduzidos em *banners* para serem colocados em alguns lugares onde o tráfego de pessoas era grande, como o serviço médico do campus.

Após o sucesso dessas ações preventivas, ainda havia uma vontade de fazer mais, então, a turma decidiu montar uma peça de teatro sobre um super-herói que ensinava como exterminar o tal mosquitinho *aedes egypty*.

Com a peça montada, era necessário decidir onde ela seria apresentada, para que pudessem atingir um número maior de pessoas, que não fossem só os usuários da Creche. Então, num dia em que uma banda muito conhecida da cidade estava se apresentando numa praça da USP, descemos até lá com faixas de protesto contra o mosquito da dengue. As educadoras pediram à banda que deixassem as crianças apresentarem a peça teatral para as pessoas que estavam ali. A banda, parou, olhou e aceitou! Todos puderam ouvir a mensagem das crianças contra a Dengue.

Enquanto tudo isso acontecia, na Creche, as educadoras providenciaram uma visita de uma funcionária da Vigilância Epidemiológica para que explicasse melhor sobre as formas de reprodução do mosquito *aedes egypty*. Pois, mesmo com tantas informações, as educadoras percebiam que, durante as brincadeiras das crianças, algumas ainda achavam que um mosquito capaz de causar tanto estrago deveria ser um mosquito enorme. A bióloga enviada pela Vigilância Epidemiológica trouxe não fotos, mas tubos de ensaio com mosquitos dentro, o que elucidou as dúvidas restantes.

Todas essas ações educativas, cada informação, cada experiência vivida ampliou o repertório de todos. As famílias? Ao passar alguns dias comentavam sobre as atitudes das crianças – sempre atentas a qualquer coisa que pudesse acumular água ou indicando e aconselhando seus pais e irmãos.

Uma das mães contou às educadoras que, no setor em que trabalhava, uma funcionária tinha tido Dengue e que poderia contar para as crianças como foi. Numa manhã, a senhora foi recebida e passou por um interrogatório sobre como havia se sentido quando estava com a doença. As perguntas eram tão elaboradas que também a convidada foi embora contente por poder colaborar com a turma.

Aquela turma, com certeza, se apropriou de tal forma das informações sobre o *aedes egypty* que se transformou em meninos e meninas combatentes dos pequenos mosquitos.

12
Era uma vez um berçário e uma história

Alessandra Arrigoni

A crônica relata diversas lembranças e recordações do projeto de trabalho desenvolvido no berçário com as linguagens expressivas e experiências sensoriais. Uma documentação viva de um processo significativo na formação dos professores.

Um certo dia, olhando as pastas-memórias da Creche, deparei-me com uma delas. Era uma especial, portadora de muitas lembranças, parecia que eu estava novamente revivendo aqueles momentos registrados em fotos, palavras, imagens, texturas e papéis.

A cada página virada, as imagens tomavam vida, enchendo meus olhos e despertando sensações. Eu podia sentir a alegria das crianças, os momentos de aconchego, as gostosas risadas, o cheiro da sopa dos bebês, as brincadeiras e cada nova descoberta.

Lembro-me no inicio do trabalho, quando era só uma ideia, e agora consigo ver uma grande colcha de retalhos, tecida a 10 mãos, costurada, bordada, enfeitada, com a ajuda de mais 34 mãozinhas. Cada pedacinho representa momentos carregados de significados e, hoje, essa bela colcha conta uma história.

História que tem um começo, claro!

Essa história começou com um grupo de professoras que, encorajadas pela pedagoga, se propuseram a pensar em um Projeto de Trabalho, dentro de uma rotina flexível para crianças pequenas, considerando as diversas possibilidades de vivências, de experiências e de aprendizagens.

Neste começo de história, caro leitor, havia muitas dúvidas e poucas certezas. Como perceber as dicas das crianças? Como interpretá-las? Como transformar as dicas em propostas? Como começar? Como organizar um Projeto de Trabalho para bebês?

Que desafio! Mas fomos até o fim. Passamos a observar atentamente o movimento do grupo e, devagarzinho, nosso olhar estava aguçado para as situações simples do cotidiano.

O Miguel, por exemplo, fazia batuque com todos os objetos que encontrava durante os ateliês de arte: batia uma canetinha na outra, nas refeições batia a colher na mesa e experimentava atento aos sons produzidos.

Olhando esse cenário, uma educadora do grupo rapidamente ofereceu a ele uma latinha e um pauzinho. Ele brincou bastante parecendo muito feliz e nós ficamos desafiadas, pois algumas das nossas questões estavam sendo respondidas.

Sabíamos que as crianças precisavam vivenciar propostas significativas, levando em conta a exploração dos sentidos e diversas possibilidades de se expressarem. Para isso, foi preciso soltar a imaginação, cuidar de cada pedaço, organizar as propostas, os espaços e continuar fazendo a leitura das dicas do grupo.

Havia várias fotos, cada uma mostrava um pouco dessas vivências. Uma mostrava as latinhas de que eu falei, mas já pintadas pelas crianças. Tinha também uma grande lata enfeitada, os chocalhos feitos com potinhos de iogurte, barbante e tinta. Que batucada gostosa!

Quanto prazer e entusiasmo nas diversas propostas de pintura, desenho e massinha. Também experimentávamos diferentes sensações com tintas comestíveis, gelatinas e farinhas.

Nas brincadeiras de esconde-esconde com os visores e cortinas coloridas, havia muita atenção e diversão ao perceber as cores, formas e texturas.

E os túneis (entrar e sair deles era uma festa) transformaram-se numa gostosa brincadeira quando as crianças começaram a se esconder lá dentro. Balançar os móbiles, ao movimentar os objetos, encantava a todos.

Tivemos também a caixa-surpresa e todo o suspense para abrir e encontrar objetos diferentes que eram transformados em brinquedos, como as tiras de papel crepom que viraram pipas e garrafas coloridas com objetos dentro que rolavam pelo chão.

A piscina de bolinha ou papéis picados chamava muita atenção e virava uma gostosa brincadeira com chuva de papéis, tocando suavemente a pele das crianças e possibilitando diferentes sensações.

E foi assim, explorando e brincando, que as crianças vivenciaram momentos significativos e singulares para cada um.

Ah! E nesse contexto, vou descrever uma última foto. Nela estava o Pedro, com seu um ano e meio, sentado no chão, com as perninhas esticadas e o livro da sua história preferida apoiado. Parecia que nada o importunava, o barulho não o atrapalhava, nem os amigos passando de um lado para o outro, nem as fitas de papel crepom que balançavam com o vento. Pois lá estava ele! Folheando cuidadosamente cada página, olhando atentamente cada imagem e costurando, enfeitando e bordando sua colcha.

Com certeza, posso garantir, meu caro leitor, aquelas ações nos formaram também; esse foi um registro vivo de uma história de desafios, encontros e desencontros que fizeram parte de um planejamento do tempo e espaço em uma instituição de Educação Infantil.

13

Para o alto e avante! Tem heróis na pré-escola!

Rodrigo Humberto Flauzino

O texto procura mostrar como educadores e crianças conseguiram melhorar o convívio em grupo, aprendendo a cuidar de si e do outro a partir de um tema fascinante: o universo dos super-heróis. A forma como o grupo de crianças passou a acordar combinados e regras desenrolou-se sobre uma trama de fantasias, brincadeiras e invenções de personagens fantásticos com super-poderes, fraquezas e um misto de medo e coragem para superar desafios.

O primeiro semestre estava na metade, mas, a essa altura, eu já sentia vontade de sair voando pela janela da sala. Comentei com a turma que, após o lanche da tarde, ouviríamos histórias de grandes heróis, como as do mito grego de *Os doze trabalhos de Hércules* ou as belas aventuras do garotinho africano do filme *Kiriku e a Feiticeira*. Acho que não foi boa ideia. Ou foi?

A intenção era a de aproximar as crianças de textos de diferentes culturas, mostrando-lhes que havia outros defensores do mundo, além dos comerciais Homem--Aranha, Batman, *Power Rangers*, os quais recheavam os enredos de seus jogos de faz-

-de-conta, mas, ao mesmo tempo, os limitavam em torno de incessantes brincadeiras de luta. Pensei comigo: não seria essa uma das tarefas da Educação Infantil? Isto é, ampliar o repertório das crianças com histórias de vários povos, assim como investir em seus arcabouços de brincadeiras para além daquelas que elas trazem de suas realidades? Realidade, fantasia; misturando personagens da vida como ela é e da vida imaginária de como gostaríamos que fosse. Isso parece literatura, não é mesmo? Mas é também faz-de-conta de criança pequena. Se conseguisse trabalhar tais conteúdos de maneira lúdica, eu seria o verdadeiro Menino Prodígio, ou melhor, o Professor Prodígio, o Super-homem da Pré-escola!

Eu já sabia que o universo de heróis fascinava a todos! Só que, de repente, numa euforia danada diante da proposta apresentada, a meninada se pôs a correr com se tivessem asas nos pés, voltando para a sala num segundo, como se tivessem sido teletransportados. Grande como a euforia também foi a encrenca que se armou nos instantes seguintes lá dentro da sala.

Não sei se os heróis existem de verdade, mas, se existissem, certamente eu precisava de um pra me ajudar naquela hora diante dos dois colegas que estavam enfurecidos um com o outro e da torcida mirim inflamada, que bradava a plenos pulmões:

– Bat! Bat! Bat!

Não, leitores amigos, eles não estavam se referindo ao Batman, o herói mascarado, nem estavam solicitando que eu contasse uma história dele. O "Bat! Bat! Bat!", na verdade, significava "BATE! BATE! BATE!", ou melhor: "*bate nele, ele é chato, ele quebra nossas coisas...*".

E por falar em herói, naquela hora me senti o Homem Invisível, pois ninguém naquela sala ouvia minhas indagações e pedidos de: "Pare pessoal! Por que vocês estão brigando? É hora de ouvir a história!". E que falta me fazia um cinto! Não, não estou defendendo a época da palmatória e dos castigos! Muito pelo contrário: na concepção de educação da qual compartilho, somos adeptos à resolução das encrencas, desavenças e afins via conversa, via acordo de regras coletivas, via combinados. Ah, mas se eu tivesse um cinto! O cinto ao qual me refiro é o de utilidades, parecido com o Homem Morcego tão querido entre os pequenos do meu grupo de pré-escolares. Se eu tivesse um acessório desse provavelmente sacaria uma "santa engenhoca", capaz de acabar com aquela interminável discussão, uma quase briga que rolava entre os meninos de 5 e 6 anos, só pra saber quem sentaria onde ali na roda.

Um momento que, em tese, deveria ser bom, divertido e capaz de desenvolver a imaginação e o gosto pela leitura, tornava-se uma verdadeira ameaça à Paz Mundial, já que cada um dos dois colegas ali presentes disputava seu território bravamente, sem ceder a nada, querendo demarcar o seu lugar no espaço usando não a bandeira de uma ou outra nação, mas, sim, suas cadeirinhas de plástico na cor azul berrante!

– Este lugar é meu!
– Não é! Eu sentei primeiro aqui pra ouvir a história!
– Você bateu sua cadeira em mim e 'beliscou' meu braço com ela!
– Eu vou te bater!
– Não vai! Eu sou mais forte que você! Eu tenho muque!

Juro que, se nessa situação, eu tivesse uma corda ou o "laço da verdade" como o que a saudosa Mulher Maravilha usava nas HQs para saber quem estava mentindo, eu daria um jeito de acabar com aquela discussão que, por sua vez, já tinha acabado com todo o meu planejamento do dia. Digam-me que professor ou professora já não se viu diante do dilema: Que criança chegou e sentou primeiro? Como explicar para o menino que chora de raiva e dor que o colega não o "beliscou com a cadeira" de propósito? Como?

Já que eu não tinha nenhum laço mágico capaz de revelar a verdade, nem cinto, nem arma pacificadora supersônica e já que, como disse, acredito na resolução dos conflitos via conversa, interferi dessa forma. Na tentativa de estabelecer um limite claro para aqueles "arquirrivais" que se engalfinhavam na minha frente, e para conter todo restante da "Liga" que se inflamava ainda mais, usei o que acreditei ser um superpoder.

O tal superpoder ao qual me refiro foi o fato de ter lembrado que, em uma de nossas formações continuadas de professores, havíamos discutido que há várias dimensões de limites pelas quais as crianças passam até conquistar sua autonomia em relação às regras sociais e para desenvolver sua noção de moral.

Nesses espaços de formação, estudamos que, na faixa etária dos 5 e 6 anos, apesar das crianças serem bem articuladas em seus pensamentos e linguagem, de saberem se expressar diante de diferentes situações, de cobrar posturas justas dos adultos que as cercam, de buscar dimensionar o bem e o mal, o verdadeiro e o falso, elas também estão se constituindo como sujeito, afirmando sua posição, opondo-se ao outro para construírem suas identidades. Nessa fase, elas ainda custam a mudar seus pontos de vista, a se colocar no lugar do outro para pedir-lhes desculpas, para reparar alguma situação que magoou ou feriu o parceiro, como no caso do colega que "beliscou" o amigo com o braço da cadeirinha azul berrante.

Então, levantando o tom de voz sem exageros, mas mantendo-a firme, apartei os garotos ao mesmo tempo em que lancei a provocação:

– Vocês gostam de bancar os Batmans, Homens-Aranha, *Power Rangers*, não é? Vivem falando que são os fortões, acham que os verdadeiros heróis resolvem tudo na briga? Tudo na pancadaria?! Vocês não conhecem nada de heróis, principalmente do Hércules! Ele sim resolve tudo sem essa picuinha de vocês!
– Como assim? Retrucaram os meninos cessando a briga. Enfim, as cadeirinhas azuis foram assentadas no chão, ocupando qualquer lugar. A turma que até então se agitava, sentiu seu orgulho infantil ferido e mostrou curiosidade com o tal Hércules que resolvia seus problemas sem brigar.
– Como ele fazia isso?

Ufa! Acho que havia conseguido, voltava a recuperar minhas forças de Herói-professor ou – tá bom, tá bom! – Professor-herói. Estava feliz não por ter salvado o mundo ou uma donzela em perigo, mas por ter mobilizado o interesse das crianças novamente para a hora da história!

Como devem saber, no mito de Hércules, o herói deveria realizar doze trabalhos, um mais difícil que o outro. O intuito por de trás de cada tarefa, maldosamente arquitetada pela Deusa Juno, era acabar com a vida do filho bastardo de Zeus. As aventuras com heróis, vilões, seres fantásticos divertem as crianças e as instigam a compreender as contradições entre o bem e o mal.

"Nossa, que forte ele era! Acabar com a um leão?!"

"E que inteligente também! Desviou um rio inteiro só pra limpar onde os bois fazem cocô!"

As proezas do Herói iam tendo sucesso e começavam a dar o norte para nosso desafio de resolver os conflitos sem usar a violência. Assim como no mito, os cotidianos das Creches e Pré-escolas apresentam nós a serem desatados, projetos a serem delineados para ajudar cada turma a conhecer mais sobre si, sobre o respeito ao próximo, sobre esse mundão.

"Queria ser herói também. Queria ter um herói só meu..."

Que boa ideia o pequeno André, um dos garotinhos envolvidos na discussão descrita mais acima, havia dado! E assim foi feito, o contexto estava posto. Eu poderia aproveitar o fascínio das crianças pelo universo dos heróis, os seus entusiasmos pelas histórias e a necessidade de trabalhar a moralidade dos pequenos. Antes de bater no colega, dá pra conversar antes e saber o que aconteceu? Que combinados a respeito disso poderíamos fazer? Um deles, certamente, era de que a entrada na sala deveria ser mais tranquila... Dessa forma, diminuía-se o risco de algum braço chato de cadeira azul beliscar o colega do lado...

Semanas depois, lá estávamos nós dando vida a um herói próprio da turma, um herói com o jeito das crianças, batizado com o nome idêntico ao grupo, nascia o "Super Estrela". Junto com o amigo-boneco de pano, que passou a fazer parte da rotina, acompanhando as crianças no lanche e nas atividades e indo passear na casa de cada um no final de semana, veio também um painel de combinados. Isso mesmo, Super Estrela introduziu ali, junto aos pequenos, um painel sobre o que "foi legal" no dia e o que "não foi legal", o que, portanto, precisava ser debatido entre todos para melhorar o convívio na turma.

O painel, assim como o Herói da turma, também era personalizado. Coisas boas acontecidas materializavam-se em pequenos cartões que davam energia ao boneco. O contrário acontecia se coisas não tão boas também surgissem e não houvesse discussão sobre elas. Cartõezinhos, nos quais se escrevia o que havia sido considerado pelo grupo como negativo, tiravam a força do boneco. Assim, a turma que estava envolvida emocionalmente com o personagem herói procurava cuidar bem dele e manter responsabilidades sobre o mesmo. A ideia já não era mais dizer "isso foi legal ou isso não foi legal" com o seu colega ou grupo. Na verdade, a força da proposta estava em fazer as crianças discutirem sobre o fato ocorrido, debatendo entre elas e sendo mediadas pelo professor.

"O Super Estrela tá fortão! Ele tá ganhando energia!"

E eu fui ganhando a alegria de ver de novo minha turma negociando as coisas, conversando mais, ao invés de brigar. Lógico que isso ainda acontecia, mas com menos frequência, pois todos queriam manter o painel de energia (ou de combinados) repleto de coisas legais, deixando, assim, o Super Estrela sempre forte e viçoso.

Em outras situações, criamos nossos próprios personagens, confeccionamos uniformes coloridos, usando Tecido-Não-Tecido (TNT), e fizemos símbolos personalizados, desenhando no E.V.A. Escrevemos, cada qual no seu nível de escrita, os poderes e as fraquezas de nossos heróis inventados. Bolamos, também, nomes malucos para nossas novas personalidades como a Menina Cobra e seu laço sucuri, o Homem Fio, que lançava seus choques, o Menino Meleca e seu poderoso jato de barro e o Garoto Tubarão, que dominava as ondas como um surfista.

Nem preciso dizer que as brincadeiras de lutas que outrora só giravam em torno de *Power Rangers*, socos e chutes foram substituídos por enredos mais elaborados, nos quais, cada um com seu herói inventado, desaparecia, voava, esticava-se, corria super--rápido, congelava o outro, sujava-o de lama ou mandava o colega para o espaço.

Ah! A paz na Terra havia finalmente voltado ao normal! O mundo, agora cheio de mini-heróis, retornava ao seu eixo natural. A humanidade – ou pelo menos a minha turma – estava salva... As brigas apareciam em menos quantidade e as negociações entre a meninada mostrava-se "no alto e avante", como dizia o Super-homem. Finalmente eu poderia voltar ao meu Q.G. para planejar o segundo semestre.

Será?

De repente, em meio à nova brincadeira, eis que ouço um longo choro vindo em minha direção! Macacos me mordam! Será que voltaríamos à estaca zero?!

– O que aconteceu Ariel? Por que está chorando?
– Não quero mais brincar de herói!
– Mas, por quê? Você gostava tanto!
– Gostava, mas não gosto mais...
– Mas você agora é o Homem Meleca, que suja tudo por aí!
– Era! Não sou mais!
– Como assim, não é mais?
– Sabe o Vinícius que é o Menino Tubarão?
– Sei...
– Então, o poder dele é a água... E ele me lavou...
Pois é, pessoal... De volta à Sala de Justiça!

14

Quem tem medo de brincar?

Cristina Mara da Silva Corrêa

A criança brinca. Isso é consenso. O adulto brinca? Isso já vem acompanhado de uma boa interrogação. Num projeto em que a autora justamente procurava explorar essa indagação, em que mesmo um ex-brincante traz na memória, experiências e sentimentos a respeito da sua infância e da infância que concebe hoje. Nesse percurso de trazer para as educadoras essa discussão, nobres momentos podem ser narrados e contados. A crônica se presta justamente a um desses momentos.

Naquela manhã paulistana bonita, organizamos o pátio em diversos cantos. Tinha jogos de montar, brinquedos e outros objetos que sugerem o jogo de faz-de-conta, tais como: bonecas, fantasias, teclados de computador, telefones, papéis, lápis e giz coloridos.

As crianças saiam da mesa do lanche em disparada para a área externa da Creche e se espalhavam pelos cantos.

De repente, a confusão:

- Essa boneca eu peguei primeiro!
- Não, você estava com a outra de vestido rosa.
- É mentira! Eu vou brincar com ela.
- Solta! Você vai rasgar o vestido dela!

Um puxa daqui, outro puxa de lá, juntamente com aquela gritaria.

Uma educadora que está por ali observa a cena, pronta para intervir, caso as crianças não consigam, entre elas, resolver a picuinha.

Nesse momento, um empurra-empurra, sai-sai e o conflito está armado.

- Puts! Brumm-brumm!
- Pow! Pow! Pow e ahnnn... enreda-se um chororô coletivo e um disse-me-disse:
- Teca, ela pegou a boneca de vestido azul que estava comigo.
- Não, estava comigo! Eu peguei primeiro.

Foi aí que testemunhei "a hora e vez" daquela professora que, com criatividade, pegou uma caixa de sabão em pó, transformou-a num rádio e saiu pelo pátio anunciando:

- Pessoal, fugiram as cobras do Butantã! Elas estão soltas aqui na Creche. No mesmo instante as crianças pararam de brigar e todos, inclusive a professora Teca, começaram a correr pelo pátio "fugindo das cobras".

Em outro canto, as crianças de três anos brincam no escorrega. Percebo que o interesse delas, em relação ao brinquedo, é subir sem a ajuda das mãos. Admirada, perguntei-lhes:

- Vocês não têm medo de cair?
- Não! A gente é forte. Olha! Eu consigo subir até no alto!

Fiquei por ali por alguns instantes... Elas subiam e desciam por diversas vezes. Logo, uma das educadoras se aproxima para ajudar, caso necessário, naquela aventura de escalar. Algumas vezes, ela intervinha:

- Olha, Pedro, cuidado! Espera um pouquinho, seu amigo vai escorregar.

Lembro-me da minha infância, quando escorregava nos barrancos, usando um papelão. Que delícia! O desafio era tanto conseguir subir até o alto do morro, quanto de escorregar na maior velocidade.

De repente, a conversa entre as educadoras, responsáveis por essa faixa etária, chama-me à realidade:

- Combinei com as crianças que não podem brincar de subir no escorrega, acho muito perigoso; elas podem cair e se machucar.
- Mas, Vera, parece-me que elas estão experimentando seu equilíbrio corporal brincando de subir pelo escorrega. Penso que o nosso papel é orientá-las para não se machucarem e não proibi-las. Afinal, essas brincadeiras são importantes para o seu desenvolvimento motor.

Dizendo isso, eu e Vera ficamos conversando sobre medos, escolhas e decisões para o desenvolvimento infantil coletivo. Em nossas práticas, muitas perguntas sugerem decisões, não é mesmo? E nós, educadores, temos que, durante todo o dia, tomarmos decisões.

Provoquei Vera com algumas delas: *por que será que há creches em que as crianças brincam tanto? Ou, por que será que em algumas creches e pré-escolas os professores e funcionários em geral gostam de lembrar e relembrar as brincadeiras de infância? Ou, ainda, por que será que adultos e crianças em muitas creches e pré-escolas pesquisam, debatem e planejam o brincar conjuntamente?*

Esses questionamentos devem ser permanentes em nosso dia a dia, até porque são justamente algumas inquietações que costumam nos sacudir, impulsionando-nos, para desafios onde aqueles adultos e crianças que sabem mais possam nos provocar continuadamente. Dar um possível "pontapé" inicial para tirar da mesmice é, por exemplo, fazer dos encontros mensais entre educadores e profissionais de Creche um exercício continuado de reaprender a brincar. Buscando, dessa forma, resgatar pela memória de cada adulto as brincadeiras de sua infância, pesquisando, lendo, refletindo e analisando os planejamentos mensais, para que o resultado seja de horas diárias de brincadeiras e jogos para as diferentes faixas etárias. Não podemos deixar de lembrar que brincar é o principal modo de expressão da criança. A linguagem de faz de conta é apontada por diferentes autores como sendo uma ação ligada ao desenvolvimento da capacidade de imaginar e criar da criança. Nas brincadeiras de faz de conta, as crianças aprendem a reproduzir, com mais detalhes, gestos e as falas de pessoas em certos papéis sociais ou de personagens de histórias lidas, ou desenhos animados assistidos ou inventam roteiros alimentados por sua fantasia, utilizando-se de diferentes linguagens: corporal, musical, verbal.

Nas creches, desde muito cedo, os bebês apresentam comportamentos lúdicos como esconder-aparecer (*cut*); cantar e imitar bichos, brincar com fantoches, brincar de construção, de brinco (serra-serra) e de pequenas cirandas.

E vamos brincar e cantar? Vamos chamar todos para brincar e cantar em todo Brasil?

"...Pra se dançar ciranda
Juntamos mão a mão
Formamos uma roda...".

15

Um menino que roubou a cena da festa

Gabriela Schein

> Para quem cotidianamente convive com um grupo de crianças pequenas, algo que fica bastante claro é a capacidade que têm de "quebrar" cenas óbvias e que transcorreriam "normalmente" ao universo adulto. Esta crônica vai descrever uma situação em que o "ímpeto egocêntrico" no auge dos 2 anos de uma das crianças falou mais alto fazendo-a agir na festa de seu amigo de forma inesperada.

Lá estava ele, com sua moto em uma mão e um carrinho em outra. Brincava quieto no seu canto, entre morros verdes e gira-gira colorido. Estava no pátio da sua Creche. Seus amigos ainda tiravam aquela soneca após o almoço, enquanto ele, de longe, observava uma movimentação atípica no salão.

Mesas eram arrastadas pelo chão, enfileiradas diferentes do dia a dia. Uma mesa maior era colocada ao centro. Bem no meio das outras. Sozinha. E lá só tinha uma cadeira. Tentou chegar mais perto para ver o que se passava, mas logo foi convidado a se retirar com uma mão que empurrava delicadamente suas costas. Disseram-lhe que ainda não estava na hora.

Enquanto isso entra uma família parecida com a sua: um papai, uma mamãe, um irmão mais velho e alguém que se vestia com uma roupa diferente dos demais. Ele estava fantasiado. Por um momento o menino se assustou, mas logo se acalmou, reconhecendo que ali, por de trás daquela fantasia, estava um amigo seu.

Tentava por entre vidros dar uma espiada, mas logo alguém atrapalhava sua visão. Mas seus olhos não se desgrudavam daquele delicioso bolo.

De repente, foi despertado por um barulho! Uma educadora puxava uma roda de música com um enorme tambor. Crianças corriam para segui-la e brincar junto a ela. Ele não, só observava de longe a movimentação. Queria mesmo era ficar perto da porta, como se, em algum momento, alguém desse uma brecha e ele pudesse correr para bisbilhotar lá dentro.

A espera parecia ser longa. Interminável. De repente foi surpreendido por um chamado que reunia todas as crianças e anunciava: "Pessoal vamos lavar as mãos!".

Finalmente! – pensou ele. Agora sim poderei ver de perto o que está acontecendo lá dentro.

No entanto, foi levado pelo embalo da multidão (exagero da sua parte, afinal eram outras crianças que queriam correr para sentar no melhor lugar) e, como que arrastado, chegou ao banheiro para lavar as mãos, passando num piscar de olhos pelo salão.

Assim, passado aquele terremoto, ele foi procurar seu melhor lugar para apreciar o que lá iria acontecer. Sentou numa cadeira que parecia estar estrategicamente aguardando seu bumbum. Era perto do bolo de chocolate.

Retomando o batuque, volta à cena aquela educadora, cantando, entusiasmada, músicas que as crianças adoravam. Quem estava no melhor lugar levantava da cadeira e ia dançar, cantar, pular. Ele parecia tímido, preferia ficar sentado, como habitualmente nessas ocasiões, só admirando aqueles que se expunham no centro do salão a dançar.

As luzes se apagam e começam a cantar uma música querida pelas crianças. Era o "Parabéns a você". Ele se lembra de que, na sua casa, sua mãe já lhe preparou um bolo parecido com aquele que o hipnotizava agora e também cantaram essa mesma música para ele.

A música desenrolava-se animada, com palmas e "Rá-Tim-Bum" e fotos que foram tiradas de todos os lados.

Neste ínterim, num instante de segundos, ligeiramente, ele, o garotinho de 2 anos e meio que olhava a cena, num ímpeto infantil, daqueles que esquecemos que já tivemos um dia, levantou-se, correu até a mesa do bolo, encheu seus pulmões de ar, e com toda a sua força e fôlego, como o Lobo assopra a casa dos porquinhos, ele assoprou a velinha. Voltou correndo para o seu lugar e sentou. Só faltou assobiar, como se nada tivesse feito.

Depois disso, nem me lembro mais o que se sucedeu. Nossa surpresa foi tamanha que só pudemos ter olhos para ele. A situação surpreendeu todas as professoras que, atônitas, achavam graça, sorriam desconcertadamente e se perguntavam: "mas o que será que deu nesse menino"?

E, se fôssemos descrever o que deu nele, começaríamos a história toda de novo...

Bom, pelo menos o desejo daquele menino se realizou. Da forma mais pura possível, afinal, aos 2 anos, as crianças não se prendem a regras sociais, elas conseguem saídas inesperadas para resolver seus desafios como essa da espera interminável para comer um bolo que faz os olhos de qualquer um saltar!

Definitivamente essa criança roubou a cena desta festa, roubou nossos risos e, muito além disso, levou nossos pensamentos a passear pelo universo infantil.

16

Aqui tem banho de Sol

Maria José Bernardes e Lucimeire Aparecida da Silva Coelho

A crônica apresenta situações educativas que envolvem interações entre crianças e entre adultos e crianças. A ideia de que cuidar de si, do outro e do ambiente se apresenta na e pelas interações. Aborda ainda a construção de hábitos e como as crianças e seus pais podem aproveitar as orientações da creche para as diferentes áreas.

Você sabe: de norte a sul, de leste a oeste, há sol no Brasil. Algumas regiões em alguns meses do ano. Outras, durante todo ano, outras, ainda, há sol forte logo cedo. Mais para o sul do país há sol com vento, mas o sol faz parte dos países ditos tropicais. Muitas creches e pré-escolas já o consideram como personagem principal em seus planejamentos. Espaços externos organizados com solários, tanques de areia, chuveiros, pequenas piscinas e duchas já fazem parte da organização espacial de muitas unidades educativas.

Aqui o sol é incluído nos planejamentos com os bebês. Tomar banho de sol serve, ainda, para desafiar os pequenos, provoca diferentes experiências sensório-motoras. Os bebês se movimentam e gesticulam como também se arrastam, engatinham, marcham, sobem e descem nas rampas. Logo no início, ainda na adaptação, alguns ficam bravos, não gostam das novas posições, da temperatura, mas logo aproveitam aquelas experiências. Algumas famílias também questionam: "*Ah, ela não tem hábito! Ainda é muito pequininha... Tem muito vento por aqui...*" Alguns colegas também resistem, acreditam que enfrentar as famílias e superar a resistência do período de adaptação dos bebês não vale o trabalho! Mas sabemos o quanto as crianças aproveitam esse momento, não é mesmo?

O banho de sol também se mostra importante para o crescimento e desenvolvimento das crianças. A vitamina D é fundamental para a formação dos ossos e do sistema nervoso. Buscamos várias posições corporais, garantindo um banho de sol pleno, possibilitando fixação e absorção dessa vitamina através dos raios solares. As crianças se desenvolvem também nos diferentes sentidos – tato, olfato, visão, audição e gustação. Observam diferentes perspectivas dos ambientes organizados para dar o banho de sol.

Mas como planejar diariamente o banho de sol?

a) Planeje espaço em solários, jardins e pátios

1. Prepare diferentes espaços aconchegantes e atraentes, planejando-os com antecedência, atentando para diversificar os ambientes, garantindo a segurança do mesmo.
2. Coloque tapetes, esteiras e almofadas adequados com a temperatura.
3. Coloque brinquedos diversificados e adequados à faixa etária. Pode-se construir brinquedos sonoros a partir de material reciclável como garrafas plásticas com sementes ou líquidos coloridos.
4. Coloque música de diferentes ritmos e estilos, garantindo sempre a tranquilidade, motivando-os para os novos ritmos e tons.

b) Planeje diferentes ambientes e pequenos passeios

1. Passeie com os bebês com carrinhos ou a pé, proporcionando pequenas caminhadas.
2. Chame atenção para barulhos de pássaros, de vento e de brincadeiras com as crianças maiores.

3. Faça pequenos piqueniques com sucos e frutas e convide algumas famílias para um banho de sol especial.
4. Se houver praças e/ou praias próximas à instituição, leve as crianças semanalmente.
5. Convide algum membro de alguma família para que toque instrumento(s) e faça um banho de sol – recital.

c) O banho de sol e as diferentes idades

Para saber qual é o banho de sol adequado para cada faixa etária, é necessário considerar alguns aspectos:

- O bebê que mama no seio materno também precisa de banho de sol: ele recebe todo cálcio e fósforo que seus ossos e nervos precisam, mas é a vitamina D que fixa esses sais minerais no organismo.
- Nos primeiros 12 meses, as crianças devem tomar sol todos os dias, pois sua luz funciona como "desinfetante" natural da pele, evitando brotoejas e assaduras e prevenindo possíveis infecções.
- Deve-se, para as crianças maiores de 1 ano, privilegiar a mudança dos espaços, considerando alguns ambientes da instituição onde possam, no verão, brincar com água, usando mangueiras, banheiras, piscinas plásticas e chuveiros de jardins.

d) Outras orientações

- Ter materiais para a higienização, como papel higiênico e fraldas de pano.
- Ampliar gradativamente o tempo de permanência no sol, oferecendo uma rotina sistemática diariamente.
- O período ideal no verão é até às 9 horas e depois das 16 horas.
- É indicado o uso de protetor solar, mas é necessário consultar todas as famílias.
- Oferecer água durante o banho de sol, para melhor hidratação das crianças.
- Para organizar projetos que considerem um bom banho de sol devemos prestar atenção no ciclo sazonal, verificando as diferentes temperaturas durante todas as estações.
- Para a construção desses hábitos é importante que as crianças frequentem diariamente os horários organizados para o banho de sol.
- Para as famílias se convencerem da importância dessa atividade, são necessários encontros, conversas, como, também, exposições de fotos que divulguem esses momentos.
- Há pesquisas e normas no Brasil (CNE/MEC), sugerindo aspectos importantes para analisar um bom banho de sol. (Esses aspectos podem ser encontrados no *site*: www.portal.mec.gov.br).

As assembleias na creche – O caso da balança

Maria Claudia Perna e Claudia Calado

> Envolver, implicar, delegar e responsabilizar as crianças com assuntos do dia a dia é tarefa fundamental para o convívio coletivo. Esta crônica narra as contradições dos contatos entre as crianças e entre as crianças e adultos, conta sobre a condição humana que nos obriga a viver no coletivo, mostra o quanto é essencial viver experiências que exigem o exercício democrático.

O início de ano tem muitas novidades na educação infantil: é a formação de um novo grupo, a construção do espaço, a adaptação, a rotina e muitos combinados.

Toda vez que é preciso resolver um problema com brinquedos, como uma briga, ou, ainda, organizar uma festa, cada educadora conversa com seu grupo na roda, mas, depois, para socializar o que foi discutido separadamente e chegar a um consenso. Há que se persistir.

Então resolvemos realizar reuniões coletivas, as assembleias, para que os assuntos fossem tratados, encaminhados e concluídos por todas as pessoas que convivem conosco no módulo. As crianças entre 5 e 6 anos e todos os adultos têm voz e vez!

A ideia da assembleia veio justamente com o entendimento que nós, adultos, temos a necessidade de se discutir assuntos comuns aos direitos e deveres instituídos.

Sabemos que ouvir e respeitar opiniões alheias é muito difícil, mas arriscamos todo o nosso poder, partindo da experiência com rodas de conversas diárias, para introduzir a liberdade de cada criança em questionar e melhorar seu espaço e a convivência.

Num local tão cheio de gente e ideias, é comum o excesso e a diversidade de assunto que, dependendo do caso, é possível que seja retomado algumas vezes, como aconteceu com as balanças. Com esses assuntos foram meses de discussões, ideias, brigas, soluções e mais soluções.

A creche tem um espaço que chamamos de quintal.

Ele é um grande jardim com árvores em que as crianças podem subir, tem também um escorregador, um trepa-trepa, uma casinha de madeira. Em canto oposto e especial e, por que não dizer, encantado, encontra-se um trio de balanças de ferro, que, para as crianças, é, sem dúvida, o melhor lugar. É um brinquedo muito frequentado pelas 90 crianças do módulo!

Foi assim que, em uma assembleia, Mateus, afoito, foi pedindo a vez para falar:

— Eu quero dizer que esperei para balançar por horas e horas e, quando chegou minha vez, a Bia contou muito rápido até 50 e eu tive que sair, mas, antes de mim, veio o Carlos e eu contei devagar.

Carlos:

— Não foi devagar, Mateus, você não sabe contar até 50, pulou um monte de números, errou tudo e eu tive que sair quando você inventou o 50 do nada, se não você abre aquele bocão e chora!

O tumulto se instalou. Todos falavam de suas experiências ao mesmo tempo e ninguém conseguia ouvir ou entender algo.

Educador:

— Pessoal, hoje já é a terceira assembleia que só falamos de balanças e todos os dias vocês vão ao quintal e podem brincar de tantas outras coisas, no escorregador, na casinha...

Júlia:

— Ah, mas na balança é legal, vem um ventinho no rosto, o frio na barriga e, melhor ainda, é que da balança a gente vê quem está esperando e sabe que tá todo mundo te olhando.

Cássio:

— É gostoso, porque a gente fica conversando e torcendo pra mãe de alguém chegar pra ser logo a nossa vez. Não é, Rodrigo, que a gente ficou torcendo pra mãe da Natália chegar e ela chegou?

Carlos:

— É, mas na balança, tem aquelas crianças que contam tudo errado aí a gente tem que sair rápido...

Educadora:

— Já discutimos várias vezes e talvez será preciso novas regras. É isso, pessoal? Então qual será a regra?

Mateus:

— Contar só até 30, porque todo mundo sabe e, se possível, comprar mais balanças, pra ninguém mais brigar. Pronto, é fácil.

Então a votação ocorreu e a proposta de se contar até 30 foi aprovada. É claro que comprar novas balanças resolveria – ou poderia resolver – parte do debate, mas que nunca mais iria voltar esse assunto... ah, isso já é mais difícil de garantir, não é mesmo? Você sabe, há temas que são eleitos como polêmicos, em toda instituição é assim mesmo!

O pedido foi encaminhado à direção que pediu um prazo. As crianças com frequência retomam seu pedido e não se esquecem da promessa!

O fato é que muito temos que aprender nessas assembleias: falar, ouvir, votar, registrar, argumentar e encaminhar as decisões para resolvê-las. Só assim o ciclo torna-se confiante e a ideia de debates gera apropriação entre as crianças e seus educadores.

De tudo já discutimos um pouco e, às vezes, um encontro só não é suficiente e é preciso que o tema volte à discussão. Outras vezes procuramos a direção da creche para participar; também informamos às famílias sobre os encaminhamentos.

Por muito tempo essa organização coletiva tem ajudado a discutir soluções para problemas comuns com crianças tão pequenas, que já experimentam as contradições de posições e aprendem que argumentos, perguntas e respostas são construídos na relação entre os amigos das creches e pré-escolas.

18

Passeando pelos cantos

Janeide de Sousa Silva

> A maneira como organizamos os ambientes dentro da creche é fundamental para o processo de construção do conhecimento pelas crianças. Neste texto, a autora pretende mostrar como a organização dos espaços na educação infantil pode ser um recurso para algumas aprendizagens, tais como: escolher onde querem brincar, estabelecer relações onde manifestam afetos, além de contribuir para a construção do conhecimento pessoal e coletivo.

Quando eu era criança, pude estudar numa creche na qual se entrava bebê e se saía com 6 anos de idade.

As jornadas eram diárias, de segunda a sexta-feira. Havia duas paradas para férias com nossos familiares. Era suficiente para sentirmos muita saudade dos colegas, das brincadeiras, daquele lugar especial que, a cada dia, era um novo universo a ser explorado. Hoje sei que isto era, em grande parte, fruto da engenhosidade das professoras.

Às vezes, as professoras organizavam três ou quatro cantos, delimitados por almofadas, tapetes, pequenas cercas, mas que não nos impediam de transitar entre as propostas e de uns verem os outros em seu brincar.

Os brinquedos eram os mesmos que usávamos em outras situações, mas ali pareciam ganhar um novo encantamento: pela forma como estavam organizados, pelo conjunto de combinações que nos suscitavam ou pelas parcerias que fazíamos no brincar.

Eu passeava como minha filha-boneca numa biblioteca, lá ia encontrar um colega com seu irmãozinho onde faziam leituras de vários títulos, as imagens nos ajudavam nos enredos. Depois da biblioteca, íamos para a feira ou para o salão de beleza e, depois de arrumadas, eu e minha filhinha, voltávamos pra casinha, pois já era hora de preparar comidinha.

Passeando por essas recordações, vejo que eram muitos os arranjos e rearranjos espaciais feitos no pátio, no salão de refeições, no gramado, mas eram nas salinhas os que mais me encantavam, os mais interessantes.

Às vezes, vinham outros grupos brincar conosco, de crianças maiores e crianças menores. Então as parcerias eram as mais diversas e mais competentes. Valia tudo: o bebê ser bem maior que as mamães, papais e professoras serem alunas ou recebendo comidinha na boca. Ainda havia as crianças que brincavam sozinhas, outras transitavam entre os cantos ora com uns ora com outros.

Havia vários profissionais trabalhando nessas brincadeiras: eletricistas consertando as cercas elétricas, médicos clinicando, pacientes de consultório médicos, entre outros.

Um dia, Luisa soube que não era mais amiga de duas companheiras de salão de beleza; então, quase que o mundo acabou, ela chorava, sofria com a perca das amizades. As duas amigas, firmes, foram brincar com jogos de construção e ela ficou sozinha. Só porque ela não queira prender o cabelo com o elástico azul, mas, sim, com o rosa.

As professoras estavam sempre atentas, muitas vezes até de costas sabiam o que estava acontecendo. Hoje eu sei como, mas, naquela época, eu não sabia qual era a mágica que faziam para colocar os olhos em tantos ambientes! As professoras também brincavam conosco. Assumiam diversos papéis, fazendo estripulias conosco, rindo, se divertindo, pareciam crianças também.

Passear por essas recordações é muito bom.

Em minha infância ir à creche foi muito importante, pois poder participar de atividades diversificadas, entre outras, era um delicioso convite à ação, ao falar, a compartilhar, a escolher, a criar e a imaginar.

Passear é importante: tente você também.

19

Os espaços prediletos da criança

Rosângela dos Santos Oliveira e Alessandra Lopes de Faria Giovani

A crônica trata de valorizar os planejamentos desenvolvidos nos ambientes externos. Apresenta como planejamos os projetos em ambientes externos dentro das creches e das pré-escolas, nos jardins, parques e pátios, e como organizamos diferentes cantos para trabalharmos fora das salas de aulas com oficinas, pesquisas e registros, jogos e brincadeiras em diferentes momentos do dia a dia.

A farra estava organizada, cestas de piquenique, crachás, sacolas. Nossa lista foi quitada e não faltava mais nada. O dia estava bonito e isso animava todas as crianças e suas famílias. Passear é sempre uma festa!

Dá trabalho, mas como as crianças gostam!

Muitas vezes não precisa ir longe: é só fazer de conta que vamos à praia e o canteiro de areia já se transforma em cenário com temas e personagens. As crianças observam e comentam sobre os fenômenos naturais, desenvolvem a percepção dos sentidos, permitindo o contato com bichos e plantas, com a iluminação natural, diferentes sons e aromas, e vários sabores. Criam brincadeiras e ambientes acolhedores capazes de guardar as marcas da infância. Algumas fazem observações profundas sobre o meio ambiente e os objetos. Outras exploram os materiais, experimentando textura, cor, tamanho, arriscam interações gestuais e corporais, como engatinhar, subir, descer, agarrar, trepar, puxar objetos, galhos, coletar e classificar folhas, sementes, pedras etc. Observam, ainda, sobre diferente perspectiva do meio urbano, considerando vários ângulos dos prédios e edifícios da cidade, experimentando diferentes dimensões espaciais – alto do edifício, embaixo, no jardim.

Mas, para incluir os ambientes externos nos planejamentos, é preciso organizar. Como planejamos os projetos em ambientes externos dentro das creches e pré-escolas?

Nos jardins, parques e pátios, organizamos diferentes cantos para trabalharmos fora das salas de aulas com oficinas, pesquisas e registros, jogos e brincadeiras, nos momentos de intervalos ou de atividades coletivas. Organizamos ainda banhos de sol, com música e objetos nos solários e jardins; organizamos um minizoo com pequenos bichos, como tartaruga, galinhas e patos, como, também, pequenas hortas em vasos e canteiros de flores, e organizamos pequenas apresentações, piqueniques e festas.

Os projetos que envolvem o espaço externo fora das instituições são os mais desejados, mas planejá-los exige mais atenção. As crianças gostam muito, pois passeamos com elas, chamando atenção e nomeando plantas, árvores e pássaros; os barulhos dos pássaros, vento e da cidade também são incluídos.

Muitas vezes, coletamos materiais para levar para a creche, conversamos com as crianças em roda sobre o material coletado e sobre suas vivências durante o passeio. Outras tantas, classificamos o material coletado segundo resultado da conversa, colocando em caixas, sacos plásticos ou suportes apropriados. Há grupos de crianças que usam o material coletado nos diferentes passeios e excursões e montam maquetes do local visitado.

Os murais com as fotos apresentando o processo são os prediletos, mas pode se organizar também um mural contendo informações sobre árvores, plantas e bichos. No final, ainda convidamos as outras crianças e adultos para ver participar de uma exposição ou organizamos uma exposição ampla onde pais e a comunidade possam visitar e compreender todo o projeto.

Para saber qual é o ambiente externo adequado para cada faixa etária, é necessário considerar alguns aspectos: a promoção de interações de qualidade entre as crianças e a promoção de autonomia, a segurança e a higiene dos espaços, o planejamento e a visita prévia aos espaços feita pelos adultos envolvidos, a alternância dos espaços, considerando todos ambientes externos na instituição como pátio, jardins, parques, chuveiros externos, tanques de areia. Também devem se considerar os espaços urbanos, como praças, praias, jardins e zoológicos públicos, e, para as crianças maiores, museus, cinemas e teatros.

Viu só como pode ser gostoso estar com crianças em ambientes externos? Mas para você ter vontade de estar em espaços externos com crianças durante todo o ano, não se esqueça de:

- Organizar projetos que considerem o ambiente externo necessita que se preste atenção ao ciclo sazonal. As árvores, plantas e bichos se comportam diferente, dependo da estação do ano.
- Registrar com fotos e observações das crianças a evolução desses ciclos.
- Para apropriação das habilidades consideradas aqui, é importante que as crianças participem de todo o processo, compreendendo cada fase. Para tanto, é necessário que o planejamento considere o tempo da infância. Para ajudar nessa apropriação, você pode, ainda, fotografar cada ação no ambiente externo.
- Escolha, também, músicas e livros de literatura infantil relacionados aos temas desenvolvidos no ambiente externo.
- Você pode organizar um diário de campo para registrar comentários das crianças, observações dos adultos, pesquisas feitas pelos pais e/ou comunidade e pesquisa feita pelos educadores.
- Finalmente, prepare um portfólio das experiências que envolveram o ambiente externo. É importante registrar as histórias pedagógicas vivenciadas por educadores e crianças.

20

Ambientes protetores e provocadores de interações para todos!

Regina Célia da Silva Marques Teles e Ana Maria Mello

A crônica apresenta o debate acumulado sobre o direito de as crianças especiais frequentarem o ambiente da educação infantil. Pretende-se, com esse trabalho, reconhecer os desafios da inclusão, mas, ao mesmo tempo, mostrar que ela é possível de se concretizar quando há investimento em formação de professores, em currículos adequados e na forte parceria instituição e família.

Estamos no ano de 2008, 14 anos depois do Encontro de Salamanca realizado na Espanha, onde vários paises assinaram e se comprometeram com a Declaração Universal de Salamanca. Nela consta à defesa da *escola para todos*, que tem como princípio orientador a inclusão de toda criança em seu contexto educacional e comunitário.

Nestes 14 anos e nos muitos que antecederam a Declaração, as lutas em defesa das crianças têm sido contínuas. É verdade que muito foi feito pela infância, mas se olharmos para dentro de cada unidade de educação identificaremos muitos aspectos que não foram considerados importantes nesse período.

Muitas de nossas crianças ainda estão excluídas das creches e pré-escolas. Você sabe, muitas vezes, não é por opção das famílias, e sim por falta de uma política que garanta de fato os direitos da infância. Em relação às crianças portadoras de necessidades especiais as dificuldades são ainda maiores.

Você também conhece muitas histórias que são contadas em nossas unidades, sobre a falta de um sistema que respeite todos esses direitos. Conhecemos, uma vez, uma mãe chamada Maria. Ela buscava vagas para os seus dois filhos, Joaquim e Pedro. Joaquim era portador de deficiência múltipla.

A maratona de Maria começou no momento em que ela resolveu colocar seus filhos em uma unidade de educação. Procurou a primeira, a segunda, e foi ainda a muitas outras unidades *alternativas*. As respostas eram sempre uma das duas: ou não tem vagas ou as vagas existem, mas não para o Joaquim. Isso porque não há estrutura física adequada e seus professores e funcionários não têm formação para desenvolver um trabalho com essa criança.

Você, colega, pode estar pensando: *Mas atualmente isso é difícil de acontecer!* Pois não é! Ainda é a realidade de muitas famílias brasileiras. A maioria das crianças com necessidades especiais ainda têm recebido apenas o atendimento nas áreas da saúde, através de médicos, fonoaudiólogos, fisioterapeutas, etc. Em alguns municípios esses atendimentos chegam ao diagnóstico, mas quando é indicada uma terapia ou múltiplas terapias, o encaminhamento fica bloqueado.

Não há um sistema de saúde e educação que garanta as necessidades de certos cuidados especiais. Na educação também isso acontece, muitas vezes as interações com outras crianças e adultos passam a ser de responsabilidade exclusiva das famílias. As famílias se veem sozinhas sem ter oportunidade de compartilhar de forma sistemática o cuidado e a educação especiais dos seus filhos.

A Declaração de Salamanca coloca a Educação Infantil como uma das áreas de prioridade para criação de programas para o atendimento de crianças. A Carta diz:

> Tais programas possuem um grande valor econômico para o indivíduo, a família e a sociedade na prevenção do agravamento de condições que inabilitam a criança. Programas neste nível deveriam reconhecer o princípio da inclusão e ser desenvolvidos de uma maneira abrangente, através da combinação de atividades pré-escolares e saúde infantil.

Assim, atender as crianças de maneira integrada é a tarefa de todos adultos envolvidos com a infância.

Mas quando será que teremos uma unidade com todas as condições físicas e humanas de receber uma ou mais crianças com necessidades especiais e/ou problemas particulares?

Em nossa opinião essas condições são construídas na medida em que vamos atendendo as crianças e a sua família. Em cada caso devemos entrar em contato com o sistema de apoio para que nos possa orientar. É importante procurar organizar um atendimento que compreenda cada necessidade de cada criança, seu educador e sua família. É preciso ainda considerar que a criança se constitui no espaço educativo, nas e pelas interações entre as crianças e os adultos.

O menino Joaquim poderia ter síndrome de Down, paralisia cerebral, ser surdo ou cego. Independentemente da necessidade, ele nos obrigaria a organizar um ambiente que ficasse confortável e desafiador. É bem verdade que condições mínimas físicas e funcionais, como uma razão adulto por criança adequada, tamanho de grupo, construção de rampas, barras e formação continuada nos diferentes níveis são urgentes.

Acreditamos que para o atendimento de portador de necessidades especiais são necessárias providências imediatas, mas o mais importante é que as unidades educativas queiram e apostem em um projeto pedagógico que contemple o convívio entre as crianças considerando as suas especificidades.

Mas, pare um pouco! Pensando bem, este é o propósito de toda instituição de educação: acolher e trabalhar com todas as crianças com as suas diferentes realidades culturais, físicas, étnicas, religiosas, sociais, emocionais e cognitivas.

Pois é! Muitas experiências têm mostrado que é possível atender de maneira eficiente e responsável crianças com as mais diversas necessidades.

Ei, colega! Você pode estar até pensando: *lá vem mais trabalho! Até parece que tudo isso é fácil!* É verdade! Educar e cuidar de crianças é bastante complexo. Para um projeto pedagógico ser desenvolvido deve-se pensar continuamente em cada criança e sua família, na formação continuada de toda equipe, na manutenção de todo equipamento. Gerir uma escola é tarefa para muitos, não é mesmo?

Mas como e por onde começar? Quais os caminhos que deveremos percorrer? Onde devemos e podemos buscar ajuda? Que ambientes precisamos organizar? Quais são os espaços e objetos que garantem mais interação? Que tipo de terapias as famílias devem frequentar? Essas e muitas outras perguntas são feitas por todos nós. Não basta ter apenas o desejo ou a boa vontade, é preciso construir as condições de aprendizagem e de desenvolvimento. É preciso buscar repostas para cada pergunta que for surgindo.

No caso das crianças que necessitam de uma maior atenção é preciso que todos, famílias e unidade de educação, queiram e acreditem que o atendimento de uma criança com necessidades especiais não é apenas dar oportunidades de socialização e que este atendimento fará bem para todas as crianças e adultos.

Casos raros – uma experiência

Beatriz de Cássia Boriollo e Ana Maria Mello

Foi o Médico Apert que estudou e registrou a síndrome que leva seu nome – síndrome de Apert. É uma doença genética rara: a cada 160 mil nascidos, um aparece com sintomas. As principais alterações encontradas são craniosinostose, recuo do terço médio da face e a sindatilia de mãos e pés.

(Continua)

(Continuação)

Poucos especialistas também conhecem a doença e, em nossa experiência de mais de 20 anos de creches na USP, não tínhamos vivência de educar e cuidar de crianças com essas características; no entanto, receberíamos em breve uma menina chamada Joana.[1]

Assim precisávamos aprender sobre a síndrome, sobre a criança e sua família, já que iríamos recebê-los naquele próximo mês. Na primeira entrevista a mãe pôde relatar todos os detalhes dos últimos 4 anos da sua vida com Joana. Foram dezenas de especialistas como: cirurgiões, cardiologistas, pneumologista, otorrinolaringologista, dentistas, etc. Joana precisava de ajuda e acompanhamento variado de diferentes centros em diferentes cidades. Assim Joana e sua mãe, quando começaram a frequentar o CCI, viviam entre Ribeirão Preto, São Carlos e Bauru, cidades onde existem centros importantes para o tratamento dos diferentes sintomas da síndrome de Apert.

Nessa ocasião, os pais de Joana eram conhecedores da síndrome e estavam convencidos da sua doença. Lutavam para que Joana vivesse a cada dia com mais qualidade. Começar a frequentar um espaço de educação e cuidado coletivo foi indicado e sugerido por diferentes especialistas. Joana necessitava de outras crianças!

A menina veio nos visitar acompanhada da sua mãe em uma tarde; já havíamos comentado com as crianças sobre a visita, mas, evidentemente, o primeiro contato seria cheio de perguntas. Registramos as perguntas e fomos tentando respondê-las, mas, é claro, as crianças foram logo querendo saber mais: "Por que os dedos de Joana são unidos? Por que ela é grande e sua cabeça é maior que ela? Você acha ela bonita?"

Percebíamos que não adiantava responder tudo de uma vez, como também não adiantava mudar de assunto, muito menos adiar o debate. Cada visita de Joana gerava perguntas e muitas reflexões. As crianças estavam simpáticas à vinda da Joana, mas, no primeiro contato, a rejeitavam. Muitas sentiram medo, outras achavam que Joana não saberia brincar, jogar, pintar, etc.

Sabíamos que precisávamos planejar atividades que dessem resultados a médio e longo prazo. Sabíamos também que seria um desafio interessante e que todos nós, adultos e crianças, ganharíamos desenvolvimento com a chegada da menina.

Inicialmente procuramos conhecer a síndrome de Apert, levamos as crianças ao *site* para conhecer outras crianças. A cada dia elas iam elaborando a presença de Joana suas dificuldades e seus sucessos. A menina não frequentava todos os períodos na creche e, dessa forma, organizamos nosso dia para incluí-la com participação especial.

Desde o começo, tentávamos prestar muita atenção nas observações e brincadeiras que envolvessem a Joana. Uma manhã, por exemplo, observamos que duas meninas embrulharam os dedos e brincaram de Joana. Fizemos a mesma proposta para todo o grupo – a dinâmica de embrulhar os dedos das crianças para desenhar e pintar fez que elas entendessem a dificuldade da amiga. A cada ação, uma outra criança fazia comentários sobre como escovar dentes, beber água, etc., do jeito-Joana!

(Continua)

---

[1] Joana é um nome fictício. Esse artigo foi lido para a família de Joana; nessa oportunidade consultamos sobre a possibilidade de publicação. A família nos apoia e é proativa com a doença da sua filha.

> (Continuação)
>
> Em outra oportunidade utilizamos uma caixa mágica para propor atividades e brincadeiras em duplas ou grupos; como um sorteio de amigo secreto, as crianças tiravam da caixa o nome do amigo com quem iriam compartilhar o momento oferecido pela caixa. Dessa forma aproximou-se mais e mais a Joana ao grupo.
>
> Após algumas semanas, Joana e o grupo se relacionavam com aceitação e solidariedade.
>
> Joana agora tem 5 anos, ela continua entre nós, muito querida. Ela provocou e ensinou ao grupo mais solidariedade, proporcionando oportunidade de interação variada, em momentos de jogos e brincadeiras, particularmente aqueles desenvolvidos em duplas e trios e, agora, há disputa pela participação de Joana.
>
> Vale destacar que mantemos contatos continuados com especialistas para organizar o dia a dia de Joana e seu grupo. A cada dia pudemos confirmar a ideia de que o processo de inclusão de uma criança em um grupo evolui de acordo com as suas particularidades individuais, estabelecendo relações, desenvolvendo as diferentes linguagens, através das suas representações, coordenando os diferentes pontos de vista, partindo de uma participação significativa e enriquecedora, construindo o seu próprio conhecimento, como acontece com todo e qualquer desenvolvimento humano.

21

Trânsito, praças, cidade limpa, brincadeiras e cia.

Silvia Elaine Martinez Parras e Luciana Pedrocchi Roiz

> Esta crônica busca apresentar um trabalho no qual houve a participação das crianças de forma lúdica no que diz respeito à reflexão sobre o trânsito, a cidade e as brincadeiras que podemos desenvolver. Buscou-se, ainda, valorizar as ideias que os pequenos trazem a respeito de seus papéis de passageiros, pedestres e cidadãos.

Naquele semestre eu tinha um bom desafio: levar crianças e adultos a pensar e dar soluções para o trânsito no caminho de casa-para-Creche como também no entorno.

Para começar envolver as famílias, iniciamos nossa conversa discutindo os trajetos que fazíamos para ir da Creche para Casa. Com a participação de pais e de irmãos, as crianças desenharam, trouxeram mapas, nomes de ruas e histórias dos bairros. Colocamos o Mapa de São Carlos na parede e todo material recolhido e fomos, ao longo do semestre, tratando de nos localizar e discutir alguns problemas de trânsito. Vocês sabem, crianças com 5 anos de idade adoram ideias. Desenvolver planos de ideias era com eles mesmos e, logo, consegui dez adesões para esse Projeto.

Assim, tínhamos dez famílias que nos trouxeram os trajetos de casa até a Creche, incluindo todas as placas, lombadas, faróis e todo o tipo de sinalização. As crianças e alguns adultos em pouco tempo já conheciam de cor e questionavam cada atitude dos condutores e pedestres. Várias conversas aconteciam entre eles. Sobre sinalização era a predileta. Alguns comentavam sobre seus pais que só atravessam nas faixas de pedestres; um garoto lembrou que o tio foi guinchado por estacionar em locais proibidos; que o avô do Pedro contou que o pneu furou e ele teve que empurrar com sua ajuda até o posto...

Você sabe, não é mesmo, crianças começam a contar fatos, e um fato lembra outro, que lembra outro... E assim fomos colecionando histórias sobre o trânsito. Todas essas conversas também colocamos no mural. Quando os pais chegavam, liam e se sentiam motivados a contar mais histórias.

O Mural estava cheio, quando resolvemos ir fazer compras na padaria que fica no fundo da Creche. Antes de sair, conversamos sobre o trajeto e como nos comportaríamos para atravessar a rua. Atravessaríamos no farol, em uma avenida muito movimentada. Na calçada, as crianças já avistaram a faixa e, imediatamente, perceberam que havia um carro parado sobre ela. Uma criança perguntou:

– Por que o carro está parado em cima da faixa?
– É porque a faixa tá quase apagada.

Ainda assim, tentamos atravessar, mas ninguém parava para nos dar passagem. Foi um agente de segurança da Universidade que precisou parar o trânsito para passarmos.

A indignação foi geral. Voltamos à Creche e conversamos sobre o ocorrido. Eles queriam saber quem deveria ter pintado a faixa e quem deveria ensinar os motoristas, motociclistas e pedestres. Falamos sobre a Secretaria de Trânsito e resolvemos agendar uma visita para fazer essas e outras perguntas.

Agendamos horário na Secretaria, levamos um desenho feito pelas crianças, e escrito pela professora, mostrando o que nos aconteceu. No dia marcado, estávamos lá. Professoras, Diretora e as crianças. Fomos atendidos pelo Secretário de Trânsito que respondeu às perguntas das crianças, nos levou para conhecer o departamento responsável pela sinalização e, ainda, mostrou todo o equipamento dos carros e motos dos agentes de trânsito. Todas as crianças foram dar uma volta no carro de socorro. Apesar de terem dito ao secretário que era errado criança andar no banco da frente, ele explicou que, naquele veículo, era possível, por se tratar de veículo oficial e com apenas três lugares.

Nosso trabalho ficou completo no dia em que chegamos à Creche e vimos a faixa pintada e, dias depois, a colocação de um farol para facilitar a travessia na avenida. Vimos um reflexo muito positivo, não só na educação das crianças, suas famílias e em toda comunidade. Esse Projeto teve uma grande repercussão, inclusive em um jornal da cidade.

A visibilidade que conseguimos com as crianças e suas famílias com o tema – trânsito – envolveu outros setores da comunidade. Foi divertido, também, dar soluções coletivas de forma que interferissem em decisões de diferentes instâncias governamentais. É possível, na educação infantil, organizarmos temas que envolvam os direitos e deveres como: limpeza de praças e rios; organização de trânsito nos bairros; passagens para pedestres; iluminação; construção de parques e jardins...

Enfim, uma cidade que sabe que há cidadãos abaixo de 6 anos e que estes gostariam de viver brincando, desenhando, conversando, pensando, ajudando, construindo, assim, um lugar melhor para infância.

22
O planeta? É a minha casa e a minha creche!

Flaviana Rodrigues Vieira

> Esta história mostra a relação da criança e do adulto com a natureza, como subsídios para a formação de um cidadão crítico e responsável diante dos problemas ambientais emergentes. O destaque é dado ao currículo ecologicamente sensível que engloba situações simples do cotidiano de uma instituição de educação infantil.

Todo mundo já conheceu uma educadora ECO louca, não é mesmo? É aquela (ou aquele) professor e/ou pedagogo, que transforma tudo em 3Rs. Em qualquer ação educativa, qualquer passeio, o assunto de reciclagem, reaproveitamento, trabalho com sucata, jogar lixo no lixo vem à tona.

Mas o que eu gostaria de conversar com vocês é como eu aprendi a olhar plantas, bichos e gente com as crianças. Posso garantir que foram elas as responsáveis por reeducar meu olhar.

Aprendi a observar as formigas carregando seu alimento e atravessando o pátio em meio às brincadeiras das crianças; voltei a prestar atenção no vento que leva as bolinhas de sabão para o alto e a me espantar com o encantamento das crianças diante da água da chuva caindo na janela.

Nos versos da poesia de Cecília Meireles encontro o repouso dessa ideia sublime sobre cenas cotidianas quando fala de sua observação, "na pequena flor que recebeu uma chuva enorme e se esforça por sustentar o oscilante cristal das gotas na seda frágil e preservar o perfume que aí dorme".

É claro que, como faz também a criança, não me esqueci de olhar o outro lado desta mesma realidade. O céu coberto por uma nuvem acinzentada nas grandes cidades, os rios poluídos com toda aquela espuma nada biodegradável, o lixo das ruas, ou mesmo, de acordo com os versos de Mario Quintana, "o olhar indiferente de quem passa pelo jardim" e joga latas de alumínio pela janela do carro.

Quero tratar, na verdade, da dimensão da consciência ecológica no cotidiano da vida humana.

Algumas cenas do nosso dia a dia podem ser tratadas em um pequeno universo. É verdade! Devemos pôr uma lupa em algumas questões ambientais dentro de nosso alcance, aqui nas Creches da USP, como também em todas as instituições que cuidam de crianças pequenas e as educam.

Cenas como a da hora do almoço, por exemplo, que começa com uma pergunta de uma das crianças: "*o que temos hoje em nosso cardápio?*" E a conversa continua com todos até o destino final – "*onde colocaremos os restos de alimentos?*"

Qual o destino desse lixo orgânico que produzimos? Levamos tudo para nossa composteira.[2] Por detrás da simples manutenção do espaço, há um trabalho conjunto entre funcionários e crianças da Creche. É um espaço localizado no pátio, possui três partes distintas para acomodar o lixo diário depositado, o processo de decomposição e o composto pronto. É simples e fácil de fazer!

– O que temos no lixo da composteira hoje? A casca da laranja que foi para o nosso suco, o arroz e feijão... Que saco pesado! – analisa Melina ao tentar segurar o saco sozinha, mas, rapidamente, os amigos do grupo colaboram.

É preciso colocar e depositar tudo, depois e só remexer daqui e dali, jogar um pouquinho de serragem e pronto, a etapa final é regar. Que cheiro é esse? O cheiro não espanta as crianças; aliás é comum que o cheiro desapareça após iniciado o processo. Agora é só esperar; podemos acompanhar diariamente como o lixo vai se decompondo. Colocar a mão na massa, mexer no lixo.

A composteira é ainda espaço e campo de pesquisa. Diariamente as crianças, em meio a uma brincadeira ou outra, correm para lá, atrás de tatu-bolinha, já descobriram que o tatuzinho gosta mesmo é de ficar no escurinho da terra. Observam, discutem entre si, e estendem largos sorrisos quando, num pequeno gesto, o tatu vira uma bolinha.

Não posso deixar de destacar, também, o dia da peneirada. Um dos funcionários traz os saquinhos de leite; reutilizar essa embalagem também faz parte do processo. A diversão começa: peneirar, ensacar e, depois, decidir o que faremos com o composto. Muito do que produzimos é colocado na terra de nossa horta. Da janela da minha sala, consigo ver a agitação que ocorre lá todos os dias.

As crianças vão regar, ver como anda o que plantaram e não fazem tudo isso sem a ajuda do zelador, da secretária, do pessoal da cozinha... Trocam mil e uma correspondências, informações e impressões sobre o andamento do processo. Acho até que precisaremos inaugurar adiante a caixa de correio da Creche, tamanho é o volume de correspondências.

Uma mãe chega ao final do dia e é convidada para ver os tomates plantados, assusta-se com o crescimento rápido dos tomates cereja. "Olha o meu pé de tomate!"

---

[2] Depois de uma parceria com o USP recicla, a Creche/Pré-Escola Oeste criou uma composteira. Funcionários e crianças estão envolvidos no processo de transformação do lixo orgânico em composto, que fortalece e condiciona o solo. O processo da compostagem envolve desde a separação dos resíduos orgânicos até o ensacamento do composto já pronto e com cheiro de terra.

– afirma seu filho com orgulho. Aquelas são as cenouras que o outro grupo plantou, mais adiante o tomilho, o alface, tem também o feijão – daqui a pouco as crianças poderão subir até o céu para chegar à casa do gigante. Este ano a horta está produzindo a todo o vapor e, depois, tudo vai parar nas propostas de culinária na Creche.

Você sabe, não é mesmo? Uns dos bons desafios em creches é fazê-los comer e experimentar todos os alimentos. Nessa experiência, cozinheiras e educadoras participaram ativamente, conversando em rodas sobre preferências, receitas, modos de preparos e sobras. As conversas eram longas, os resultados demorados, mas tínhamos certeza da necessidade coletiva de persistir.

E todos esses momentos foram compartilhados a partir de uma exposição para as famílias, a fim de que a discussão sobre desperdício de alimentos, por exemplo, fosse ampliada. Cada um da equipe cuidou de cada pedacinho. Foi interessante ver as cozinheiras produzindo cartazes, escolhendo fotos e frases para deixar registrado todo o processo.

Se perguntarem como podemos falar de meio ambiente com crianças pequenas, a resposta está numa rotina que contempla um currículo ecologicamente sensível: transformar o nosso lixo diário em composto, plantar, mexer na terra, para sentir o seu cheiro, apagar a luz antes de sair da sala, evitar o desperdício de água e energia, preservar o que temos de mais belo da natureza, deitar-se embaixo da árvore, pegar amora do pé entre uma brincadeira e outra, dentre tantas outras ações cotidianas.

Como deseja Milton Nascimento "se o planeta é minha casa e a Terra o meu endereço, como cidadão do mundo", preciso me sentir parte dele, desfrutar da melhor forma do que ele pode nos oferecer e respeitá-lo acima de qualquer premissa. Desta forma, poderemos sentir o pulsar da Terra, assim como o bebê quando repousa no colo de sua mãe ao precisar de um aconchego, assim como acreditam muitas crianças que o Planeta é a casa e a creche deles!

23

Criança, brincadeira e natureza combinam

Angélica Novais de Oliveira e Elina Elias de Macedo

> Esta crônica mostra como materiais que seriam descartados (antigos discos de vinil, embalagens vazias, etc.) podem ser transformados em diferentes brincadeiras. Assim, através do faz de conta, as ações de preservação e respeito ao meio ambiente são vivenciadas e refletidas pelas crianças.

Todo mundo sabe, não é mesmo: crianças gostam de bichos, plantas e jardins. Não precisa ser poeta, educador, pai ou mãe para saber que criança e borboleta combinam. Árvores, meninos e meninas combinam; um zelador ou jardineiro com alguns instrumentos nas mãos e crianças combinam também. Aqui queremos convidá-los a passear conosco, para apresentar a vocês um trabalho com crianças, sol, bichos e plantas.

Nas primeiras horas da manhã estamos no solário para sentir o calor do sol tocando a pele, no banho de sol. Alguns vão caminhar e recolher folhas, sementes e gravetos pelo pátio para mais tarde com elas fazer colagem, lambuzar-se de lama e areia, subir e balançar nas árvores, observar os insetos e pássaros, ouvir seus sons, ver seus movimentos. Sensações e experiências do contato com a natureza que a Creche preserva no dia a dia dos pequenos e com as quais eles se deliciam. Esse contato e a vivência junto à natureza também fazem parte da educação. Alguns chamam de educação ambiental. Isso porque acreditam que para preservar o meio ambiente é preciso amá-lo e respeitá-lo, e para isso é preciso conhecer, ter contato e vivenciar.

Há uma casinha destinada ao berçário da Creche. Logo na entrada há uma escultura aérea, a qual denominamos "cortina musical". Feita com antigos discos de vinil enfeitados com pequenos círculos de papel laminado e acompanhados por guizos que, ao serem movimentados, pela ação do vento ou pelo toque, produzem brilho e som, encantando os olhares dos pequenos e dos adultos. Os comentários dos adultos partem do espanto em perceber a transformação de objetos normalmente descartados. Uma criança veio trazer o seu irmão e comentou: "Na casa da minha avó tem esse CDzão! Ele é grande e preto". Aqueles discos de vinil que todos nós tivemos um dia, hoje com o advento da tecnologia, tornaram-se relíquias de museus ou brinquedos para berçários. Além disso, todos percebem a beleza do sol refletindo no papel laminado.

No outro canto da sala, vemos as crianças brincando: sentadas à mesa ou oferecendo ao colega um lugar, uma xícara de leite ou um prato com bolo.

"Vamos brincar? ... Pode sentar..."

"Você quer leite?"

Elas estão utilizando os pequenos móveis confeccionados em madeira como geladeira, fogão, mesas, uma cama bem pequena. Mas onde as crianças estão sentadas? Não é em uma cadeira de madeira; são poltroninhas coloridas e que todos querem saber onde foram compradas. Podemos ensinar como se faz, é simples: pegue jornal velho, embalagens de leite vazias, barbante, cola e retalhos de tecido. Pronto, agora é só encher as caixas vazias com jornal bem amassado, amarrar umas às outras, recobri-las com jornal e cola. Você pode dar a forma que quiser juntando os blocos e montando os pequenos sofás de um, dois ou três lugares, o toque final são os retalhos de tecido. É fácil, rápido e você também pode ousar e criar novos brinquedos.

Dentre as diversas propostas que oferecemos aqui na creche estão os cantos que propiciam as brincadeiras de faz de conta. São uns dos espaços mais apreciados pelas crianças. Você sabe, caro leitor, a linguagem principal da infância é a brincadeira. A criança se apropria do seu meio brincando, mas aqui temos também a preocupação de organizar os ambientes, seus espaços e objetos de forma também sustentável. Assim as crianças imitam os adultos em seus gestos, ações e com eles vão se identificando e se reconhecendo.

Na sala temos também um móbile sonoro confeccionado com potes de iogurte. Esse móbile grande, imponente, está no centro da sala preso ao teto por um forte elástico e, conforme as crianças puxam seu cordão, ele solta e volta para suas mãos, numa brincadeira de movimentar e produzir sons. Sobre a pequena mesa ou no chão vemos várias embalagens vazias alimentando a fantasia, potes de iogurte e embalagens de leite trazidas pelas crianças. Tudo que iria para o lixo pode ser transformado em uma divertida brincadeira.

O papel das educadoras neste caso é apresentar as diferentes possibilidades de reaproveitamento dos diversos materiais. As ações de preservação e respeito ao meio ambiente vão sendo incorporadas no dia a dia dos pequenos. São vivenciadas no faz de conta, elaboradas e refletidas. Refletidas?... De reflexão?... Pensamentos?... Isso mesmo, os bebês pensam e refletem a respeito do mundo, das ações adultas, e o processo de imitação é uma expressão desta observação.

Assim os potes vazios, CDs descartados, tampas plásticas e outros materiais são transformados com cor e arte em esculturas aéreas, chocalhos, objetos decorativos e materiais para os nossos projetos. Um punhado de meias velhas e furadas também pode se transformar em bolas de meia. Essas são maneiras de repensar o uso e a finalidade dos objetos descartados em nosso cotidiano, além de incrementar as brincadeiras.

Como vocês puderam ver, a reutilização de materiais combina com crianças. Afinal, já nos dizia Walter Benjamin, elas "fazem história com restos de história". Pois é, brincadeira, natureza e gente pequena podem gerar diversas combinações.

Para saber mais

ARCE, Alessandra; DUARTE, Newton. *Brincadeira de papéis sociais na educação infantil. As contribuiçoes de Vigotski, Leontiev e Elkonin.* São Paulo: Xamã, 2006.

BRASIL. *Estatuto da Criança e do Adolescente (ECA)*, lei no. 8.069/90, 13 de julho de 1990. São Paulo: CBIA – SP.

_____. *Lei de Diretrizes e Bases da Educação Nacional*, lei no. 9394, 20 de dezembro de 1996.

_____. *Referencial Curricular para a Educação Infantil (RCNEI)*. Secretaria de Educação Básica, MEC, Brasília, DF, 1998.

_____. *As Políticas de Educação Infantil: pelo direito das crianças de zero a seis anos*. Secretaria de Educação Básica, MEC, Brasília, DF, 2006.

_____. *Parâmetros Nacionais de Qualidade para a Educação Infantil* — Volume 1 e 2. Secretaria de Educação Básica, MEC, Brasília, DF, 2006.

_____. *Parâmetros Básicos de Infra-Estrutura para Instituições de Educação Infantil*. Secretaria de Educação Básica, MEC, Brasília, DF, 2006.

_____. *ProInfantil – Programa de Formação Inicial para Professores em Exercício na Educação Infantil*. Secretaria de Educação Básica, MEC, Brasília, DF, 2005.

CORREA, Cristina Mara da Silva; JORGE, Isa Maria Gouveia; SILVA, Maria Claudia Leme Lopes da; D'ÁVILA; Vera Regina Ciorlia. *Guia Prático do Educador: Berçário*. Divisão de Creches/COSEAS – Universidade de São Paulo, São Paulo, 2004

ELKONIN, D. B. *Psicología del juego*. Habana: Editorial Pueblo e Educación, 1984.

KRAMER, Sonia. *Proposta pedagógica de educação infantil: subsídio para uma leitura crítica/ texto encomendado pela COEDI DPE/SEF/MEC*, 1994.

LIMA, Elvira Souza. *O papel do jogo na construção do pensamento da criança. Ciclo básico em jornada única: uma nova concepção de trabalho pedagógico.* São Paulo, FDE, v.1, p. 47-53, 1988.

LOBO, Alfredo; QUELUZ, Ana Gracinda; CORDEIRO, Ana Maria. *A aventura de crescer: brincar e explorar é o trabalho da criança*. Rio de Janeiro: Rio Gráfica Editora. 1985.

MANFREDINI, Elisa Maria Grossi. *Guia de solidariedade* – portadores de necessidades especiais. SME São Paulo, 2003.

MENTE e Cérebro – Especial. *A Mente do bebê* – Números 1, 2, 3 e 4, Duetto Editora, 2006.

PIAGET, Jean. *Play, dreams and imitation in childhood*. New York: Norton, 1951.

ROSSETTI-FERREIRA, Maria Clotilde; MELLO, Ana Maria; VITÓRIA, Telma; GOSUEN, Adriano; CHAGURI, Ana Cecília. (orgs.). *Os fazeres na educação infantil*. 11 ed., São Paulo: Cortez, 2008.

ROSSETTI-FERREIRA, Maria Clotilde; AMORIN, Kátia; VITÓRIA, Telma. *Emergência de novos significados durante o processo de adaptação de bebês à creche*. In: PEDROSA, M.I. (org). Investigação da criança em interação social. *Coletâneas ANPEP*, Recife, vol 1, nº 4, p.111-143,1996.

SANTOS, Silva, Lana Ermelinda. (org.) *Creche e pré-escola – Uma abordagem de saúde*. São Paulo: Artes Médicas, 2004.

SÃO PAULO. Prefeitura Municipal de São Paulo – Diretoria de Orientação Técnica (DOT). *Orientações Curriculares: Expectativas de Aprendizagens e Orientações Didáticas para a Educação Infantil*. São Paulo, 2007.

TAILLE, Yves de. (1992) Construção da fronteira da intimidade: a humilhação e a vergonha na educação moral. *Cadernos de Pesquisa*, São Paulo, n. 82, p. 48-55.

VIGOTSKY, Levi Seminovitch. *Pensamento e linguagem*. Lisboa: Antídoto, 1979.

_____. O papel do brinquedo no desenvolvimento In: VIGOTSKI. *A formação social da mente*. São Paulo: Martins Fontes, 1984. cap. 7, p.121-137.

WAJSKOP, Gisela. *Concepções de brincar entre profissionais de educação infantil: implicações para a prática institucional*. São Paulo, 1996. Tese (doutorado) – Faculdade de Educação, Universidade de São Paulo.

WALLON, Henri. *O jogo*. In: A evolução psicológica da criança. Lisboa: Edições Setenta, 1981. cap. 5, p.75-92.

WEREBE, Maria José; NADEL-BRULFERT, Jaqueline G. *Henri Wallon*. São Paulo: Ática, 1986.

WINNICOTT, Donald. *O brincar e a realidade*. Rio de Janeiro: Imago Editora, 1975.

Revistas: *Avisa Lá* e *Pátio Educação Infantil* (Artmed Editora)

Portal do MEC: http://portal.mec.gov.br

Plano Nacional de Educação: http://www.portal.mec.gov.br/arquivos/pdf/pne.pdf

Supervisão I
Muitos olhares

De cronistas e narradores
José Sérgio F. de Carvalho

Em texto escrito no ano de 1936, o pensador alemão Walter Benjamin descreve o desaparecimento de uma figura essencial nas comunidades pré-modernas: o Narrador. Ao contrário de um romancista que concebe e realiza sua obra no isolamento e na solidão, o narrador nutre-se de um saber comum e compartilhado, que por sua vez será apresentado não a um indivíduo, mas a uma comunidade. Seu saber é oriundo da oralidade e impregnado pela cultura do trabalho artesanal. Por essa razão,

> [...] o narrador figura entre os mestres e os sábios. Ele sabe dar conselhos: não para alguns casos, como o provérbio, mas para muitos casos, como o sábio. Pois pode recorrer ao acervo de toda uma vida (uma vida que não inclui apenas a própria experiência, mas em grande parte a experiência alheia...). Seu dom é poder contar sua vida, sua dignidade é contá-la inteira.

Assim, a matéria prima da qual o narrador extrai seu saber é a *experiência comum* e *cotidiana* e não a experimentação controlada das ciências modernas; o que ele nos transmite não é uma informação experimentalmente testada, nem um conhecimento técnico a ser generalizado, mas uma sabedoria de quem vive uma história e é sensível aos detalhes que a ela imprimem um significado que transcende o contexto que lhe deu origem e a tornam uma experiência compartilhável noutros tempos e espaços.

Se aqui evoco a figura do *Narrador*, é porque as crônicas que se seguem se assemelham muito ao tipo de saber que Benjamin julgava, com razão, ameaçado de extinção em função do modo de vida e de produção modernos. Pelo menos desde a década de 1950 que a voz do professor que *narra sua experiência* passou a ser progressivamente substituída por um discurso *sobre* o professor, *sobre* a criança ou *sobre* a instituição. Esses discursos, em que pesem a variedade de objetos e a heterogeneidade de sua qualidade acadêmica, procuram retirar dos *modi operandi* das ciências sua legitimidade e seu poder normatizador. É interessante notar, contudo, que mesmo nos casos mais bem-

-sucedidos, o impacto desses esforços teóricos raramente se faz sentir para além do âmbito acadêmico que os produziu. Essa aparente esterilidade das investigações acadêmicas em educação se deve, pelo menos em parte, à sua crônica incapacidade de desvelar *os sentidos e significados* que as práticas educativas têm para seus agentes e para as instituições em que se inserem

Ora é justamente essa capacidade de dar cor, vida e sentido ao cotidiano de uma instituição educacional que transborda nas crônicas que se seguem. Nelas transparecem o olhar e a mão dos educadores (diz Benjamin [1994] que o vínculo entre o episódio narrado e a vida do narrador é de tal sorte que "se imprime na narrativa a marca do narrador, como a mão do oleiro na argila do vaso"). As crônicas se transformam em passeios surpreendentes e singelos, como o das crianças que tecem sua imagem e interrogam sua identidade a partir da fabricação de bonecos de pano. Ou ainda a comovente história de uma criança que pergunta sobre a existência de princesas negras, como alguém que interroga uma imagem e seu lugar social.

Em geral marcados pela fugacidade de sua expressão oral, os relatos de práticas docentes, como os que aqui encontramos em forma de crônicas, compõem parte substancial da cultura do trabalho escolar. É em grande medida por seu intermédio que educadores se formam. Tal como no caso do saber do Narrador em Benjamin, sua matéria-prima não é a experiência de um educador isolado, mas a condensação de uma experiência compartilhada. Daí seu poder de criar laços identitários e renovar práticas pedagógicas.

São narrativas como estas que nos identificam como membros de uma comunidade e, ao mesmo tempo, nos revelam como seres singulares e integrantes de um mundo comum. Elas constituem, pois, nossa *identidade*. Ter uma identidade significa, a um só tempo, ser singular e saber-se ligado a um legado de realizações históricas: uma herança plural de sentimentos, emoções, imagens, visões, pensamentos, crenças, ideias, linguagens, valores, rituais, habilidades, obras de arte, livros, canções, ferramentas, artefatos e utensílios... Nesse sentido, mais do que uma busca interior, a construção da identidade – seja ela de profissionais ou de crianças – implica tornar-se um herdeiro, de fato, de mundo de realizações históricas a que temos direito.

Um aluno que batuca numa latinha, uma história de heróis gregos e africanos em "combate mortal" com os *Power Rangers* ou um bolo de chocolate são desencadeadores de ações educativas que aqui se convertem em descrições reflexivas de práticas pedagógicas e formativas. Para Benjamin o declínio do valor da experiência formativa condensada nas histórias narradas resulta numa *nova forma de miséria* [que] *surgiu com esse monstruoso desenvolvimento de uma técnica que se sobrepõe ao homem*. Ao narrar suas histórias, estes educadores resistem a esse movimento e afirmam o caráter único e artesanal de seu trabalho: formar sujeitos.

Para saber mais

BENJAMIN, Walter. *Magia e técnica, arte e política: ensaios sobre literatura e história da cultura*. São Paulo: Brasiliense, 1994.

AREDNT, Hannah. *A condição humana*. Rio de Janeiro, Forense, 1996.

Supervisão II
Muitos olhares

A construção de identidades e de sujeitos na Educação Infantil
Ana Paula Soares da Silva

Quisera eu ter agora a ajuda de um daqueles super-heróis, criados em uma das creches. Escolheria aquele com o poder da arrumação das palavras! Como falar de experiências tão ricas, com tanta vida e autoria de quem as produziu? Talvez o melhor seja mesmo invocar a personagem de uma bruxinha, feita de retalhos e materiais reciclados, que apenas acrescenta alguns temperos nesse prato que necessariamente é construído a muitas mãos, nesse caldeirão de ideias e projetos das creches, que fervilha, fervilha e fervilha...

Vamos então à primeira pitadela.

A Apresentação desse conjunto de textos que fui convidada a palpitar intitula-se "A construção da identidade na infância". Quem circula por creches e pré-escolas sabe que é muito comum a execução de projetos denominados *"Quem sou eu?"*, mediados por diferentes recursos que abordam vários domínios do desenvolvimento físico e social da criança.

Parte da popularização desses projetos ocorre em função das opções político-pedagógicas que assumem a construção da identidade como tema importante em documentos oficiais e que orientam as propostas das instituições. Se por um lado essa escolha indica a consolidação de práticas específicas junto à criança bem pequena, por outro alerta-nos para a necessidade de nos perguntarmos: qual é a concepção de identidade que orienta esses nossos projetos?

O conceito de identidade se ancora em áreas como a Filosofia, a Sociologia e a Psicologia. Em cada uma delas, há diferentes concepções em disputa. Na Psicologia, aprendemos que a *construção do eu* ou do *sentimento de si* ocorre como um processo relativamente longo. As evidências dessa construção são percebidas, inicialmente, por volta dos 18 meses de idade, quando a maioria das crianças, em frente ao espelho, já é capaz de perceber a própria imagem como distinta das outras. Posteriormente, evidencia-se no uso da linguagem oral, quando a criança se refere pelo próprio nome e, mais tarde, passa a referir-se por meio do pronome na primeira pessoa do singular (*eu*) e do pronome oblíquo reflexivo (*mim, me*).

Esse processo tem sido denominado por vários termos: autoconsciência, senso de identidade, *self*, consciência de si, consciência do eu, identidade pessoal. Essas denominações querem nos dizer que construímos o sentimento de que somos distintos dos outros e de que, ao mesmo tempo, somos a mesma pessoa, apesar de todas as mudanças físicas e sociais que ocorrem conosco ao longo de nossa vida. A esse processo está associado também o desenvolvimento da autopercepção, do autoconceito e da autoestima. As explicações para esse processo, contudo, são muitas e, a depender do referencial, precisamos recorrer a conceitos complementares, como o de identidade coletiva, grupal ou social. É nesse ponto que o conjunto de crônicas parece contribuir para as discussões dos trabalhos desenvolvidos na Educação Infantil que têm como temática a questão da identidade.

Por que será que há tantos temas sendo abordados nas crônicas? O que querem dizer os organizadores do livro quando agrupam projetos que transitam da confecção de bonecos a reuniões com os pais mediadas pelas crianças? De projetos de inclusão digital a relatos de comemoração de aniversário? De super-heróis e banho, de brincadeiras e mordidas, de princesas negras e dengue, de banho de sol e planeta Terra? Essa variedade, quando o tema é identidade, é instigante e convida à reflexão.

A concepção de identidade que emerge das crônicas nos provoca a pensar esse conceito de modo expandido. Seus autores, ao assumirem a perspectiva histórico-cultural e remeterem-se às ideias de Henri Wallon, reconhecem que a identidade só pode ser compreendida como um empreendimento relacional e coletivo, dependente principalmente do *outro* e da mediação que esse *outro* faz da relação da criança consigo mesma e com o mundo. Contrariando a visão de que a participação do *outro* na formação da consciência ocorreria tardiamente no desenvolvimento, Wallon critica concepções do *eu* como uma "realidade profundamente individual", um "mundo íntimo e fechado de sensibilidade subjetiva" (apud Werebe e Nadel-Brulfert, 1986, p. 158). O diálogo *eu-outro*, para Wallon, se dá permanentemente, num movimento de diferenciação e identificação. Essa perspectiva relacional não coloca o processo no interior do indivíduo, mas estende-o para o meio. Mais do que isso, essa concepção relacional necessariamente requer compreender o *outro* como parte do *eu*.

As crônicas nos mostram que, além de *outro* ser intrínseco à constituição do *eu*, não há como construir o sentimento do *eu* independente da construção do sentimento de *outro*. Ou seja, quando trabalhamos projetos *quem sou eu*, trabalhamos também, necessariamente, *quem é o outro*. Isso pode parecer óbvio, mas não é. Muitas vezes, compreendemos nossos projetos de modo a ajudar a criança, aquela específica, a construir uma boa relação consigo mesma, e esquecemos que essa relação não existe independente das demais relações sociais constituídas historicamente.

Essa consideração nos remete a uma segunda pitadela, relativa ao *outro--professor* e seu papel na constituição do *eu* da criança.

O professor tem importância central não apenas como um *outro* com quem a criança interage, mas, principalmente, como quem tem o poder de lhe organizar vivências ao longo de todo o dia. Suas práticas constituem zonas de possibilidades do *eu* para a criança. E é sempre assim, independentemente de trabalharmos com projetos que denominamos ou classificamos no campo da construção da identidade. O modo como organizamos as salas e o banho de sol, o ritual de comemoração do aniversário, o uso do espaço externo que permite conhecer o ciclo das amoreiras e a floração do ipê branco, a confecção de objetos para batucar, a permissão para que as crianças circulem na creche, as possibilidades de participação das crianças na escolha dos projetos, as assembleias com crianças, a exposição das produções das crianças, são exemplos de situações e práticas, trazidas pelas crônicas, que possibilitam a vivência de papéis que poderão se somar às diferentes formas com as quais as crianças se autodescrevem, ampliando inclusive o repertório nas descrições que fazem de si, ou seja, ampliando-se como sujeitos.

No caso de elegermos projetos que intencionalmente procuram mediar as relações da criança com ela mesma ou os chamados projetos de identidade, significa uma responsabilidade ainda maior no sentido de tornar explícitas, em particular para a própria criança, essas formas de mediação e de relação *eu-outro* na nossa sociedade. Como dissemos, as práticas dos professores constituem zonas de possibilidades de construção do *eu*. Contudo, numa perspectiva relacional, essas mesmas práticas constituem também zonas de possibilidades de construção do *outro*.

Como nos ensina Wallon, esse *outro*, ao longo do desenvolvimento, vai adquirindo valor categorial graças aos grupos, que determinam lugares e atribuições para cada um no seu conjunto. Também para Vygosky (2000, p. 32) há que se falar da "personalidade social da pessoa. Da pessoa como membro de um grupo social definido". Assim, as descrições que as crianças vão fazendo de si mesmas, provocadas por nossos projetos, não podem ser compreendidas como avaliações geradas por encontros entre indivíduos ou (o)posições individualizadas, por características meramente "pessoais" das crianças e professoras; características pessoais de Vitor, Tonica, Roberto, Margareth, Juariana, Teça, Filipe, Kiriku, Maria Cláudia, Joana, Janeide. Para Wallon (apud Werebe e Nadel-Brulfert, 1986, p. 158), "cada um se mede por comparação não a outros indivíduos como tais, mas a indivíduos pertencentes a uma categoria determinada" – meninos, meninas, negros, brancos, ricos, pobres, adultos, crianças, com ou sem pais, com deficiência, do campo, da cidade. E os pertencentes a essas categorias, na nossa sociedade capitalista, que a tudo impõe valor de diferenciação, possuem poderes diferentes de ação. De acordo com Vygotsky (2000, p. 33), o homem, sua personalidade, é "o conjunto de relações sociais, encarnado no indivíduo". As tensões dessas relações estão, portanto na base das tensões da construção do *eu*. Essa perspectiva nos ajuda a compreender porque são tão conflituosos os processos de construção de si, ou de construção do *eu*. Como nos são instigantes as crônicas "da mordida que tem cor" ou da "criança com a síndrome de Apert"? O quanto nos dizem a afirmação "as meninas não são muito boas de bola" e a pergunta "você acha Joana bonita"?

É também por conta desse caráter categorial que tem emergido ainda, na área, o conceito de pertencimento. A que grupos possibilitamos que as crianças se sintam parte? Como avaliamos os grupos aos quais pertencem as crianças? Que esforços temos feito no sentido de valorizar as características e as culturas desses grupos? Além disso, essa categoria também nos implica na consideração da criança como parte de um momento histórico e político. Que possibilidades temos fornecido às crianças para que se sintam pertencentes aos territórios locais que extrapolam os muros da creche? Que posições do *eu* foram possibilitadas àquelas crianças que veem como resultado de sua visita à Secretaria de Trânsito a faixa de pedestre pintada no entorno da creche? Que possibilidades de *eu* são criadas quando trabalhamos a questão do lixo, da dengue, da celebração do aniversário que foge ao modelo consumista que apela tão fortemente nesse momento de construção de nossas identidades?

Com essas questões podemos agora adicionar outra pitadela.

Ao se compreender a construção da identidade nessa perspectiva, expandida, necessariamente dialógica e que tem o *outro* inclusive, que reafirma ou questiona e resiste a modos possíveis de construção de si, necessariamente teremos que discutir nosso compromisso ético de transformação da sociedade e dos modos de relação com a infância historicamente construídos. Se a constituição do *eu* ocorre em processos sociais marcados por relações de dominação, seja ela de classe, de gênero, étnica ou etária, como constituir processos educativos, contextos de desenvolvimento que questionem essas construções históricas? Afinal de contas, quando falamos de identidade, não estamos aqui falando de construção de sujeitos?

O tema da identidade nos permite dizer que nossas práticas não apenas contribuem para que as crianças construam suas identidades pessoais e grupais, na continuidade ou na ruptura com os modos possíveis de ser, disponibilizados na nossa sociedade e me nosso grupos culturais. Nossas práticas, como professores, criam também a identidade da infância. Se por meio de nossas práticas as crianças compreendem o que é ser menino, menino, negro, branco, índio, japonês, brasileiro, por meio delas nossas crianças compreendem também o que é ser criança, e consequentemente o que é ser adulto. Que criança e que adulto queremos para a nossa sociedade é questão que precisa estar sempre no planejamento, na execução e avaliação de nossos projetos. Que infância é essa que estamos possibilitando que nossas crianças vivam? A que concepções de sociedade essa infância se filia? Quando permitimos que as crianças questionem nossos projetos, quando incentivamos a participação e a opinião das crianças, quando reorientamos nossas práticas a partir da escuta e observação da criança – exemplos tão presentes nas crônicas – estamos apontando para uma vivência específica de infância, diferente daquela forjada por práticas que não a concebem como sujeito.

Por fim, na última pitadela, parece-me importante dizer que a sistematização de projetos é fundamental quando pensamos o tema da construção da identidade no coletivo da instituição e não somente circunscrito ao coletivo infantil. Observar, escutar, planejar, escrever, registrar, refletir sobre a prática são processos que falam da construção da identidade do professor da educação infantil. Ao sistematizarem os projetos de construção da identidade, ao mesmo tempo em que os cronistas tornam evidentes os processos de construção do *eu* na criança, também evidenciam o processo de construção de suas identidades como professores. A escolha de apresentação dos projetos por meio das crônicas revela uma proposta que aposta na criação e na imaginação do professor, do início do projeto a sua divulgação. Parafraseando uma das crônicas que evoca a importância do espelho como instrumento de trabalho com as crianças, podemos dizer que as crônicas são assim os espelhos do professor que possui a maturidade para olhar para suas práticas como quem já consegue se diferenciar do outro e, autonomamente, vê outras possibilidades para as práticas que ele mesmo criou para os problemas e potencialidades que emergiram dessas práticas. Se até aqui falamos do sujeito-criança, agora falamos do sujeito-professor que deixa de lado o senso comum – que insiste nos perigos de se olhar de frente no espelho – e toma, em suas mãos, o seu processo de trabalho de forma consciente e discutida no coletivo.

Mas, chega de pitadelas. Já é hora de deixar o caldo do prato engrossar por meio de outras mãos. Como fui convidada por uma das crônicas, vou assumir outra personagem. Inspirada agora em Lia de Itamaracá, acho que vou cirandar por aí.

Referências

VYGOTSKY, L. S. Manuscrito de 1929. *Educação e Sociedade*, n. 71, p. 21-44, 2000.

WEREBE, M. J. G.; NADEL-BRULFERT, J. (Orgs.). *Henri Wallon*. Tradução Elvira Souza Lima. São Paulo: Ática, 1986.

Guarda-chuva 2
A estética como marca da cultura

Flaviana Rodrigues Vieira e Rose Mara Gozzi

"No descomeço era o verbo.
Só depois é que veio o delírio do verbo.
O delírio do verbo estava no começo, lá onde a
Criança diz: *Eu escuto a cor dos passarinhos.*
A criança não sabe que o verbo escutar não funciona para cor, mas para som.
Então, se a criança muda a função de um verbo, ele delira".

(Barros,[1] 2000, p. 15)

Todos nós certamente sabemos descrever, com exatidão, detalhes dos lugares, pessoas, aromas e sabores que marcaram nossa infância. Muitos podem lembrar do quintal dos avós, ou ainda, da disposição dos móveis da casa da tia com a toalha de crochê na mesa de centro da sala. Outro daquele azulejo antigo com toda a simetria de cores e formas que jamais encontramos em outro lugar. Quem não se recorda do aroma do bolo de chocolate que tomava conta da casa e era o prenúncio da comemoração de aniversário do dia? Muitas são as recordações que temos guardadas da infância, em alguns de nossos traços ainda é possível encontrarmos vestígios como marcas desse tempo.

Para poder abrigar neste capítulo as diferentes experiências das Creches da USP, primeiramente gostaríamos de destacar a compreensão da estética como uma dimensão do cotidiano.

Dentre os vários significados para a palavra em questão, há um, em especial, que poderia ser melhor atribuído a este capitulo: refere-se ao termo

---

[1] Manoel Wenceslau Leite de Barros nasceu em Cuiabá (MT) no Beco da Marinha, beira do Rio Cuiabá, em 19 de dezembro de 1916, filho de João Wenceslau Barros, capataz com influência naquela região. Atualmente mora em Campo Grande (MS). É advogado, fazendeiro e é considerado o maior poeta brasileiro vivo.

aisthesis – com raiz semântica grega – e que designa a estética como conhecimento pelos sentidos. Na visão do mundo grego, integrava-se o sensível ao conhecimento, era uma forma de conduzir o mundo para dentro, como um encantamento pela reação sensível à forma como esse mundo se forma.

O termo estético tem diversas concepções e é tratado por vários profissionais: filósofos, arquitetos, artistas, pedagogos etc. Na sua concepção mais comum, significa o estudo racional do belo, quer quanto à possibilidade da sua conceituação, quer quanto à diversidade de emoções e sentimentos que ele suscita no homem (*Novo Dicionário Aurélio*, 2004, p. 828). Tal definição dá-nos a ideia da estética como algo tratado na dimensão do belo. Contudo, sabemos que as contradições devem ser reconhecidas assim como tratamos de ética e estéticas. Dessa forma, muitos autores acreditam que o homem é passional: amor, ódio, delicadeza, rejeição, aceitação, muitas vezes são sentimentos contraditórios que figuram em um poema, em um quadro e são manifestos no mesmo instante. Assim, precisamos "educar" as emoções pela razão, pela cultura, pelo meio no qual a criança está inserida (Mello e Oliveira, 1999).

Todos nós temos uma visão estética do mundo, construída e influenciada por nossa realidade cultural, pelas crenças, costumes, valores morais e éticos. Nessa relação com o mundo, somos chamados a realizar, também, escolhas estéticas no nosso dia a dia: qual a cor da camiseta que quero usar? Qual cor que escolherei para pintar a parede? As escolhas, muitas vezes, não são aleatórias e nem espontâneas, mas são informadas por toda influência que tivemos.

Que experiência estética passará pela vida das crianças que frequentam instituições de Educação Infantil? Ao considerar que as crianças bem pequenas estão inseridas em instituições educativas, as experiências estéticas fazem-se necessárias nas propostas pedagógicas.

A percepção é importante para a criação como para qualquer atividade infantil. Criando e manipulando atividades no cotidiano, as crianças aprendem a perceber os atributos constitutivos dos objetos e fenômenos à sua volta. Elas aprendem a dar nome aos objetos e fenômenos, entender a sua utilidade e função, diferenciar seus aspectos formais (volume, cor, tamanho, textura, etc.) e perceber as qualidades estéticas.

No objetivo de desenvolver a capacidade perceptiva na infância, mais uma vez destaca-se a relevância de planejar tempos e espaços que possam prover novas possibilidades de atuação. Para isso, é necessária a colaboração do professor e demais profissionais da instituição, de modo a organizar os espaços e tempos (rotinas), de forma, por exemplo a propiciar um banho com bolhas de sabão, disponibilizando materiais e, principalmente, mediar a manipulação que as crianças fazem dos instrumentos disponíveis, ajudando-as a perceber não apenas as qualidades imediatas dos objetos (cor, brilho etc.), mas, também, as qualidades mais formais que compõem o conjunto dos elementos daquilo que a criança manipula ou sente. Trabalhar com a percepção é algo que pode e deve ser feito já com os bebês, justamente para que as crianças desenvolvam conhecimentos, noções e habilidades. Muitas vezes, quando esse trabalho não é feito, as crianças chegam à idade pré-escolar com dificuldades de manipular massas, argilas, de confeccionar trabalhos tridimensionais e, até mesmo, de desenhar, escrever ou pintar.

Ana Maria Mello e Érika Natacha relatam, por exemplo, uma experiência onde os professores organizaram cantos de "Leitura sensorial tátil" (Figuras 1, 2, 3 e 4).

Acreditam as autoras que, "dessa forma, contribuiremos para a interação da criança, que é o espectador de um espaço coletivo, com a obra, que é o material pensado para compor o ambiente. Assim, introduziremos na instituição oportunidades para que as crianças possam interagir sensorialmente, perceber o material e utilizá-lo de acordo com as suas vontades e expectativas, gerando, como comenta Lígia Clark,[2] a energia criativa.

O canto de "leitura sensorial tátil" pode ser formado a partir da organização, num determinado espaço, de diferentes luvas e garrafas sensórios. Para isso, utilizam-se seis luvas de borracha, preenchendo uma delas com fubá, outra com bolinhas de isopor, malha de algodão, bolinhas de gude, areia molhada e pedaços de lixa grossa, sucessivamente. Pode-se também organizar objetos com espessura mais grossa: confetes, conchas, pequenos tubos plásticos, pedrinhas redondas, palha de aço e algodão. Tanto as luvas como as malhas, depois de preenchidos com os materiais destacados, podem ser amarrados com elástico num canto do pátio, da sala, do corredor etc. (Mello e Natacha, 2005).

Assim, as instituições que valorizam a cultura da infância certamente realizam um planejamento de tempos e espaços capaz de propiciar, às crianças, múltiplas e variadas experiências plásticas. Tais crianças crescem, então, em meio à diversidade cultural, são incentivadas criativamente e desenvolvem juízos estéticos e apreciativos.

---

[2] Pintora, escultora, autointitulou-se não artista. Nasceu em Belo Horizonte em 1920. No ano de 1947 inicia-se na arte no Rio de Janeiro, sob orientação de Burle Marx. Em 1952, viaja a Paris e lá estuda com Lãcger, Dobrinsky e Arpad Szenes. No ano de 1957, participa da I Exposição Nacional de Arte Concreta, no Ministério de Educação e Cultura no Rio de Janeiro. Desdobra gradualmente o plano em articulações tridimensionais. Em 1960, cria os *Bichos*, estruturas móveis de placas de metal que convidam à manipulação e a *Obra-mole*, pedaços de borracha laminada entrelaçados. Falece no Rio de Janeiro, em 1988.

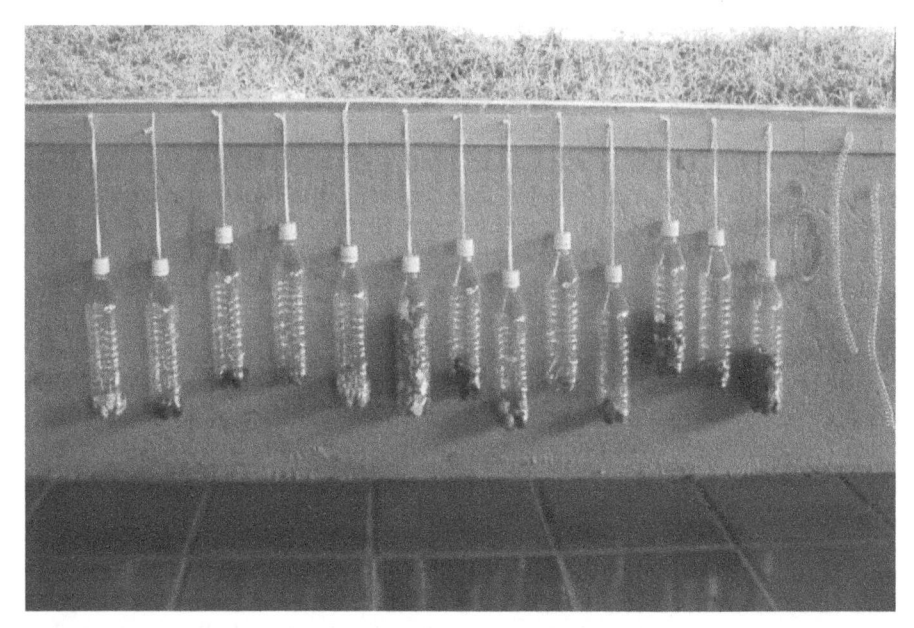

FIGURA 1 Canto de leitura sensorial tátil com garrafas de plástico (Arquivo de imagens da Creche Carochinha).

FIGURA 2 Canto de leitura sensorial tátil com luvas de borracha (Arquivo de imagens da Creche Carochinha).

O dia a dia das creches e pré-escolas **105**

FIGURA 3 Canto de leitura sensorial tátil com objetos diversos (Arquivo de imagens da Creche Carochinha).

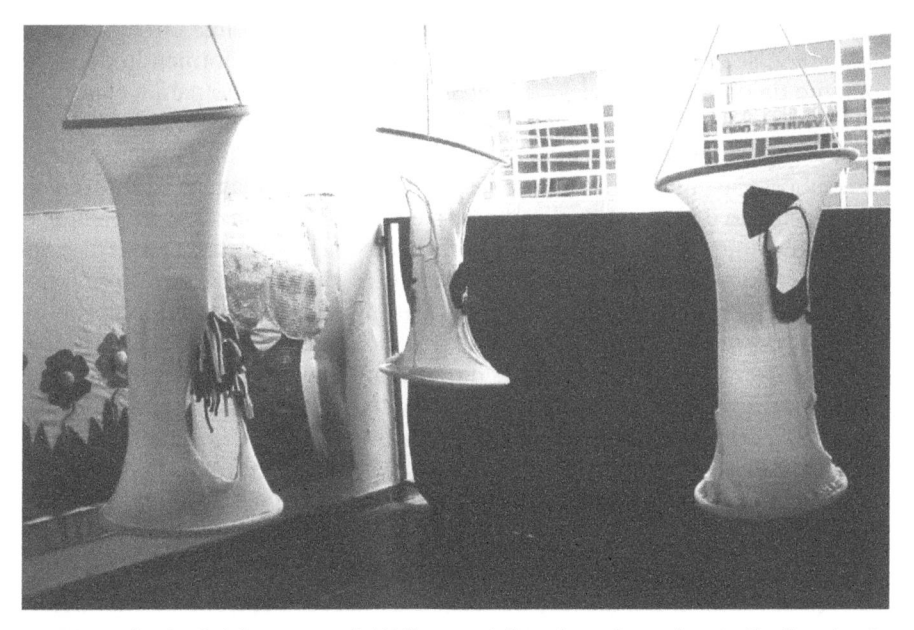

FIGURA 4 Canto de leitura sensorial tátil com retalhos de malhas e bambolês (Arquivo de imagens da Creche Carochinha).

O fazer artístico certamente pressupõe a organização de tempos e espaços bem como a intermediação dos professores e demais profissionais das instituições de educação infantil. O espaço e o tempo são dimensões do ambiente que traduzem o cenário, deixam-no compreensível e envolvente para as crianças, na medida em que organiza a multiplicidade dos fazeres humanos. Por outro lado, o tempo deve ser, na instituição infantil, não apenas a sucessão dos anos, dos dias, das horas, mas deve envolver a noção de presente, passado e futuro, de ocasião apropriada ou disponível para a criação.

Nas crônicas que seguem esse capítulo, você irá encontrar dicas de diferentes ações educativas que ilustram essa organização de planejamentos diversos. Além disso, apresentaremos algumas situações com diferentes experiências estéticas ao longo deste texto. A primeira delas, uma experiência bastante significativa para o programa de Creches.

Recentemente, no ano de 2007, o Programa de Creches da Universidade de São Paulo completou 25 anos e, como parte da comemoração, as cinco creches (Central, Oeste, Saúde, Ribeirão Preto e São Carlos) que compõem esta rede construíram uma produção coletiva que teve como foco as escolhas estéticas. Crianças, funcionários e famílias escolheram um azulejo de sua preferência para compor o espaço destinado a essa produção, em uma instalação no Paço das Artes.[3]

O processo desse trabalho revelou contrastes de cores e formas, tamanhos diferentes e desenhos peculiares. Promovemos um grande encontro com as crianças do interior e capital; cada uma a seu modo escolhia um lugar especial onde o seu azulejo poderia encaixar-se perfeitamente formando depois o conjunto da obra final. *Azulejos ao cubo* foi o nome escolhido para a exposição dessa grande obra realmente coletiva. Pela primeira vez na historia das Creches da USP, tivemos um evento como esse, e teve a participação da comunidade que atendemos. Havia também uma projeção com todas as imagens das cinco creches revelando o percurso realizado até a escolha final do azulejo de cada um.

Planejamos varias ações: visitas prévias ao Paço das Artes, conversas com arte-educadores, sensibilização com educadores, discussão sobre arte contemporânea, reflexão sobre as escolhas estéticas, planejamentos de sequências de atividades com as crianças, escolha do azulejo em lojas de azulejos antigos e novos. Essas foram algumas etapas da trajetória dessa história que marcou a comemoração do programa de Creches. O interessante foi perceber a interação entre a criança e seu objeto escolhido, a interação entre os diferentes grupos de crianças, a interação entre os adultos e crianças resultando no sucesso desse encontro. A experiência revelou todo o processo e o produto final.

---

[3] O Paço das Artes está localizado no campus da USP/São Paulo; é uma instituição focada na arte contemporânea, tecnológica e experimental, que tem como propósito contribuir para a reflexão sobre a arte contemporânea.

FIGURA 5 Fotos da montagem e instalação da exposição *Azulejos ao Cubo* (Arquivo de imagens Creche e Pré-escola Oeste).

Devemos destacar que as escolhas estéticas tornaram-se o marco da arte contemporânea do século XXI. A arte de hoje promove o deslocamento de objetos já prontos para um contexto de fruição estética, como um museu ou galeria, ou seja, oferecendo a possibilidade de o visitante se apropriar dos sentidos gerados no contato com as produções artísticas. É na Arte que a estética pode ser melhor exercida, porque é a arte que exercita o gosto e provoca a percepção estética mais pura. Marcel Duchamp,[4] por exemplo, começou a conceber os objetos *ready-made* produzidos em massa como obras de arte em potencial, apenas por serem selecionados pelo artista. Um porta-garrafa que ele comprou em uma loja de ferramentas local e um mictório são alguns exemplos concretos dessa nova concepção de arte.

O ambiente da Educação Infantil é povoado de memórias e histórias, fotos, produções das crianças e materiais que possibilitam a construção de diferentes narrativas. Esses elementos nos contam a história do cotidiano com um toque singular, revelando práticas, pensamentos e pessoas. Lóris Malaguzzi,[5] educador italiano, destaca a importância de um espaço que educa, onde as paredes revelam trajetórias e histórias, podendo traduzir a concepção de criança e infância desse contexto.

Nessa perspectiva, a documentação dos projetos é de suma importância para garantir a memória dos trabalhos desenvolvidos. Ao mesmo tempo que propicia o acervo da instituição educativa, mostra uma produção estética tecida por centenas de mãos pequenas e grandes! Assim, além das lembranças, a instituição terá registros concretos que servirão de referência às educadoras. Servirão, ainda, à divulgação do trabalho e à possibilidade de crianças e educadores darem visibilidade para todas as ações educativas que ocorrem

---

[4] Artista que nasceu na França, em 1887, e morreu em Nova York, EUA, em outubro de 1968. É um dos precursores da arte conceitual e introduziu a ideia de *ready-made* como objeto de arte. Os "*ready-mades*' podem ser lidos como ato de protesto contra o conceito 'sacro' da 'obra de arte', mas, também, como vontade de aceitar na esfera da arte qualquer objeto 'finito', desde que seja designado como 'arte' pelo artista". Escondem, na verdade, uma crítica agressiva contra a noção comum de obra de arte. (Texto adaptado do folder da exposição MAM "Marcel Duchamp: uma obra que não é uma obra 'de arte'", de junho de 2008.)

[5] Loris Malaguzzi foi o precursor da abordagem pedagógica da Educação Infantil de Reggio Emilia. Após o término da Segunda Guerra, as mulheres de Villa Cella, cidade no nordeste da Itália, próxima a Reggio Emilia, decidiram erguer e administrar uma escola para os filhos, pois todas as da região haviam sido devastadas. As instituições tornaram-se inovadoras e referência no trabalho com crianças pequenas. O ensinamento que sustenta todo esse princípio é a *Pedagogia da Escuta*.

durante todo ano letivo no coletivo da creche como, também, para toda comunidade que frequenta a instituição.

Um ambiente que constrói experiências estéticas significativas revela, no saguão, corredores, salas de atividades e muros da instituição, as produções plásticas das crianças – desenhos, pinturas, colagem e escultura –, as figuras de personagens constituintes de nossa cultura popular brasileira e, principalmente, todas as marcas da cultura da infância. É uma forma de transmitir a todos o potencial das crianças, demonstrar o quanto a valorizamos e respeitamos o que fazem, revelando essa estética durante todos os meses do ano. Por essa razão, a importância do trabalho com as múltiplas linguagens. *Integrar as linguagens é um desafio importante para a educação infantil,* já que a criança pequena organiza suas interações não fragmentando as áreas de conhecimento e, sim, articulando-as.

É preciso viver a vida inteira como no tempo em que era criança, já dizia o grande artista Matisse. Ver o mundo com os olhos das crianças, sentir, experimentar, parar o tempo, descobrir, permitir-se brincar. Estas deveriam ser as premissas do trabalho do professor de Primeira Infância. Por esta razão, não precisamos tratar todas as formas de manifestações artísticas de maneira

FIGURA 6
Arquivo de imagens
da Creche Carochina.

fragmentada. *A criança é o todo, afinal a criança é feita de cem,* de cem como desejou Malaguzzi.

Assim, para trabalhar respeitando e construindo uma estética e cultura da infância, há que se considerarem alguns aspectos como:

1. Os espaços devem apresentar harmonia das cores, formas e objetos. Além disso, a disposição dos materiais deve permitir acesso aos dedinhos e olhares infantis. O espaço deve provocar oportunidades de aprendizagem.
2. A composição de cada sala deve ser pensada também junto com as crianças, já no início do ano. A sala começa vazia e, aos poucos, passa a ganhar identidade própria: a escolha do nome do grupo, os painéis de aniversariantes, ajudantes, rotina, as fotos, os objetos e brinquedos colocados em espaços aéreos e nas paredes, todos esses elementos traduzem a apropriação do espaço por todos aqueles sujeitos que ali permanecerão ao longo do ano. Cada sala torna-se, assim, original e criativa.
3. Além disso, a presença da sensibilidade estética deve permanecer em todos os ambientes da instituição educativa. O ambiente deve estar limpo, arejado, colorido, agradável e belo aos olhos das crianças e adultos. Há inúmeras oportunidades de configurações dos ambientes, como, por exemplo, no momento das refeições. Toalhas ou jogos americanos floridos e coloridos, ou mesmo com pinturas das próprias crianças, podem transformar um refeitório. Espaços à disposição das travessas, pratos e talheres, somados com as cores, sabores e aromas dos pratos contribuem com mais uma experiência direta para as crianças preparadas pelos adultos. Fotos de eventos, como piqueniques, preparações de festas, ou mesmo de algumas receitas podem deixar o ambiente cheio de lembranças saborosas.

É preciso buscar um ambiente em que as crianças, suas famílias e seus educadores, possam apostar e acreditar que se pode cuidar e educar desafiando os pequenos. Ambiente em que esses protagonistas possam se expressar nas várias e diferentes formas linguísticas. Devem-se considerar os ambientes em que os pequenos aprendam a se apropriar, ambientes em que se sintam acolhidos e seguros, expressando, assim, a cultura da infância e do mundo contemporâneo.

Outro ponto importante reside nas diferentes oportunidades de aprendizagem presentes em nossa gestão do tempo e espaço. Neste contexto, consideramos as artes como um meio de desenvolver todas as formas de linguagem da criança. Uma vez que estamos tratando da estética nos espaços das crianças pequenas, encontramos na arte uma forma de encantamento que nos permite descobrir luzes, cores, formas, timbres e falas. Podemos falar de todas as manifestações das artes, a música, a expressão corporal, a dança, as artes visuais, plásticas, teatro, a literatura. Entendemos que a arte é essencial na constituição do sujeito, como realmente um processo de humanização.

Um outro exemplo presente em muitas instituições de Educação Infantil são os momentos de ateliê e oficina para as crianças. Quando pensamos em ateliês e oficinas de artes plásticas na Educação, não podemos nos dedicar somente à gestão do tempo e do espaço. É preciso compreender esse momento em sua totalidade. Momento que permite o encontro. O encontro entre o criador e a criação, criança e objeto, emoções e sensações, encontro e convivência com o outro. É criar oportunidades para que a criança possa escolher, pensar, desenhar, pintar, colar, recortar, esculpir, montar, sentir, descobrir e narrar diferentes histórias que revelam seu universo infantil.

É preciso pensar também na criança, no tempo que destina a cada forma de sua criação e experimentação e, também, à forma como respeitamos seu processo criativo. O desenvolvimento da criação artística é algo que não pode ser vivenciado de forma isolada. Ela é um todo que envolve formas, linguagem, brincadeiras, corpo, experimentos, materiais, os lugares, as sensações e até mesmo a convivência.

Outro aspecto que carece de planejamentos é a preparação dos materiais para o desenvolvimento das diferentes propostas: mesas, cadeiras, suportes e objetos devem ser apresentados de forma cuidadosa e atraente. Vale destacar que essa organização e os materiais utilizados não ostentam recursos materiais e financeiros excepcionais, mas uma fineza de espírito, de cuidado com a sensibilidade estética oferecida, um olhar refinado de poesia, imaginação, beleza e respeito à infância.

O adulto deve ter a disponibilidade de ouvir e acompanhar todas as narrativas criadas nesses momentos de ateliês e oficinas; aliás é preciso destacar que qualquer espaço pode ser transformado em ateliê e oficina.

A criança é um ser curioso, conhece o mundo primeiramente através dos sentidos e é movida por uma busca inesgotável de compreender e apreender tudo o que está ao seu redor. É essa força motriz que tanto nos intriga. As diversas propostas na rotina das crianças pequenas devem propiciar diferentes experiências e promover a exploração dos sentidos, aguçados com a escolha dos materiais, meios e suportes, que permitam o processo de criação.

A partir dessas experiências, é possível dar forma ao mundo. Em sua relação com o mundo, as crianças são capazes de ir além dos objetos que lhes são apresentados. O objeto é um organismo que possui odores, sons e cores. Para olhar as coisas, empregamos todo o nosso corpo, que passa a ser o sujeito da experiência. Muitas crônicas neste capítulo contam experiências com crianças que dão forma ao mundo infantil.

Assim, devemos considerar que os materiais e os suportes apresentados são objetos simbólicos nas mãos das crianças. Suas representações revelam suas percepções, conhecimentos e sentimentos em relação ao que lhe fora apresentado. Desde os primeiros gestos e toques, contato com tintas e massas, como, também, desde os primeiros traços no papel, a criança deixa sua marca.

Em relação ao desenho, também podemos perceber as descobertas realizadas, aliadas ao desenvolvimento neuromotor de suas capacidades, impregnadas na ponta do lápis. Dos traços e arcos leves, passando para as garatujas desordenadas, depois nomeadas, as representações e o simbolismo. Aos poucos, a criança descobre o seu corpo, o lápis e a mão tornam-se um só elemento. O desenho transforma-se na marca pessoal no papel, com a comunicação de surpreendentes narrativas. O ato de desenhar se torna uma parte de sua vivência, de seu ato de ser e estar no mundo.

E quantas possibilidades de olhar os suportes, criar gestos e sentir o peso do corpo! De acordo com a autora Edith Derdyk[6], quando a criança está desenhando de pé tem a possibilidade de ampliar os seus gestos. Ao desenhar deitada, a criança elabora gestos mais íntimos e confidentes. Quando a criança desenha sentada, estabelece uma relação mais intensa com o peso do seu corpo pelo fato de apoiar-se no pulso e no cotovelo.

A natureza com suas formas, cores e texturas se transforma a cada estação do ano. A apreciação direta desses recursos naturais possibilita à criança uma grande fonte de inspiração para suas expressões plásticas. Como ensina Matisse: "Assim, para o artista, a criação começa com a visão. Ver já é um ato criador e exige um certo esforço". Para isso, há necessidade de abrir as portas e janelas das instituições e apreciar os pingos de chuva respingando no pátio, o vapor do ar marcado nas vidraças, as folhagens e pétalas caídas no jardim, o encontro da terra e da água que, juntas, se transformam no barro.

E nessa relação com o mundo visual encontramos os artistas e suas obras que representam momentos históricos e estilos próprios; apreciá-las também permite dialogar com experiências estéticas diversas.

No tocante à musica, podemos perceber todas as conquistas realizadas pelas crianças, desde os primeiros meses, na tentativa de descobrir as fontes sonoras presentes no mundo, as músicas que começam a fazer parte de seu repertorio, o contato com todo o universo cultural e a ampliação de seu repertorio. A criança ouve, cria, interpreta e reflete musicalmente. A partir dessa

---

[6] Edith Derdyk fez o curso de Licenciatura em Artes Plásticas pela FAAP (1977/1980). Artista plástica, fotógrafa, desenhista e escritora. Realizou inúmeros trabalhos gráficos como capas de livro, capas de disco e ilustrações. Foram publicados 2 livros teóricos de sua autoria: Formas de Pensar o Desenho e O Desenho da Figura Humana, ambos editados pela Editora Scipione, 1988 e 1989, respectivamente.

FIGURA 7 Arquivo de imagens da Creche Pré-Escola Oeste.

linguagem, de acordo com Teca Brito[7] (2000), a criança brinca, se expressa, percebe, pensa e interage socialmente. Ainda, segundo a autora, a música é uma das formas importantes da expressão humana, permitindo a integração entre os aspectos sensíveis, afetivos, estéticos e cognitivos.

O corpo é a expressão máxima do encontro com o que nos toca; ao ouvir uma música familiar, os bebês se manifestam, os maiores arriscam passos. Aliás, não conseguimos falar de música sem nos remeter à expressão corporal.

A artista Anna Marie Holm,[8] por exemplo, relata, com ricos detalhes, as vivências das crianças em seu contato com as artes plásticas, que revela

---

[7] Teca Alencar de Brito é educadora musical e coordenadora das atividades da "Teca Oficina de Musica". Produziu os CDs "Canto do Povo Daqui", "Canto de Vários Cantos" e "Nós que fizemos". Publicou o livro "Koellreutter educador, O humano como objetivo da educação musical" (Ed. Fund. Peirópolis). Autora do documento de música do Referencial Curricular Nacional para Educação Infantil.

[8] Anna Marie é uma artista contemporânea dinamarquesa. Formada em história da arte, desenho, teoria da educação e psicologia. Segundo a artista, a arte precisa ser experimentada, vivida, numa perspectiva ampla. Destaca a criatividade das crianças quando brincam com diferentes materiais, como elas constroem, desmontam, contemplando e pesquisando.

uma busca insaciável do novo, do diferente, da abertura aos sentimentos, da experiência única e simples. A compreensão do tempo da criança, das suas criações e de suas alegrias devem ser pontos fundamentais para que o professor possa refletir sobre sua prática. É preciso parar para observar melhor e tentar viver, de alguma forma, o tempo da criança e suas especificidades. A criança desvenda sempre uma forma diferente de ver e sentir o mundo que a cerca; na verdade ela se comunica com o ambiente através dos sentidos. Sobre este aspecto e possível refletir sobre os espaços de encontro que estamos proporcionando às crianças.

Nas palavras de Larrossa,[9] encontramos o que há de mais sensível para expressar o foco do trabalho do professor; segundo o autor, *precisamos ser sujeitos da experiência*. Em meio à velocidade das informações, das discussões entre teoria e prática, é primordial que o professor mergulhe nas diversas experiências vividas junto com as crianças.

A natureza com suas formas, cores e texturas se transforma a cada estação do ano. A apreciação direta desses recursos naturais possibilita à criança uma grande fonte de inspiração para suas expressões plásticas.

Ao considerar que as crianças bem pequenas estão inseridas em instituições educativas, o desconfinamento espacial e cultural faz-se necessário nas propostas pedagógicas. Ambientes como museus, galerias, centros culturais, praças, parques, bibliotecas, contribuem, assim, para as experiências estéticas, ao somar suas atividades com as demais práticas das instituições de educação infantil. Hoje temos um grande desafio: reconhecer não só a instituição de Educação como ambiente propício para desenvolver as propostas de trabalho, mas, também, aprender a desfrutar de espaços culturais e de lazer, possibilitando às crianças novas experiências estéticas. Dessa forma, esses ambientes também propiciarão momentos de trocas e aprendizagens fundamentais para formação estética das crianças.

Na relação com o mundo contemporâneo, outras possibilidades se abrem. Além da experiência direta, as crianças terão a oportunidade de chegar ao outro lado do oceano e conhecer pessoas, paisagens e museus internacionais, utilizando os artefatos mais sofisticados: impressos, DVD, televisão, *softwares* e internet. Mas devem continuar vivendo o quintal da vovó, catando

---

[9] Jorge Larrosa é professor de Filosofia da Educação na Universidade de Barcelona. É doutor em Pedagogia e realizou estudos de pós-doutorado no Instituto de Educação da Universidade de Londres e no Centro Michel Foucault da Sorbonne em Paris. Foi professor convidado em várias universidades europeias e latino-americanas. Dentre as suas diversas publicações, destacam-se *La experiencia de la lectura* (1996) e *Pedagogia profana* (1998).

e colecionando sementes, folhas e sucatas da natureza, como deseja o grande artista plástico Frans Krajcberg[10] e como descrevem várias crônicas aqui apresentadas.

Acreditamos que a Educação Infantil é um espaço privilegiado para desenvolver a sensibilidade. Através de diferentes propostas, as crianças poderão criar novos mundos, daí a importância da mediação lúdica e simbólica presentes no planejamento dos professores. Em um momento crucial para a Educação Infantil, no qual se busca o aprimoramento da qualidade de Projetos Educacionais, a estética como marca de cultura torna-se um elemento fundamental da gestão do tempo e espaço pensado para as crianças pequenas.

As crianças são sujeitos sociais, todas as suas experiências interferem em suas ações e nos significados que atribuem às pessoas, aos objetos e às relações. A pergunta que nos cabe fazer é se nossas propostas curriculares garantem o tempo e espaço para criar, experimentar e vivenciar diferentes encontros.

PARA SABER MAIS

BACHELARD, Gaston. *O direito de sonhar.* 2. ed. São Paulo: Editora Difusão Editorial, 1986.

BONDÍA, Jorge Larrossa. Notas sobre a experiência e o saber da experiência. *Revista Brasileira de Educação,* nº 19, Jan – Abr 2002.

BRASIL. Ministério da Educação. Parâmetros nacionais de qualidade para Educação Infantil. Secretaria de Educação Básica. Brasília, 2006.

BRITO, Teca Alencar de. *Música: Caminhos e possibilidades em Educação Infantil.* Secretaria do Trabalho e Ação Social. Fortaleza, 2000.

CAMARGO, Luís. *Arte-educação: da pré-escola à universidade.* São Paulo: Nobel, 1989.

CALVINO, Ítalo. *Seis propostas para o novo milênio: lições americanas.* São Paulo: Companhia das Letras, 1994.

DERDYK, Edith. *Formas de pensar o desenho.* São Paulo: Scipione, 1989.

FORNEIRO, Lina Iglesias. A organização dos espaços na Educação Infantil. In ZABALZA. Miguel. *Qualidade em Educação infantil.* Porto Alegre: Artmed, 1998.

GOZZI, Rose Mara; SEKKEL, Marie Claire. O espaço: Um parceiro na construção das relações entre as pessoas e conhecimento. In: DIAS, M.C.M.; NICOLAU, M.L.M. (org.) *Oficina de Sonho e Realidade na Formação do Educador da Infância.* São Paulo: Papirus, 2003.

---

[10] Nascido em 12 de abril de 1921, é pintor, escultor, gravador e fotógrafo, nascido na Polônia e naturalizado brasileiro. Trabalha aproveitando e reaproveitando alguns elementos da natureza como troncos, galhos, sementes e folhas.

GOZZI, Rose Mara. *Oficina de Informação: conhecimento e cultura na Educação Infantil.* Dissertação de mestrado não publicada, Escola de Comunicação e Arte da Universidade de São Paulo, 2005.

GOZZI, Rose Mara; TAVARES, Andréa Pólo. *Artes visuais: caminhos e possibilidades em educação infantil.* Secretaria do Trabalho e Ação Social. Fortaleza, 2000.

HOLM, Anna Marie. *Baby-Art.* São Paulo: Editora MAM, 2007.

IAVELBERG, Rosa. *Para gostar de aprender arte: sala de aula e formação de professores.* Porto Alegre: Artmed, 2003

LÉVY, Pierre. *Cibercultura.* São Paulo: Ed.34, 1999.

MELLO, Ana Maria de Araújo. *História da carochinha: uma experiência para a educação de crianças abaixo de 3 anos em creche.* Dissertação de mestrado não publicada, Ribeirão Preto, SOP, 1999.

MOREIRA, Ana Angélica. *O espaço do desenho: educação do educador.* São Paulo: Loyola, 1991.

OSTROWER, Fayga. *Criatividade e processo de criação.* Petrópolis: Editora Vozes, 1984.

VENTRELLA, Roseli; BORTOLOZZO, Silvia. *Frans Krajcberg.* São Paulo: Editora Moderna, SP, 2007

http://www.museudapessoa.net/vmadalena/historias/celiaPecci.

http://www.comunicação.palavracantada.com.br

http://www.furunfunfum.com.br

Cancioneiros Marcio Coelho e Ana Favaretto: curuminzada@yahoo.com.br

Manoel de Barros: http://www.releituras.com/manoeldebarros_bio.asp.

Lígia Clark: http://artmob.wordpress.com/artistas/

Marcel Duchamp: http://educacao.uol.com.br/biografias/Marcel-Duchamp.jhtm

Loris Malaguzzi: http://web.media.mit.edu/~edith/images/malaguzzi.jpg

Edith Derdyk: http://www.edithderdyk.com.br/portu/biografia.asp

Teca Brito: http://www.editorapeiropolis.com.br/biografia.php?id=41

Anna Marie Holm: http://www.radio.usp.br/programa.php?id=2&edicao=080222

Jorge Larrossa: www.ufmg.br/boletim/bol1506/quinta.shtml

Crônicas

1
À noite todos os muros são pardos – mas durante o dia...

Marli Aparecida Coletto Biazon e Rosana de Sousa Aquino

> A crônica trata de discutir o espaço da creche a partir de um olhar que exerce influência na relação dos sujeitos com este espaço, como usá-lo e incluí-lo nos ambientes estéticos reconhecendo os projetos desenvolvidos para as crianças.

Já fazia tempo que o muro acinzentado que cercava um dos lados da Creche e Pré-Escola Oeste nos incomodava. Aquele aspecto de abandonado e sujo não combinava com o pátio envolvido pelo verde das árvores, o canto dos passarinhos e a alegria das crianças. À noite, nossos muros integrados com jardim não apareciam tão cinzas, mas, durante o dia...! Precisávamos mudá-lo. Então, tornar aquele ambiente mais colorido e aconchegante e que refletisse nossa história passou a ser um desafio de todos que faziam parte e desfrutavam daquele espaço. Mas como faríamos essa mudança? Por onde começar? Qual técnica usaríamos?

Acertamos em cheio quando, num dia de Formação Continuada, fomos todos, educadores, funcionários e direção à Vila Madalena, em São Paulo, conhecer os muros do Projeto "Cem Muros" e, para nossa surpresa, fomos convidados a participar de uma oficina oferecida pelos organizadores desse projeto, o que nos deixou ainda mais animados.

Voltamos para a Creche invadidos por um espírito de mudança e decididos a realizá-la. Nossos muros seriam embelezados por mosaicos feitos por nós. Refletindo sobre o tema, percebemos que ele deveria não somente agradar aos olhos, mas ter um sentido para nós e para as crianças. E, em nossa missão como educadores de cuidar e educar, também destacar a importância em valorizar a sensibilidade estética, possibilitando que elas possam se conscientizar e valorizá-la em suas vidas.

O fundo do mar era um tema que aparecia com bastante força naquele momento, apreciado pelas crianças e todos da Creche. Uma grande lista foi elaborada, com algumas espécies marinhas como o tubarão, baleia, cavalo--marinho, caranguejo e outros. Enquanto elaborávamos a lista dos animais que iriam compor nosso novo muro, nos dedicamos também a uma outra empreitada: arrecadarmos uma grande quantidade de materiais que seriam indispensáveis para a elaboração dos trabalhos. Toda a Creche estava envolvida no processo: os pais e as crianças colaboraram com o que puderam, trazendo para a Creche azulejos, restos de pastilhas, estilhaços de espelhos, tudo foi armazenado em grandes caixas transparentes, separadas por cores e estampas. Foi um período em que, apesar de tudo estar organizado e bem-cuidado, uma pergunta ficava no ar: será que seríamos capazes de conseguir uma finalização que agradasse aos olhos de todos?

Utilizamos ainda mais duas Formações Continuadas, para o desenvolvimento das etapas seguintes, pois precisávamos de todos reunidos para dividir melhor a participação de cada um. Num desses encontros preparamos um grande ateliê no nosso pátio coberto. Todo o material necessário para a confecção dos mosaicos foi exposto sobre bancadas improvisadas. Era possível uma fácil circulação entre os espaços; todos puderam apreciar as variadas possibilidades e começar a recolher o que fosse de seu interesse para a elaboração dos trabalhos.

Para enriquecer nosso processo de criação, consultamos alguns livros e revistas sobre o tema; as fotos coloridas e os maravilhosos artistas puderam ser apreciados e, ao mesmo tempo, as primeiras criações dos nossos mosaicos começavam a ser executadas. Foi um momento de muita concentração, pois se tratava de um material de difícil manuseio e que requeria um cuidado na sua utilização. Cada um, à sua maneira foi estabelecendo uma forma de trabalho, com muito carinho, dando, aos poucos, forma ao material.

Nossa organização motivou nosso envolvimento, nos dividimos em pequenos grupos, onde cada um preparou um mosaico de um animal diferente. A técnica de trabalho foi adaptada às nossas possibilidades e a composição mostrou as habilidades artísticas de cada um. Depois desse dia, nos encontramos mais uma vez para realizar o que seria a última fase do processo do Projeto Mosaico. Os mosaicos, agora, depois de terem passado por um processo de secagem, seriam colados nos muros. Para finalizar a técnica, foi executado um acabamento de pintura, com tintas cor azul e branco com tintas sobrepostas, o que deu um efeito de movimento ao nosso mar, composto pelos animais e plantas marinhas.

O resultado final encheu a todos de um grande orgulho e satisfação. Como ficou lindo! Todo nosso esforço e envolvimento foram gratificantes, acreditamos que nosso muro passou a ser nosso cartão postal, passando a ser visitado e apreciado por aqueles que convivem naquele espaço e por todos que vêm de outros locais para conhecer nossa Creche.

A experiência rendeu frutos e se estendeu pela Creche, com a realização de um trabalho de conscientização da estética desenvolvida junto aos grupos de crianças de 4 a 6 anos, pois estas continuavam a demonstrar um grande interesse em aprender a técnica do mosaico. E, aos poucos, foram sendo compostos outros espaços, agora com mosaicos das crianças, e apresentando as mais variadas formas, borboletas, pássaros e um colorido que enche nossos olhos, nos acolhe, acalma e alimenta.

2

Sementes, meninos e meninas

Jacqueline Trimmer Gonçalves

> Esta crônica não é só de sementes, meninos e meninas. É também de planejamento de ambientes e de situações variadas de aprendizagem. Pensando bem, acho que pode ser também de participação das famílias em projetos educativos.

Aos poucos, a coisa ia aparecendo, eram sementes de todos os tamanhos, ideias de todas as formas, participação de todos os jeitos. As crianças, diariamente, tinham o que contar, os adultos me consultavam todo tempo. Nossa sala parecia uma central de informações para assuntos de CARPOTECA. Carpa... O quê? Logo todos queriam saber mais sobre isso. E durante todo trabalho mantivemos muitos assuntos em segredo.

Mas essa história que vou contar não é só de sementes, meninos e meninas. Essa história também é de planejamento de ambientes e de situações variadas de aprendizagem. Nossa... pensando bem, nem sei se é só isso mesmo! Eu acho que pode ser também de participação das famílias em projetos educativos.

Mas, vamos lá! Vou começar com as sementes.

Naquele ano eu estava trabalhando com crianças acima de 4 anos. Através de coletas, investigações e análises com sementes, começamos a perceber que semente não tinha apenas a "função de reproduzir plantas". Este assunto, dito assim entre as crianças, parecia conversa de gente grande. Sabe aquela conversa da biodiversidade? Nós queríamos envolver os pequenos, mas também olhar profundamente cada semente. Saber que cada semente possuía características particulares que se referem à maneira delas se dispersarem no ambiente, através dos rios e mares, ventos, animais e o homem, que pode disseminar sementes por todo mundo.

Durante seis meses passamos a colecionar e catalogar sementes encontradas no quintal da creche e, depois, em meios diversos, como dentro de frutas e legumes, caídas em praças, parques, em passeios de campo. Também classificamos e observamos com as crianças as sementes selecionadas para o plantio; pedimos que trouxessem, de casa, sementes (ou grãos) usados na alimentação de cada criança e sua família. Sugerimos ainda verificar os colares e enfeites que existiam em cada casa.

Nossa sala já estava ficando cheia, em todos os cantos havia sementes frescas, secas e tingidas. Era preciso dar tratamento para tudo aquilo. Era preciso organizá-las e reorganizá-las toda semana.

Paralelamente a essas atividades, implantamos a horta, com plantio e colheita de feijão, alface, rúcula, batata-doce, cenoura, alho e abóbora, além de girassol para alimentar maritacas.

Também resolvemos ir passear no Mercado Municipal para visitar as sementes do Mercado! Depois, as famílias foram com seus filhos, escolheram algumas sementes já furadas para nossas oficinas. Uma produção interminável de colares, potes, pulseiras e anéis. As crianças logo foram organizando uma grande troca; e era um tal de conferir sementes grandes e pequenas, combinar cores, arranjando e rearranjando seus artesanatos. No dia da exposição, houve uma variedade de peças, verduras e legumes produzidas na horta e a visita do Sr. Espantalho de Chapéu. A festa foi completa com registros de desenhos infantis, fotos, textos coletados pelos murais, milho verde, pipoca, girassol, linhaça, gergelim...

Mas você deve estar se perguntando: como vocês organizaram tudo isso? É verdade! Contando dessa forma, parece que não teve planejamento, mas teve sim, foi mais ou menos assim:

- Classificamos e observamos com as crianças as sementes selecionadas para o plantio, pedimos que trouxessem, de casa, sementes (ou grãos) usados na alimentação da família;
- Durante seis meses passamos a colecionar e catalogar sementes encontradas em meios diversos como dentro de frutas e legumes, caídas em praças, parques, no campus da USP em passeios de campo.
- Com o objetivo de ter um acervo rico e variado, compramos algumas sementes no Mercado Municipal da Cidade.
- As crianças sabiam agora que, com as sementes, podíamos fazer alimentação, plantio e pigmentação (extraído do urucum).
- Foram apresentadas outras formas de tratamento possível para sementes – confeccionamos alguns artesanatos, como colares, pulseiras, mandalas e móbiles.
- Paralelamente a essas atividades, implantamos a horta, com plantio e colheita de feijão, mais alface, rúcula, batata-doce, cenoura, alho e abóbora, além de girassol (para alimentar maritacas).
- Finalmente, elaboramos um pequeno livro onde foi registrado o aprendizado de cada criança.
- Compartilhamos esse projeto com as famílias e a comunidade, participando de uma exposição – Mostra Múltiplas Linguagens.*

Os resultados foram incríveis. Até hoje, quando encontro as crianças desse grupo e suas famílias, conversamos sobre sementes, plantios, artesanatos, etc.

As crianças demonstraram grande envolvimento com trabalhos em ambientes externos como jardim, horta e passeios variados. As sensações provocadas no contato

---

*Mostra Múltiplas Linguagens é o nome dado à Exposição anual da Creche Carochinha.

com as sementes, no toque das formas, cores, texturas e peso e no cuidado carinhoso com as plantas da horta levaram as crianças a observarem com mais rigor os fenômenos naturais. A visita diária, marcando um tempo para a observação, e cuidados como capinagem, rega, plantio levam a criança a se apropriar e se organizar segundo os conteúdos desenvolvidos no Projeto. A experiência desse trabalho nos mostrou que o ensino de noções sobre Biodiversidade é possível de ser realizado já na Educação Infantil, não como foco inicial, mas como resultado de todas as interações e linguagens trabalhadas.

Bem... e eu? Eu acho que aprendi a gostar mais de sementes, meninos e meninas.

Hoje, quando vejo uma noz, uma casca de pistache ou sementes de gergelim, vou logo tendo ideias. Às vezes coloco na minha *caixinha de ideias*; outras vezes coloco em uma palma de mão bem pequena. Quem sabe o vento passa e leva as ideias das sementes, seus meninos e meninas, suas famílias e seus educadores para o Oiapoque, o Chuí, passando ainda por Chapecó, Maragogi, Caicó, Bonito, Abaré, Teresina, Nhamuidá, Antonina, Gurupi e tantos outros cantinhos brasileiros lindos e cheios de sementes e crianças.

3

Hoje é sexta-feira!

Andréa Bordini Donnangelo e Claudia Calado

O projeto *Indicação Literária* tem como objetivo ajudar a formar bons leitores e escritores, apresentar um gênero textual, ensinar a criança a socializar os livros prediletos e ampliar a relação das crianças com a leitura. Esse projeto também busca garantir a escolha por parte das crianças daquilo que querem compartilhar com a comunidade, inserindo-as dessa forma numa prática da cultura letrada.

Hoje, logo quando entramos na sala, informei para o grupo que íamos fazer o empréstimo de livros e Aninha logo gritou:

– Oba, hoje é sexta-feira!

As crianças encaminharam-se até o canto da biblioteca da sala e começaram a fazer suas escolhas. Algumas rapidamente nos trouxeram os livros que escolheram, outras demoraram um pouco mais. Ao pensarmos que o empréstimo já tinha terminado, percebemos que restava um grupinho de crianças sentadas no tapete conversando. Aproximamo-nos para entender o que estava acontecendo para demorarem tanto.

Ao chegar de "mansinho" vimos que as crianças estavam compartilhando informações sobre as histórias que já tinham lido para ajudar Aninha que estava indecisa ao fazer sua escolha:

- Não sei qual vou levar – disse, segurando alguns livros com as mãos enquanto seus olhos passavam por outros tantos expostos nas prateleiras.
- Escolhe este aqui! Fala de amor, é mais ou menos assim, o cupido dá uma flechada no menino e ele fica apaixonado, contou Íris, com um suspiro tão apaixonado quanto os livros que ela fazia questão de escolher toda semana.
- Não, não posso levar, minha mãe não gosta de histórias de amor, diz que sou criança. E decididamente largou o livro sobre o tapete.
- Eu prefiro este aqui, disse Larissa.
- "Minha mãe é um monstro" é uma história engraçada, de uma mãe que, quando fica nervosa, ela vira um monstro verde, que cresce um rabo, crescem também as orelhas e ficam enormes e, sabe de um segredo?, parece a minha mãe!

Caíram em gargalhadas, até que Aninha franziu a testa com um certo ar de preocupação e perguntou:

- Sua mãe vira um monstro verde?
- Não, mas quando ela fica nervosa, fica bem vermelha e grita muito até os vizinhos ouvem!
- Esta história também é engraçada; escolhe este livro, Ana, "Meu avô é um problema", meu pai leu para todos os meus irmãos e até minha mãe gostou.
- Do que fala este livro?, quis saber Ana.
- Fala de um avô que fazia muitas coisas malucas, vivia dando trabalho para a família, para as pessoas da cidade, até para a polícia e é por isso que o livro se chama "Meu avô é um problema".
- Minha mãe diz que meu avô é um aposentado, acho que não quero levar este não.
- Já sei do que você gosta, é de bichos, não é? Este é o meu preferido, alguém fez cocô na cabeça da toupeira, só que ela não sabe quem foi e ficam procurando o dono do cocô e, no final da história, a toupeira descobre quem foi e sabe quem foi? O João Valentão, cachorro do açougueiro.

Sem se dar conta, Íris tinha lhe contado o final da história, mas o que mais importava naquele momento era algo maior: a vontade em ajudar sua amiga Aninha que, por alguma razão, não queria levar qualquer história, talvez estivesse procurando algo ou alguma coisa em especial para ela ou para alguém de sua família.

Sabemos que as crianças entre 4 a 6 anos utilizam diferentes critérios para suas escolhas. Histórias de medo, de bichos, de aventuras, histórias engraçadas ou podem ainda considerar o gosto de quem lê para elas.

Também preferem levar o mesmo título por várias vezes, porque precisam da estratégia de repetição, para se apropriarem do tema, do enredo e dos personagens.

Mas a nossa Aninha, ainda perdida em seus pensamentos, sentada de frente para a biblioteca, com o olhar confuso, precisou olhar muito e por alguns momentos. Até que se ajoelhou esticando o braço, aí conseguiu apanhar um exemplar e, com muito cuidado, colocou-o sobre as pernas cruzadas. Em seguida, abriu a capa e começou a folhear, observando cada ilustração até a última folha, fechou e, decididamente, falou:

– Vou escolher este aqui!

Suas amigas, impacientes, perguntaram ao mesmo tempo:

– Qual?
– Este!
– Que história conta este livro?
– Não sei, nunca levei, mas, quando minha mãe ler, eu conto, isso só na segunda-feira! Respondeu Aninha, guardando o livro na pasta para levá-lo para sua casa.

Podemos afirmar com essa procura e esse diálogo final que Ana já dá importância ao empréstimo, como também à devolutiva da leitura. Assim, socializar oralmente ao grupo sobre a história que leu no fim de semana foi fundamental para ela. Aquele famoso: "pode ler, eu já li e gostei".

As crianças são capazes e fazem muito bem essas indicações oralmente para o grupo. Posteriormente podemos fazê-las através de textos curtos, com informações sobre cada obra; dessa forma podemos compartilhar nossas histórias preferidas, as das crianças, de seus amigos, de suas famílias e de toda comunidade da Creche.

Nesse momento de produção estamos assim: as crianças escrevem as resenhas do que levaram e leram com suas famílias e nós, as crônicas para este livro!

4

Natal com presentes alternativos

Vivian Cristina Davies Sobral e Débora Beatriz Cardoso

Esta crônica é um relato de uma experiência de uma especial festa de Natal. Discutir consumo, ou se as crianças nascem consumidoras com as famílias, parece ser tema bastante debatido. Na festa de Natal foi proposto para as famílias à construção de brinquedos. Ao invés de comprá-los, cada família iria fabricar um brinquedo para seu filho. Quebrada a resistência depois de alguns acertos e muitos debates, todos resolveram participar e o resultado foi melhor que o esperado: famílias descobrindo talentos e possibilidades; crianças felizes e surpresas em ver objetos usados com outra função social.

Todos nós já ouvimos falar dos Rs de reciclagem em creches e pré-escolas brasileiras. Se há unanimidade, esta é uma: é preciso reduzir o lixo do mundo, reutilizá-lo e reciclá-lo, não é mesmo?

Mas essa história que vou contar é uma história que está para além dos 3 Rs. Essa é uma história de crianças, suas famílias e seus educadores que quiseram fazer um Natal bem divertido, um Natal com presentes alternativos!

Bem, nosso grupo estava lá pensando: *Festa de Natal se aproximando e o que o Papai Noel entregaria?* Embora um pouco apreensivos, resolvemos convidar as famílias para que participassem da festa. E uma das formas de participação seria confeccionar brinquedos de material alternativo, caixa, papelão, garrafa plástica, enfim, o que convencionalmente chamamos de sucata.

Tínhamos dúvida, não vamos negar. Duvidávamos que todos os pais aceitassem participar, duvidávamos que todos os brinquedos agradassem às crianças. Mas, o pior, duvidávamos um pouco de que brinquedos confeccionados de sucata atenderiam às expectativas das crianças.

Nós, adultos, sempre achamos que conhecemos as expectativas dos pequenos. Engraçado é que esquecemos que passamos o ano todo ensinando às crianças a valorizar objetos reciclados.

Bom, convite feito e, embora algumas famílias se classificassem inabilidosas para artes plásticas, ainda mais com materiais alternativos, todos aceitaram o desafio.

Alguns pais nos procuraram para sugestões, ao que procurávamos contribuir sem interferir muito, sugerindo materiais mais conhecidos por nós ou *sites* e publicações que trouxessem alguma informação. Começamos a ficar ansiosas pelo resultado conforme o dia da festa se aproximava.

O grande dia chegou. Preparamos um almoço festivo, um churrasco que um pai se dispôs a fazer. Uma ex-aluna, de uns 10 anos de idade, veio e trouxe uma banda de *pop-rock*, da qual era guitarrista, para animar a festa.

Uma professora se vestiu de Papai Noel e, conforme os pais iam trazendo os presentes, todos embrulhados, o grande saco de presentes do bom velhinho ia ficando cheio.

Todos nós estávamos tão ansiosos quanto as crianças pelos presentes. Não sabíamos o que veríamos. Tinha presente de todo tamanho e toda forma e os pais resolveram fazer surpresa também pra nós.

Finalmente, o momento da entrega dos presentes chegara. O Papai Noel lia o nome de cada criança. Tínhamos dúvidas se, ao receberem presentes alternativos, as crianças ficariam felizes e se não se queixariam de cada presente ser diferente... Aqueles que ainda não haviam sido chamados ficavam em volta do Noel aguardando sua vez. E todos, curiosos, observavam enquanto outra criança abria seu presente.

Nós, a cada pacote aberto, nos surpreendíamos com a engenhosidade e criatividade das famílias na escolha dos materiais, na habilidade demonstrada, no empenho e no resultado de cada brinquedo.

Mas nada nos surpreendeu tanto quanto a satisfação de cada criança que percebia que seu presente era único, especialmente confeccionado para ela. Nem precisamos dizer que as crianças começaram a brincar na mesma hora com os brinquedos, não é? Foi o que aconteceu. Uma verdadeira festa, com presentes únicos, banda ao vivo e cheirinho de churrasco no ar.

Quase me esqueço: outro som, além da banda e dos risos entusiasmados das crianças e professoras, se ouvia no ar. Era o telefone. Naquele dia, muitos familiares ligaram para saber como estavam todos, para desejar bons tempos e para parabenizar pelo dia.

Foram tempos gostosos para além dos 3 Rs, porque, com certeza, conseguimos fazer muita gente pensar sobre celebrações delicadas, sobre consumo, sobre como fazer datas festivas, como Natal, ou dia dos pais, mães, crianças, coelhos, se tornarem mais seletivas e delicadas.

5

No embalo das embalagens

Rodrigo Humberto Flauzino

> Usando rótulos e embalagens, materiais considerados sucatas, crianças e educadores passaram a explorar as linguagens oral, escrita e plástica de maneira lúdica e criativa. As falas surgidas nesse processo, assim como as produções realizadas pelo grupo, apontaram para a direção de que é possível dar novos significados sociais a objetos que em outras situações teriam um destino de pouco destaque: o lixo.

Nas minhas andanças pelos grandes supermercados ou, até mesmo, nas comprinhas feitas no mercadinho da esquina, aos domingos de manhã, eu nunca havia ouvido ninguém falar uma frase com tamanha simplicidade e inteligência ao mesmo tempo.

Acredito que, se algum marketeiro de plantão ou mesmo aquele famoso garoto propaganda das mil e uma utilidades tivesse ouvido o célebre comentário que eu ouvi, o mundo da publicidade passaria por uma reviravolta.

Foi André, serelepe como a maioria das crianças de 4 anos, que exclamou:

"Sabão em pó é bom pra lavar a roupa!".

E não é que essa é a mais pura (e limpa) verdade? O que mais que uma pessoa precisa saber para comprar tal produto de limpeza? Certamente, que ele cumpre a sua função básica, ou seja, ser BOM para lavar a roupa! Claro!

André havia descoberto isso. E seu amigo Cleber, com seus 5 anos, sabia de outra novidade: "Eu aprendi a escrever OMO sem olhar. Meu pai nem me ajudou a escrever OMO".

O que os comentários precisos desses dois amigos têm em comum?

Eles surgiram de uma brincadeira de faz-de-conta de supermercado, em que ambos os garotos "compravam" seus produtos – um monte de sucatas vazias dispostas numa mesa – e conversavam entre si sobre a embalagem do conhecido sabão em pó. Rótulos são assim. São como os dois garotos: bons em comunicação. Ou melhor, excelentes portadores de texto. Além disso, também são curiosos e significativos, pois seus nomes chamativos, coloridos e compostos por textos simples ajudam a facilitar a memorização.

Nossos meninos ainda não sabiam ler convencionalmente e, mesmo assim, conseguiram reconhecer o nome de certas marcas de produtos. Pode não ser novidade, mas disponibilizar embalagens vazias e rótulos para a meninada organizar suas brincadeiras de faz-de-conta, assim como oferecê-los nas oficinas de confecção de brinquedos e construções de sucata, são bons jeitos de explorar a linguagem oral e escrita através das palavras, textos e imagens.

Por um bom tempo, os dois colegas continuaram suas compras e conversas. Logo, outras crianças da turma se juntaram a eles e ali brincaram de clientes e operadores de caixa registradora. E, assim, a brincadeira se estendeu...

Por falar em estender, não vou esticar mais essa prosa, pois lembrei que voltei do supermercado e que até agora ainda não guardei minhas compras. Xiii! Esqueci de comprar o tal do sabão em pó!

De volta ao supermercado!

Já contei a história dos dois meninos que brincavam de supermercado e das suas conversas em torno da embalagem de sabão em pó, não é mesmo? Pois, noutro dia, esse tema tornou a aparecer. Afinal um pequeno projeto sobre rótulos e embalagens não acaba do dia pra noite.

Assim como os nossos outros dois amigos, lá do começo da primeira história, também teve a conversa da Sílvia, de 5 anos, que disse, durante um jogo entre amigos: "Eu gostei de ver o telefone da embalagem do suco, porque, se eu comprar um e 'vê' que a cor do suco não tá boa, a gente liga lá".

Sílvia era danada. Estava sempre atenta! Entre uma brincadeira e outra com os jogos de memória feitos com rótulos, ela sempre procurava alguma coisa que lhe chamava atenção para fazer os pares entre as cartas. Mas Sílvia não procura as cartas pelos seus aspectos óbvios. Ela sempre os escolhia por uma coisinha aqui, outra ali, só pra conseguir fazer seu monte crescer. Uma hora era a palavra, o nome do suco que lhe despertava interesse; outras vezes, ela também se atentava para o desenho da vaquinha da embalagem de um conhecido achocolatado em pó. E, assim, essa menina ia desbancando seus colegas e colecionando pares e mais pares daquele joguinho feito ali na Creche, junto com a turma.

O dia em que Sílvia achou seus pares a partir do símbolo do pequeno telefone do SAC (Serviço de Atendimento ao Cliente) foi demais para os seus colegas.

"Ah, Sílvia, assim não vale!" – esbravejaram todos!

"Você sempre ganha!"

E Sílvia, que não se fazia de rogada, juntou seus pares e disse: "Eu acho tudo porque eu lembro dos desenhos das cartas!"

Nessa hora, Juninho, que estava com apenas um parzinho, meteu o bedelho na conversa e, com convicção, disse: "Eu perdi! Mas eu sei de uma coisa também!"

E Sílvia, antenada como sempre, perguntou:

"Sabe o quê, Juninho?"

"Que é melhor agora a gente brincar de outra coisa! Quer montar o quebra-cabeça da caixa de gelatina?"

E lá se foram pra outra proposta...

6

Picasso em Cena

Cristina Mara da Silva Corrêa

> Uma visita com crianças pequenas a uma exposição de Artes rende muito "pano pra manga", como a própria autora nos aponta, e é justamente nesse desdobramento de panos e mangas que a crônica se constrói. A preocupação com as formas corporais, as linguagens artísticas são exploradas, experimentadas, vivenciadas, até chegar a uma composição coreográfica por parte dos pequenos. Das obras de Picasso elas criam e recriam. Um belo jeito de se trabalhar a Arte com crianças e que vai sendo desvelado no decorrer da crônica.

Naquele dia, quando as crianças entraram em cena, fiquei surpresa: cabeças moviam-se para um lado, corpos giravam para o outro em um constante congela--descongela. Construíam e desconstruíam as figuras dos quadros de Picasso que eram projetadas simultaneamente na parede enquanto dançavam. Algumas entravam em cena arrastando-se, contorcendo-se, até o centro da sala e, lentamente, construíam a sua personagem. Em outros momentos, pareciam pássaros voando pelo espaço, ou macacos pendurados, balançando-se nas árvores. Esses movimentos alternados criavam um clima, ora de tensão e tristeza, ora de entusiasmo e alegria. Os tecidos coloridos, as máscaras e as imagens das obras do artista ajudavam a compor a atmosfera do espetáculo.

É, aquele passeio, como diz o ditado popular, "rendeu-nos muito pano pra manga". E como a manga é uma fruta tropical e, portanto, dá em abundância neste país: "taí" a colheita dos bons frutos. O mais saboroso, isto é, aquele que não tem preço, nasceu da descoberta e dos comentários das crianças diante das obras e da intimidade como falavam sobre a vida do artista.

Um ano se passou e ainda tenho na memória e nos "ouvidos" a algazarra da descoberta de cada uma delas. O Caio corria para frente de uma das obras e dizia:

– A gente já viu na Creche este quadro! O Picasso fez porque gostava muito de circo.

Ao mesmo tempo em que André e Iara me puxavam pelo braço e disparavam:

– Olha! Eu sei, eu sei! O nome desse quadro é *Senhoritas de Avignon*, a professora Vera falou que ele fez assim porque queria desenhar em linhas retas, fazer tudo quadrado.

Lembro que tudo ficou claro para mim quando percebi que os apenas 6 anos de idade desses pequeno-grandes observadores não impedia que eles andassem pelas salas da exposição falando sobre arte – o assunto tinha um sentido e um significado para eles.

Optei por investir em um trabalho, que agora me deixa feliz porque o resultado reflete aqui nas histórias pedagógicas dessas experiências.

Entre braços para cá, cabeças e pernas para lá, tronco retorcido, elas iam se transportando para o universo do artista. Queriam fazer tudo como estava ali no quadro, construindo e reorganizando gestos com o próprio corpo. A expressão corporal-infantil-picasso estava representada. Foi, antes de tudo, uma grande festa, onde as vozes das crianças se misturavam, alternando as perguntas, análises e sonhos. Era um tal de *"Quem você tá fazendo?"*, *"Quem é esse agora?"*, *"É verdade que...?"*, *"Mas por que?"*, *"Olha! Ele tá com a cabeça virada pra frente, mas o braço tá pra trás."*, *"Professora, eu quero ser esta moça!"*.

Crianças, que não são bobas nem nada, de cara perceberam que eram agentes importantes para o trabalho. Participaram de todo o processo, desde a escolha das figuras, postura do corpo, posição de cada membro, sem falar nas várias experimentações das personagens.

E, quando tudo parecia complicado, difícil, intransponível, era ao som de Vivaldi e Albinoni que fechávamos os olhos e mergulhávamos no universo da arte, mais uma vez, construindo e desconstruindo as figuras.

Foi aí que, num estalo, pensei: não quero que copiem ou só engulam algo já mastigado. Quero que parta delas a composição da coreografia. Mas como fazer isto?

Que criança surpreende, ninguém tem dúvida, agora, como acreditar que daquilo que mais parecia uma grande brincadeira, um faz de conta mirabolante, resultaria nessa apresentação tão elaborada? As conversas também eram reflexivas, elas iam se apropriando das informações das obras, do pintor, da vida dele quando criança. Durante o trajeto, muitas perguntas e elaborações foram acontecendo entre aquelas falas infantis. E foi em um desses "papos-cabeças" que, em uma construção coletiva, nasceu a coreografia – "Picasso em cena".

As crianças quiseram fazer tudo, como manda o figurino: no primeiro ato representando a *fase azul* do artista, portanto uma temática de tristeza com movimentos mais densos, com torções e no nível baixo. Já, no segundo ato, representando a *fase rosa* e *cubista*, as crianças usaram máscaras, com movimentos para cima, saltos e giros.

Passado algum tempo, lembro-me das caras das crianças, das cenas da coreografia final – tudo era olhar novo, curioso, perguntador, tudo era um *olhar da primeira vez* diante das obras e histórias de Picasso e de cada um de nós!

Você sabe, de norte a sul e de leste a oeste, o Brasil é cheinho de crianças com ideias sobre gestos, danças e ritmos. Elas conseguem ser coautoras de muitas situações educativas. Mas você sabe também: professores ousados tem centenas! Eles gostam de organizar apresentações para as crianças aprenderem nessas situações, adoram pesquisar e levar crianças a museus e bibliotecas, gostam de ouvir musica e ler histórias...

É por tudo isso que hoje eu resolvi contar sobre a Cena do Picasso ou sobre o Picasso em Cena.

7
O aniversário da minha mãe e como mandar crianças para a lua

Beatriz de Cássia Boriollo e Maria Dolores Alves C. Betoni

> Essa crônica conta como, utilizando caixas, tubos e outros materiais alternativos, as crianças projetaram e construíram um foguete para ir até a lua. Como pano de fundo, temos educadores atentos que planejam situações para que as crianças superem dificuldades e necessidades infantis, e que respeitam a criança como produtora de cultura, valorizando a brincadeira e proporcionando atividades que considerem o mundo da infância.

Enquanto o pessoal de apoio descarregava os materiais de consumo na entrada da creche, algumas crianças de cinco anos observavam atentamente.

Assim que os homens se distraíram, as crianças aproximaram-se do material e começaram a comentar:

– Nossa que caixa grande! O que será que tem aí dentro?
– Deve ser uma geladeira, a minha mãe comprou uma lá em casa e a caixa era bem grande.
– Eu acho que é um brinquedo novo para o parque...

Nesse momento um dos homens se aproximou e falou:

– Não tem nada nesta caixa, ela está vazia, olhem!
– Então porque você trouxe?
– As professoras pediram para eu trazer as caixas grandes aqui para a creche, pois as crianças reaproveitam para fazer outras coisas.
– É? Então vamos contar que a caixa chegou.

Você sabe, crianças de 5 a 6 anos gostam de novidades e fofocas.
E todos saíram correndo.

A professora da turma, que observava tudo a certa distância, aproveitou a oportunidade para problematizar a situação e propor ao grupo pensar em alternativas para a utilização da caixa.

- O que poderíamos fazer com esta caixa?
- Dá para a gente entrar nela, vamos fazer uma cabana.
- Não. Vamos fazer uma casinha.
- Um carro.

Muitas foram as sugestões de construções. De repente, uma das crianças, que até então permanecera calada, após olhar insistentemente para a caixa como que quisesse se misturar a ela, disse:

- Vamos fazer um foguete para viajar ao espaço sideral!

Fez-se no ambiente um silêncio cordato e, depois de alguns segundos, iniciou-se a "tempestade de ideias". A professora, percebendo que as crianças tinham poucos argumentos e informações sobre o tema, e que o assunto se esgotaria em uma breve brincadeira, sugeriu ao grupo que, primeiro, pesquisassem um pouco sobre os modelos e os componentes de foguetes.

Após alguns dias, as crianças trouxeram inúmeras informações de casa, livros, revistas, fotos, pesquisas na internet, etc. A professora também preparou livros, matérias de jornais e revistas científicas para ler com o grupo, organizou visitas monitoradas ao observatório e trouxe vídeos de documentários e filmes para assistirem.

De posse das informações, o grupo pôde se dedicar à elaboração do projeto. Em princípio, cada um desenhou o seu foguete preferido e, juntos, escolheram, entre os desenhos, qual o modelo seria mais apropriado para a caixa.

O próximo desafio do grupo consistia em definir quais materiais seriam utilizados para compor cada parte do foguete. Uma das crianças sugeriu que as turbinas fossem feitas de garrafas plásticas, outra que os botões de painel de controle fossem de tampas de produtos de limpeza. Também definiram o local da porta e se viram diante de um impasse sobre a janela:

- Precisamos colocar um vidro na janela para o ar do foguete não escapar.
- Mas criança não pode usar vidro, vamos ter que pôr outra coisa.
- Mas janela é feita pra ver do outro lado, se a gente não puser vidro, não dá pra ver...

A professora pediu que cada um pensasse em casa em soluções para o problema e, no outro dia, trocassem as informações. Pediu também que pensassem em um nome para o foguete. Uma das crianças lembrou que o foguete sempre tem uma missão para fazer no espaço e eles teriam que pensar nisso também.

No outro dia, as crianças vieram cheias de alternativas para os problemas. Cada um tinha um nome para dar e uma missão para cumprir. A professora propôs uma votação para a escolha do nome e uma discussão em roda de conversa sobre a possível missão. Também questionou o grupo sobre a janela. Nesse momento, uma das crianças levantou-se gloriosa e disse:

- Ontem foi aniversário da minha mãe.
- Não é isso que ela tá perguntando, é do foguete.
- Eu sei o que ela está perguntando! Deixa eu terminar de falar?

O grupo silenciou autorizando o amigo a prosseguir a conversa.

- Ontem foi aniversário da minha mãe e eu e meu pai compramos um bolo na padaria e o bolo veio num prato com tampa transparente e oval – tirando o prato da mochila –, a tampa do bolo é a janela do foguete!

Espanto geral, as exclamações e euforia foram tamanhas que quase quebraram a janela.

Em votação decidiram que o foguete teria o nome de *Foguete do Brasil*. E, em roda de conversa, chegaram ao difícil consenso que o foguete teria a missão de contar todas as descobertas que a Turma do Sol fez sobre o espaço.

A professora sugeriu que o grupo relatasse em desenhos, e também em vídeo, as informações. E assim aconteceu:

Primeiro fizeram uma lista de tudo o que queriam relatar em vídeo.

Uma das crianças sugeriu que a música tema da turma "Canto do povo de algum lugar" fosse incluída no vídeo. O grupo organizou uma dança com tecidos para o momento.

Mas o grande problema era como fazer a "ponta" do foguete:

- Vamos dobrar o papel em triangulo e colocar! – falou uma criança. Mas o resultado não agradou ao grupo.
- Vamos colocar uma caixa pequena em cima desta. – Mas também não atendeu as expectativas.

Até que uma das crianças disse:

- Já sei! Vamos fazer um chapéu de bruxa bem grande e ficará parecendo uma ponta de foguete! – Dessa vez a tentativa agradou a todos.

Para concluir, faltavam apenas os acabamentos. A cor foi escolhida seguindo o critério do nome, pois um foguete do Brasil tinha que ser pintado com as cores do Brasil.

Foguete pronto! Todos aos seus lugares, contagem regressiva 5, 4, 3, 2, 1...

Parem! Onde é que vocês pensam que vão?

Plunct, plact e zum, não vai a lugar nenhum...

8

Narciso acha feio o que não é...

Olindina da Cunha e Natália Bortolaci

> Como eu sou? Como é o rosto do meu amigo? Perceber as formas, as linhas de cada parte do rosto. Conhecer diversos autorretratos de artistas renomados possibilitaram a construção do seu percurso criativo e artístico. Esses foram os ingredientes para construção desta pesquisa, os quais as autoras irão nos contar nesta crônica.

Espelho? Para quem acha que esta será mais uma crônica sobre identidade das crianças, ou falando sobre egos, alteregos, super ou hiperegos, muito se engana. O que se passou com os espelhos foi justamente a observação atenta de quem se é, mais pela via dos traços, das diferenças, das singularidades, das misturas únicas que cada rosto nos proporciona e que o desenho também é capaz de revelar. E foi mais ou menos assim...

Não era de hoje que reparávamos nas crianças extasiadas com as famosas pinturas de rosto que fazíamos, vez ou outra, nos momentos de pátio. Ficavam pacientemente enfileiradas para transformarmos aqueles rostos em personagens, em borboletas, heróis. Discutíamos, também, como enriquecer a pesquisa gráfica das crianças. Achávamos que poderíamos propor atividades que tivessem uma intenção comum; isso quer dizer que gostaríamos de fazer com que percebessem que o desenho também é uma forma de comunicação, que também transmite uma mensagem, mas não queríamos cair em desenhos estereotipados. Queríamos uma mudança da fase da garatuja, mas, também, queríamos que fosse significativo.

Um elemento que percebíamos ser de interesse para nossas crianças, que estavam com seus quase 4 anos completos, era o rosto, como já dissemos, e também o famigerado espelho. Aquele objeto que serviu de troca entre índios e colonizadores, que nos faz ficarmos horas defronte dele antes de sair, vendo e revendo cada detalhe de nossa aparência, também tinha uma significação especial para as nossas crianças.

Queríamos juntar o desenho com a vontade de se ver... E pensamos justamente em um certo dia fazer uma organização especial do espaço. Espalhamos espelhos no momento que antecederia aquelas ações educativas. Colocamos copos de água perto de cada espelho e lápis aquareláveis.

Para além das águas caídas no chão e das brigas pelo uso do lápis vermelho, o que ficou na nossa memória aquele dia foi justamente o desembaraço e o encantamento que tinham em usar aquele material que, até então, era privilégio do educador.

Logo em seguida apareceu um homem aranha em uma das folhas! Tínhamos ali uma composição interessante: menino vestido de super-herói, espelho e lápis. Daquela cena de exploração resolvemos pensar o desenho para aquelas crianças.

Naquele momento do ano já sabíamos que a arte de desenhar vem desde os tempos da pedra lascada. O homem primitivo desenhava para contar suas peripécias, tais como as caçadas e seu modo de vida. Assim como o ser pré--histórico, as crianças desenham a todo o momento tudo aquilo que lhes diz respeito e que faz parte de sua experiência de vida. Muitas vezes, trazem para o papel o cheiro gostoso do bolo de laranja feito pela avó, a mangueira que foi palco de suas brincadeiras, os contos fantásticos que leram e as inúmeras sensações que povoam seu imaginário.

Nascia ali o que denominamos depois de sequência de rosto.

Numa quarta-feira de outubro aconteceu algo especial: olhinhos atentos e ouvidos abertos esperavam as orientações dadas pelas professoras. Pedimos ao grupo que desenhasse o rosto do amigo com caneta futura, material que considerávamos muito adequado para pesquisa do traçado. Antes de fazermos a solicitação, achamos melhor oferecer imagens de artistas renomados que produziram retratos e autorretratos. Ainda discutimos com eles como achavam que o artista teria produzido aquela obra. Queríamos levá-los a pensar a técnica, ampliando, assim, a qualidade dos traços, dos desenhos de cada criança.

Exibimos várias reproduções, entre elas uma de Renoir, cuja imagem era de uma mulher nua, *Banhista Loura* – é claro que o fato da banhista estar desnuda causou alguma agitação. Todavia, passado o burburinho, começaram a observar outros detalhes como o cabelo, o rosto, a barriga, as cores em tom pastel e outros pormenores da obra.

Era chegada a hora de produzir, com a caneta, o rosto do amigo. Na frente dos espelhos todos demonstravam a intenção de que ficasse igual ao original. *Olha Olindina, fiz a presilha do cabelo dela! É assim, né, que faz o cabelo da Caio, enroladinho? É Natalia?, A boca tá bem dentuça!*

Entre um comentário e outro, muitas gargalhadas dos pequenos e é claro que nós também achamos muita graça dos resultados.

O comentário mais sugestivo de todos foi de um garotinho que, após passar meia hora desenhando, entregou seu trabalho demonstrando muito orgulho. O garoto esqueceu a consigna – desenhe o amigo – e se desenhou. Ele desenhou seu próprio rosto, com seus cabelos enrolados e todos os detalhes de vestimenta e personalidade.

Na dúvida, perguntamos: *"Caio, esse não se parece muito com o Arthur."*

Caio, cheio de si, prontamente responde: *"Uai, mas não é, sou eu!"*

Intrigadas, perguntamos: *"Você não desenhou o Arthur? Veja que o Arthur te desenhou, inclusive seus cachinhos!!"*

Caio responde: *"Não! Queria que meu desenho ficasse bem bonito e me desenhei!"*

Realmente, não sabemos se, por influência da constante presença dos espelhos espalhados pela sala, ou pela qualidade de desenho de Caio, ou mesmo pelos diferentes elogios familiares, podemos afirmar que Narciso (assim como o Caio) acha feio o que não é espelho!

9

Nessa festa tem bruxa

Isabel Aparecida Pita Lopes e Sandra Aparecida Galter Tonon

> A crônica mostra que o foco do trabalho não está somente na organização espacial. O fio condutor é a brincadeira de faz de conta, o jogo simbólico, a relação com o outro e com o objeto. É dentro de uma história que as crianças conhecem que as reflexões sobre espaço aparecem como pano de fundo.

Você já convidou uma bruxa para ir à sua festa? Outro dia, as crianças da Creche convidaram uma. Imagine você, criança de 2 anos, convidando bruxas para ir a uma festa!

Com isso precisamos organizar nosso espaço para recebermos nossa convidada ilustre; afinal não é todo dia que temos uma bruxa em nossa festa. Nosso solarium precisa estar bem bonito e preparado, com um canto para ouvirmos a história *Bruxa, Bruxa, venha à minha festa*, de Arden Druce, e, também, outras histórias que quisermos ouvir. Podemos ter uma casinha com fogão, geladeira e panelinhas, sem falar nas caixas grandes espalhadas pelo espaço, com que podemos criar camas e cabanas.

Os panos com que gostamos tanto de brincar podem ficar espalhados.
Agora está tudo pronto para recebermos a Bruxa, mas ficamos sabendo que ela não virá sozinha.

Recebemos a orientação de que devemos convidar uma amoreira. Nela amarraremos panos para balançarem com o vento, também podemos entrar embaixo para sentirmos a sensação de voar ou brincarmos de se esconder com o amigo. Dar um abraço no outro com um pano no meio pode ser bem divertido, não acham?

– Todo espaço já está arrumado? Vamos continuar convidando outros personagens – disse Luana, ansiosa para que a festa começasse.

Não podemos nos esquecer de convidar o pirata com dentes horripilantes e sujos. Que tal tamparmos nosso olho para enxergarmos como ele, ou até mesmo mostrarmos nossos dentes para os amigos ou, então, soltarmos um grito assombroso como ele?

Mas a sensacional chegada do pirata e do tubarão foi assim:

– Olha ! Ele não escova os dentes, por isso está assim! – disse Pedro.

A criança do lado emendou:

– Nossa! O tubarão tem uma bocona enorme.

Festa é assim: quem já está presta atenção em quem chega.
Quem está chegando agora é o Duende, acenando para todos. Logo é convidado para sentar ao lado da cozinha que está cheia de mamães e papais preparando algumas receitas para as crianças.
Nesse cenário, há teclados de computador, uma máquina registradora, dessas calculadoras enormes, de mil novecentos e bolinha, telefones e, claro, dinheiro, muito dinheiro. Ocorrem grandes negociações, gente comprando e gente vendendo, de tudo um pouco.
O tempo passa e nossa convidada principal ainda não chegou. Vamos colocar um vestido como o da bruxa. Pode ser longo ou não; roxo com preto é uma boa combinação, não acham? Não esqueçam o chapéu pontiagudo, preto, com uma aranha em alto relevo grudada. É tão *fashion!* Nem os meninos resistem, procurando logo um espelho grande para verem como ficaram. Outras fantasias também são incorporadas nesse espaço, todos ficam livres para se transformarem no personagem que quiserem. Nesse momento todos são Bruxas, Brancas de Neve, Homens Aranha, Super Homens, sem medos, sem preconceito, dançando ao som eletrizante da Educação Infantil.
Cuidado! A cobra também foi convidada para a nossa festa; ela entra de mansinho em nossa roda, mostrando sua enorme língua, colocando-a várias vezes para dentro e para fora. Todos podemos mostrar as nossas línguas sem magoar ninguém.

"Olha o tamanho da minha língua! Deixa eu ver a sua?"

"Olha o dragão cuspindo fogo! Cuidado para não queimar o seu dedo" disse Mariana, aguardando a chegada da Bruxa.

"Quem tem medo do lobo mau, lobo mau, lobo mau?"

Sabem quem vem de touca e camisola com uma longa língua para fora? O lobo mau, trazendo vários espelhos para quem quiser experimentar mostrar a língua torta, fazer caretas, uma mais feia do que a outra, olhos arregalados, risos desenfreados, colocando o mau humor para fora.
É lógico que a Chapeuzinho Vermelho está ao seu lado, de capa vermelha e uma cesta cheia de guloseimas. Afirma que está cansada de tanto caminhar pela floresta. Uma cama é oferecida a ela, ao lado dos berços forrados com panos, onde bebês são embalados por seus pais cautelosos. Tudo isso sem deixar de comer as amoras da amoreira, é claro!
E, como acabamos de ver, mais do que fornecer à criança materiais para a construção de sua brincadeira e para a invenção de regras internas dessa brincadeira é dar a ela o gosto pela história e alimentá-la com narrações fantásticas.

"Crianças, crianças, por favor, venham à minha festa!"

Obrigada, iremos, sim, mas só se você convidar a... Oba ! A Bruxa chegou! Agora sim nossa festa está completa! Então, vamos aproveitá-la.
Ah!Ah!Ah!Ah!

10

"Só quem gosta de farinha é quem sabe peneirar"

*Marlede Viana de Figueiredo Gomes Lira
e Luciane Elizabeth Campos*

> A crônica apresenta a importância da música como elemento fundamental na constituição do sujeito. Apresenta ainda como a creche pode integrar e gerar ações coletivas onde todos aqueles que participam do processo educativo podem atuar, conhecendo e valorizando as diversidades culturais enquanto elementos formadores de nossa identidade.

Um outro dia, fazendo o percurso que liga o saguão principal da Creche/Pré-Escola Oeste para o corredor do módulo I, onde ficam as crianças de 0 a 3 anos, ouvimos o diálogo entre duas meninas que nos provocaram algumas reflexões.

– Não, Rebeca, não é assim... Põe a mão aqui, ó...
– Ai, Heloísa, deixa que eu faço: é assim, sim!

Paramos para observar aquela cena e nos deleitar com aquele diálogo graciosamente infantil, observando a conversa e os gestos: Heloísa, com insistência quase proverbial, desejava que Rebeca cantasse a farinhada "direito", conforme ela definiu. Esta, por sua vez, parecendo quase convencida ainda tentou:

– Sei sim, ó...

Já íamos nos esquecendo. Você certamente deve estar se perguntando o que é essa tal de "farinhada", não é mesmo?

Bem, trata-se da "canção" criada para avisar e convidar as crianças, suas famílias e funcionários para a roda de música, que acontece toda sexta-feira pela manhã, na Creche.

*Eu vou fazer uma farinhada e as crianças vou chamar
Só quem gosta de farinha, é quem sabe peneirar.
Só quem gosta de farinha, é quem sabe peneirar.*

Por meio daquele diálogo peculiar, caras e trejeitos, às vezes exagerados e às vezes tímidos, típicos de crianças de 5 anos, iniciamos uma viagem que nos fez lembrar de coisas prazerosas: a alegria que surge quando ouvem o refrão da farinhada ecoar por toda a Creche, as formas diferentes de dançar das crianças, graciosos e eufóricos, os cantos quase sempre descompromissados com as notas e os tons e que são, ao mesmo tempo, incomparáveis, dada a profundidade dos sentimentos expressos naquele momento.

O diálogo pareceu encerrar-se e as duas meninas foram em direção ao pátio juntar-se às outras crianças.

Tudo isto nos fez pensar na importância das rodas de música e das apresentações culturais na vida, no aprendizado e no desenvolvimento dessas crianças.

Lembramo-nos do comecinho das rodas: lá no grupo de crianças do berçário, quando os pequeninos apreciavam o violão embalar sua maravilhosa e desengonçada dança e acompanhar as suas músicas prediletas; e nos vieram à memória cenas de crianças de outros grupos que, colocando a cabeça pela janela da salinha do berçário, deixavam transparecer, com um brilho nos olhos, o seu desejo de também estar ali.

E nós, caro leitor, com alma de educadoras de crianças pequenas, sentíamos o desejo de ampliar as rodas de música para toda a Creche ao perceber o olhar de alegria das crianças maiores nas rodas do berçário.

Pensamos que o mesmo contentamento e excitação percebidos com os bebês poderia também contemplar os outros grupos de crianças. Assim, foi uma experiência desafiadora quando as crianças maiores começaram a receber a roda em suas salinhas. Pediam, às vezes repetidamente, para tocar músicas conhecidas por todos e outras de que sequer ouvíamos falar, contudo sabíamos que faziam parte de sua história de vida e eram, muitas vezes, memórias de casa.

Aliás, foi assim que essas rodas de música começaram a envolver as famílias: as crianças sempre queriam ter uma música para cantar ou sugerir na roda e, para isso, elas perguntavam aos seus pais, os quais, por sua vez, ou lhes ensinavam alguma canção ou, ao trazerem seus filhos à Creche, aguardavam o momento para participarem da roda.

A roda de música tornou-se mais um espaço de participação de adultos e crianças. Ali, todos cantavam e dançavam. E, nesses momentos, nos lembramos da imagem de uma criança muito tímida que se agigantava cantando e dançando, dialogando através dos movimentos corporais, como se a música emanasse de seus próprios poros e fosse parte de si mesma. Bebês, crianças maiores, pais, funcionários e educadores congregavam e partilhavam de um momento de prazer e aprendizado, o que conferia às rodas uma integração singular.

Lembrei-me ainda de uma mãe que em outra ocasião, andando apressada para deixar o seu filho e correr para o trabalho, nos parou para indagar:

– Escuta, este ano vamos ter música e dança de fora?

A música e a dança "de fora" que ela mencionara nada mais eram do que as apresentações dos próprios pais. Eles estavam "entusiasmados pelo entusiasmo" de seus filhos. Desejavam ter um pouco dessa euforia que as rodas de música conferiam a seus pequenos. Agora eles não ficavam apenas felizes com seus filhos, mas vibravam por serem eles próprios um pouco do motivo dessa alegria.

Uma apresentação de que nos lembramos foi a de um pai, homem de poucas palavras, e que escondia alguma timidez. Ao fazer a roda conosco, mostrou-nos com seu violão um lado, que não conhecíamos. Um lado mais "cantante", mais falante; um lado mais criança. Nós nos lembramos de alguns educadores que surpresos perguntaram:

– Mas, o quê?! O pai da Taís vai cantar e tocar?! Mas ele nem gosta de falar muito...

Ah! Naturalmente, não poderíamos deixar de contar a vocês que essas apresentações dos pais deixavam as crianças numa grande expectativa; aliás, a todos na Creche. Crianças, seus educadores e seus pais, também ansiavam pelos dias em que haveria alguma apresentação agendada. Nós nos recordamos do grau de participação de todos: liam os cartazes de divulgação que anunciavam a apresentação daquela semana. Muitas vezes comentavam sobre tudo isso, de modo que aquela conversa toda funcionava como uma boa comunicação!

– Olha, amanhã tem dança do coco..

A essas apresentações dos pais, somaram-se atividades musicais e culturais de outras pessoas. Pessoas que não estavam ligadas diretamente à Creche e, sim, a alguma família e funcionário. Eles eram convidados da instituição e cantavam e tocavam uma canção, um instrumento ou outro tipo de manifestação cultural.

Tinham como principais objetivos: interagir com as crianças, envolvê-las e desafiá-las. A ideia era apresentar e valorizar diversas culturas, provocando o respeito à diversidade de sons, ritmos e letras. É por isso que todos os dias em que vemos crianças conversar, cantar e dançar, paramos e ficamos atentos. Esse repertório infantil amplia nossas ideias pedagógicas. Dá substâncias para nossas ações de cuidado e de educação.

Engraçado, não é mesmo? Começamos a falar das rodas de música que aconteciam no berçário e cá estamos a tagarelar sobre projeto de música. Terá razão o leitor se julgar que estamos ficando malucas. Calma, leitor, é isso mesmo: a partir das dicas, descobertas e recriações das crianças, as rodas de música foram incrementadas e enriquecidas, de modo que os educadores escolheram trabalhar com um projeto de música para abraçar tantas ideias e desejos.

Ainda estávamos perdidas nesses pensamentos, paradas no meio do pátio, sem percebermos a hora, quando sentimos uma bola próxima ao nosso pé. Uma de nós agachou para apanhá-la e devolvê-la à criança, mas ouvimos um gritinho agudo e quase desesperado:

– Não, não! Deixa que eu pego e chuto...

Sorrimos e a deixamos resolver mais um desafio. Atendemos seu pedido e apenas apreciamos. Com um andar de quem conhece e domina a situação, o pequeno chutou a bola para seu amigo que, do outro lado do pátio, aguardava e, sem êxito, tentou apanhá-la com as mãos, deixando escapar um gesto de indignação. A bola se foi e os dois meninos com ela.

Não fossem mais gritinhos agudos e desesperados, dessa vez não por causa de uma bola, mas para retornar para a salinha, ainda estaríamos no pátio que dá acesso ao módulo I, a pensar e relembrar essas coisas. O momento de pátio das crianças acabou e nós voltamos para a realidade, pensando em quantas contribuições igualmente maravilhosas as crianças darão para as rodas de música deste ano.

Quanto a você, se estiver passando pelo pátio que dá acesso a qualquer lugar da Creche, pare e ouça a "farinhada", largue tudo e vá atrás. Leve as suas crianças e lembre-se: "*só quem gosta de farinha é quem sabe peneirar*".

11
Como é que faz som com a abóbora?

Érika Natacha Fernandes Andrade

A linguagem musical, tão importante, mas ainda pouco explorada na Educação Infantil, é o tema desta crônica. A forma de se pensar ações educativas para a música é um conteúdo do currículo que pode provocar experiências significativas para as crianças menores de 6 anos em creches e pré-escolas. No texto, procura-se enfatizar que são vários os aspectos observados em relação à aprendizagem e ao desenvolvimento das crianças.

"Eu quero o 'samba-lê-lê'" – disse, ativamente, Enrico que, sentado para a roda de conversas, fez a escolha de uma música para cantar junto ao seu grupo.

"O que você está fazendo?" – perguntei a Tiago que estava brincado no galpão da creche com caixas de plástico viradas com o fundo para cima, latas de diferenciados tamanhos, garrafas de plástico e, também, com os grandes latões usados para guardar as pernas de pau. "Tocando bateria" – disse o garoto, dando mais ênfase no som tirado dos materiais com pauzinhos de madeira colhidos no parque da creche.

"Léo, por favor, que música que a gente pode cantar hoje?" – questionamos. "A do Pirulito" – respondeu Léo que, imediatamente, começou a cantar, puxando o coro de seus amigos.

"Você trouxe o violão?" – era uma pergunta recorrente das crianças, que gostavam de participar de rodas de música com um acompanhamento sonoro.

Tal como um novelo de lã, entendia que essas e outras situações observadas e registradas tinham que ser desembaraçadas. Por que, então, não começar a desembaraçar esse, que mais me parecia um novelo musical? Foi assim que, naquele semestre, dentre os vários novelos de lã, escolhi puxar o "fio" da música como o "carro-chefe" de várias atividades. A construção de instrumentos de percussão foi a trama que objetivei tecer.

Assim, desembaraçando o novelo de lã e tecendo a trama: latas, grãos de feijão e de arroz, cascas de coco, cabos de vassoura, cabaças de abóbora d'água, barbante, contas coloridas de miçanga, tinta plástica, tinta guache, pincéis, papel – foram materiais, em sua maioria recicláveis, que me ajudaram a desafiar a criatividade das crianças, a desembaraçar o novelo de lã escolhido e, principalmente, começar a tecer nossos instrumentos e músicas.

Um par de pedaços de madeira, cortado dos cabos de vassoura, com a medida de aproximadamente um palmo, foi o ponto de partida para a confecção da clave de rumba; a tinta plástica foi usada para que cada criança impingisse a sua marca em seu próprio instrumento.

Com as latas de leite em pó ou latas de achocolatado, foi possível criar o tambor--chocalho. Firmado entre os joelhos, ou apoiado no chão, e com a tampa de plástico voltada para cima, tínhamos o som do tambor; mas, se quiséssemos o som do chocalho era só balançar a lata, recheada com grãos, com uma das mãos.

Em uma tira de papel, cortada com tamanho semelhante ao de um rótulo para as latas, cada criança fez o seu desenho para deixar evidente a autoria do instrumento. Por sua vez, as cascas de coco tiveram seu interior grafado com desenhos feitos com tinta guache e, para uma maior durabilidade desse instrumento de percussão, cada par de cascas de coco foi envernizada.

Entre um "ponto alto" ou um "ponto baixo", que dava forma ao trabalho feito com o fio do novelo musical, percebi a variedade de outros "fios", provenientes de diferentes linguagens, que ajudavam a tecer as tramas da construção dos instrumentos musicais: desenhos, artes plásticas, escrita, oralidade, dramatização. Os diálogos, as conversas e as vivências possibilitaram registros acerca da validade da iniciativa de um projeto voltado para a música.

"Quero amarelo... O vermelho... O preto..." – disse Bia. Enquanto usava os dedos, para espalhar a tinta nos rolinhos de madeira da clave de rumba, escolhia o *composê* de cores a compor a estética de seu instrumento e, às vezes, brincava com um pouco da tinta nas palmas de suas mãos, na tentativa de sentir e descobrir novas sensações com o uso daquele material.

"O som é mais forte" – observou Ana, referindo-se ao som do chocalho feito com grãos de feijão, em comparação com aqueles feitos com grãos de arroz, em uma roda de música na qual utilizávamos o tambor-chocalho construído.

"É assim que toca?" – questionou Carlos, ao pegar um par de cascas de coco e tentar imitar a forma convencional de se usar o instrumento coco.

"Não pode errar a batida" – disse Miriam, chamando a atenção de outras duas amigas que, com ela, estavam sentadas no chão, usando as cascas de coco para dramatizar a brincadeira com a música *Os Escravos de Jô*, para que os sons saíssem no ritmo da música.

"*Põe a música do Alecrim de novo*"? – pediram as crianças que queriam ouvir novamente algumas obras musicais de um CD, no intuito de escolher a música da apresentação que fariam com o instrumento construído.

Mas... Se construir a clave de rumba, o tambor-chocalho e o coco foram atividades superinteressantes, novas e motivadoras, podemos dizer que o interesse das crianças pela criação do xequerê foi mágica. A cabaça de abóbora d'água foi motivo de muita observação, questionamentos, hipóteses, tentativa de extração de som e, também, de criação estética, uma vez que cada criança teceu as tramas de seu instrumento, com suas combinações de cores preferidas e com escolhas próprias de trançados.

Por meio de pesquisa, de experimentação de diferentes materiais fomos construindo sons e hipóteses. Entendemos que o senso investigativo, a curiosidade, a vontade de buscar outros e novos sons estavam instalados naquela Turma.

Outro dia, por exemplo, entreguei a cabaça de abóbora d'água para as crianças que começaram a manipulá-la, cheirá-la, observá-la. A curiosidade logo se instalou:

"É abóbora mesmo? Mas é abóbora de comer?"
"É de tocar?"
"Como é que faz som com a abóbora?"

Alessandra, que olhava, mexia, batia, virava e revirava a cabaça, disse:

– Olha, é só balançar bem que faz som. Devido à sua observação, Alessandra percebeu as sementes no interior da cabaça. Aliás, Alessandra havia percebido uma fonte de som; havia identificado uma possibilidade para criar som.

A discussão, a curiosidade, enfim, o interesse estava posto. Precisava, agora, pensar em mecanismos para manter a atenção e a motivação do grupo no decorrer do desenvolvimento do trabalho, e, também, em meios para que o grupo se envolvesse na solução dos questionamentos surgidos e/ou por mim apresentados.

Se Alessandra, inicialmente, observou e encontrou uma possibilidade de criação de som com a cabaça de abóbora d'água, foi no decorrer de nossas conversas que ela e seus amigos do grupo tiveram a oportunidade de investigar, conhecer e compreender a forma com que a cultura humana se apropriou desse material – a cabaça de abóbora d'água – e convencionou esse instrumento de percussão tão usado em bandas, orquestras e conjuntos musicais.

Quando as tramas do projeto musical tomaram sua forma final, quem pôde apreciar os instrumentos construídos e experienciar os sons emitidos, foram as famílias, bem como outras crianças, educadores e orientadores da creche. Nossas crianças, enquanto artistas, se apresentaram, cantando as músicas escolhidas, expondo e tocando os seus próprios instrumentos de percussão.

Para todos, ficou a vontade de um *bis* ou de gritar bem alto: BRAVO!

12

Charadas e sucos malucos

Telma Garbim Gimenes Paschoal

Misturas inimagináveis são sempre recorrentes no universo infantil: bolo de vampiro, macarrão com asas de mosquito, etc. Misturar os sabores num suco que uma vez por semana chega até às crianças e fazer desse elemento *uma adivinha* foi um procedimento que merece ser contado e recontado. Afinal de contas todo mundo quer saber o que é *abacamão*!

Chegamos e ficamos assistindo a um grupo de pais e crianças enrolarem a língua. Liam, riam, imaginavam e trocavam ideias sobre os sabores malucos produzidos ali. A essa altura do ano, a lista publicada nos cardápios já tinha sido experimentada e repetida várias vezes.

ABANGAMÃO! "Eu sei, eu sei: é abacaxi, manga e mamão", disse uma das meninas. LIMANGALÃ: "Ah, essa é limão, manga e hortelã". Outra mãe comentou:

> tem uma que, quando ouvi, tive vontade de ir na creche brigar, eu pensei, coitados... Mas meu filho entrou na frente e logo foi defendendo: é nada mãe, tem sucos muito engraçados, a gente faz careta e tudo mais, mas têm vitaminas e sais minerais! Eu fiquei olhando aquele pequeno menino e vi que a coisa era séria, aí mudei de postura. Fui logo prestando atenção nesses sucos malucos.

Um pai alertava que o MANRUJA – manga, rúcula e laranja – é um suco que é mais agradável na caneca do que quando lido no painel, e, pior, é o predileto de Otávio! "A primeira vez que li fiquei pensando: eu, hein, misturar frutas com verduras. Atualmente vejo com naturalidade ABACALÃ, abacaxi com hortelã ou ainda MORANRRABA, morango com beterraba".

Mas essa farra não foi sempre assim. Você sabe, fazer crianças experimentar tudo todos os dias é um bom desafio para quem cuida das crianças e as educa. Os refeitórios devem estar organizados para os momentos de refeições, os cardápios devem ser variados, as crianças devem participar de cada refeição, saber o que vão comer, conhecer novos sabores. Vivemos planejando novas estratégias para ampliar o repertório alimentar dos pequenos. Sabemos que temos que aproveitar essa oportunidade das creches e pré-escolas.

Sabemos ainda que não basta só explicar: é necessário experimentar! Fazer parte do seu dia a dia. Pois é na infância que os hábitos alimentares estão sendo formados, daí o consumo de frutas e verduras ser fundamental para ampliar paladares.

Mas o alimento tem que seduzir, chamar a atenção de alguma maneira. Em nossa experiência vimos que o suco servido precisava ter um "quê" a mais.

A ideia era ser transformada em um instrumento de descoberta e as charadas nos ajudavam a seduzir todos. Era um atrativo. Reinventar sabores e texturas e ainda com muito humor!

Para ampliar o paladar do nosso público, inventávamos e reinventávamos novas estratégias. De um lado, as crianças, que sempre gostaram do suco, mas já estavam acostumados com os mesmos sabores; então, qualquer tentativa de mudança, era sempre rejeitada. De outro, estavam aqueles sucos mais ousados, que se arriscavam a fugir da rotina, mas não conseguiam conquistar o gosto das crianças e acabavam abandonados nas canecas.

Até que um dia paramos um pouco mais para pensar, discutimos com as colegas da cozinha, com os educadores, e logo as ideias começaram a fervilhar.

O que fazer? E como? As meninas da cozinha foram preparando, discutindo, manipulando com graça todas aquelas cores.

Perguntávamos-nos continuadamente: *Será que podemos tentar sucos novos?* Hoje sabemos que devemos sempre introduzir sabores. Ainda mais com as crianças abaixo de 6 anos que estão construindo novos hábitos alimentares!

> **Lista das CHARADAS – sucos vegetais**
>
> | | |
> |---|---|
> | Abangamão | abacaxi, manga e mamão |
> | Limangalã | limão, manga e hortelã |
> | Manruja | manga, rúcula e laranja |
> | Kissego | kiwi e pêssego |
> | Mexango | mexerica e morango |
> | Golão | goiaba e melão |
> | Abarraba | abacaxi e beterraba |
> | Manquimão | manga, caqui e mamão |
> | Moranananga | morango, banana e manga |
> | Abangalã | abacaxi, manga e hortelã |
> | Aicnalem | melancia |
> | Moranrraba | morango e beterraba |
> | Lanouramão | laranja, cenoura e mamão |
> | Horanjaxi | hortelã, laranja e abacaxi |

13

Histórias em quadrinhos: desenhos e textos animados

Sonia Vitória dos Santos

> Destacando a linguagem oral e escrita, esta crônica discursa sobre as histórias em quadrinhos como o dispositivo de informação que permite a leitura, a imaginação, a criatividade e a criação. Essas características são importantes para a formação de leitores de texto na educação infantil.

Certa manhã, comecei a pensar como as histórias em quadrinhos (HQs) haviam aparecido em minha vida. De repente, mergulhada em meus pensamentos, passei a voltar no tempo até chegar à idade de 7 anos. Nossa!, me vejo em uma feirinha cultural, não sei onde era o local, mas me lembro bem das várias barraquinhas enfileiradas, uma ao lado da outra, oferecendo várias guloseimas típicas.

Ah! O cheirinho daqueles quitutes parece estar vivo em meus sentidos. Havia, também, roupas artesanais, livros usados e novos, revistinhas de atividade. Lembro-me do meu pai dando dinheiro para mim e minhas irmãs e pedindo para a gente comprar apenas uma "coisinha" na feira. Você não pode imaginar o quanto fiquei feliz com aquele pequeno gesto, o quanto me senti desafiada em poder escolher algo exclusivo para mim, sem precisar dividir com minhas irmãs... isto era necessariamente maravilhoso.

Andei pelas barracas e deparei-me com uma em especial; lembro-me como se fosse hoje, várias telas e papéis para pintura. Olhei, tornei a olhar e escolhi um desenho que vinha com uma aquarela junto. Achei tão bonito!

O desenho era da Mônica. Sim, pessoal, aquela menininha que o Cebolinha tanto insiste em chamar de baixinha, dentuça e gorducha, inventada pelo Maurício de Sousa. Antes de mostrar o achado aos meus pais, resolvi me sentar numa guia da calçada para apreciar melhor minha compra; observei todos os detalhes da menina e fiquei impressionada da representação do seu cabelo conter apenas cinco fios.

Chegando à minha casa, depois de pintar o desenho, resolvi que eu mesma iria desenhar a Mônica. Lembro-me de que ficava sentada, tentando desvendar o segredo daquele desenho dos cinco fios de cabelo e mostrava às minhas irmãs que eu também era boa desenhista. Dessa maneira, deu início em minha vida a leitura das HQs, pois comecei a me interessar pela história daquela menininha e lia todos os gibis sobre ela que apareciam em minha frente.

E pensar que não faz muito tempo as histórias em quadrinhos eram consideradas uma antileitura; sendo assim, os professores não as consideravam portadoras em suas propostas. Ser considerado como uma pessoa "culta" estava ligada ao fato de se ler livros com conteúdos literários, científicos ou filosóficos. No entanto, esse quadro, felizmente, está bem mudado. Hoje em dia, as histórias em quadrinhos são utilizadas por alguns professores, como eu, como apoio à alfabetização. Como o mundo dá voltas, não é? O que antes era sinônimo de absurdo, agora é de criatividade.

Mas você sabia, leitor, que histórias como as *Aventuras de Chiquinho* são contadas no Brasil desde 1869? É verdade! Já em 1900 existia uma revista chamada *Tico-Tico*. São mais de 100 anos de desenhos e textos que animam várias gerações de brasileiros. Foi a primeira publicação a editar HQs no Brasil e até a década de 50 ela foi fundamental para divulgar esse gênero de texto.

Como se pode ver, as HQs, além de divertir e encantar a todos, apresentam textos corridos, narrativos, diálogos, pensamentos e completa sua história com uma sequência de ações visuais que complementam o texto de maneira a fazer com que a criança compreenda o conteúdo.

As crianças, desde muito pequenas, demonstram muito interesse pelos gibis. Vejo-as sentando, abrindo aquele portador de texto tão frágil e fazendo sua leitura por meio das imagens. Muitas delas acompanham com o dedinho o texto, fazendo de conta que é um leitor competente. As crianças maiores, que ainda não leem convencionalmente, acompanham as histórias dos gibis do começo ao fim e, se percebem que algum adulto está ao seu lado, logo pede a ele que leia para ela.

Você, talvez, deva estar se perguntando: mas como é feito um trabalho com gibis com crianças na faixa etária abaixo de 6 anos? Lendo junto com elas, amigo, realizando interpretações orais, pesquisando as características de cada personagem, levando as crianças para comprarem gibis e montando um espaço de leitura na sala. Esse espaço na Creche pode ser chamado de gibiteca, tanto pode ser um baú, uma caixa ou um bolsão pendurando na parede, onde as HQs podem ficar guardadas e, ao mesmo tempo, expostas ao grupo.

Passados alguns anos me tornei professora que gosta de trabalhar, dentre outras temáticas, com esse gênero de texto. Outro dia levei as crianças para visitar uma banca de jornal, o que foi bastante provocativo. Isso porque deu oportunidade de se viver uma experiência social e afetiva de grande impacto, pois comprar o gibi não está relacionado, como alguns podem pensar, a uma atitude utilitária e consumista; a força desse ato encontra-se no processo. As crianças fantasiam o lugar, criam expectativas do que vão encontrar ali, analisam e inventam estratégia para não escolherem uma HQ igual a do colega e quando, finalmente, tudo isso está ao seu alcance, surgem frases do tipo: "Nossa, não sabia que aqui havia tantas outras coisas", "Vou pedir a minha mãe que me traga aqui para eu escolher uma revista de coleção de figurinhas!", "Eu já passei por aqui, mas não sabia que por dentro era tão legal!". A chance de poder escolher algo para o grupo, e não somente para si, é o que move os sentimentos; nesse instante, o olhar dos outros pares aprovando, reprovando e compartilhando tal escolha vai transformando essa visita numa teia de grandes emoções.

Sabe, leitor, o importante é criar momentos que fiquem marcados na memória da criança. Para isso, é imprescindível que os projetos, ou outra modalidade organizativa proposta, sejam norteados pelo prazer de ler, pela brincadeira e pela curiosidade e sejam parte natural da vida do sujeito. Talvez, ao crescer, ele não se lembre o porquê pesquisava sobre as Histórias em Quadrinhos, mas, com certeza, vai se lembrar o quanto foi divertido ir à banca de jornal e ter tido a oportunidade de escolher um gibi com sua turma, ou, ainda, vai ser marcado por um personagem e este o acompanhará na vida adulta. Um dia, essa criança, vasculhando a memória, vai descobrir como as Histórias em Quadrinhos entraram em sua vida; então, sua infância aparecerá recheada de muitos momentos significativos e das pessoas que fizeram parte dela.

14

Rapsódio das caixas que contam histórias

Margarete Marchetti e Silvia Elaine Martinez Parras

Esta crônica reconta a história *O homem que amava caixas*. Ela apresenta a história recontada com a participação das crianças e suas famílias na construção de caixas para brincar.

Aquele era um semestre que prometia! Nós tínhamos acabado de reorganizar a turma; aquelas crianças estavam comigo há apenas um mês. Eram meninos e meninas que ainda me estranhavam e eu a eles. Preferia, é claro, que eles já estivessem brincando entre si com intimidade. Você sabe, quando os pequenos, de 2 a 3 anos, começam brincar longamente entre si e elegem parceiros e objetos prediletos, tudo fica mais fácil.

Voltei pra casa aquele dia pensando: *é fácil fazer um grupo de crianças brincar?*

Você já reparou que tem creches e pré-escolas em que as crianças não brincam? Muitas vezes porque não tem areia no tanque, outras falta objetos e brinquedos, outras ainda falta planejamento dos adultos... Uns acreditam que falta música, outros que falta espaço.

Ah, sei não, eu acho estranho quando vejo que as crianças não brincam. Alguns adultos culpam a TV, dizem que ela (como se fosse uma senhora malvada) acostuma mal os pequenos. Daí eu penso: como assim? Quem é que ligou essa Dona TV? Como que as crianças tão pequenas podem preferir assistir vídeo a brincar? Sabemos que criança gosta de brincar, mas sabemos, também, que brincar não é *espontâneo*, muito menos *livre*, sabemos ainda que planejar brincadeiras dá trabalho.

Você, com certeza, já observou crianças pequenas abrindo presentes. Ficam com as caixas e não ligam para os presentes! E, quando compramos objetos grandes, como TV, geladeira, sofá, fogão... O interesse por caixas parece que são de todos os filhotes. *Será que todos os mamíferos brincam com caixas?* Sei não. Mas o filhote de homem brinca.

Estava, então, nesse momento, pensando como eu iria provocar e organizar espaços e objetos para interações entre aquelas novas crianças, quando recebi um livro. Parecia aqueles presentes caídos do céu! Li imediatamente O *Homem que amava caixas*. O livro mostrava um homem que encontrou no brincar com seu filho uma linguagem delicada. Ele amava caixas, como as crianças!

Fomos logo organizando nosso novo Projeto para nossa nova turma: escrevemos para os pais, contamos a história das caixas, fomos contando pelo *mural interativo* cada tarefa que fazíamos. Até que um dia pedimos a eles que confeccionassem artefatos lúdicos construídos a partir de caixas de papelão, ou seja: BRINQUEDOS. No mural estava escrito com grandes letras: PODE SER GRANDE OU PEQUENA. REDONDA, QUADRADA OU RETANGULAR. Ah! Pode ser até um ICÓSAGONO. "ICO o quê?!", perguntaram todos...

Assim, todos nós brincávamos e ficávamos envolvidos com aquela história de fazer brinquedos com as caixas. Pedimos, ainda, que registrassem com as crianças, com fotos e relatos escritos e pedimos, ainda, o que seria mais importante: *todos deveriam fazer um brinquedo*.

Nossa sala parecia uma central de atendimentos para informações, orientações e trocas de ideias! Nós não imaginávamos que tínhamos tantas famílias criativas e com vontade de participar. Era contagiante. Naqueles dias, íamos para casa encantados; crianças e seus pais faziam um trabalho de casa muito diferente das chamadas *lições de casa*. Alguns chegavam cedo e nos contavam que tinham mexido no quartinho dos fundos. Achavam bugigangas e cacarecos para construção de naves espaciais, castelos de princesas e casinhas.

Aquelas caixas iam deixando de ser simples caixas de papelão. Foi com muita simplicidade também que o livro saiu de nossas mãos e partiu para uma longa viagem: um dia na mochila rosa, outro na do homem aranha ou mesmo na mochila branquinha do Dudu. Em cada viagem uma história e em cada história uma viagem. O pai que se surpreendeu com o gesto de ajuda da filha e registrou no mural: "passada a euforia inicial pedi que ela me ajudasse a fazer um brinquedo que levaria para creche, onde poderia brincar com os amigos. Então, por algum tempo, ela segurava as caixas na posição enquanto eu passava a fita adesiva, uma coisa realmente linda de se ver, uma maravilha".

Muitos contavam e recontavam a história do *Homem que amava caixa* e o amor que ele tinha pelos filhos; alguns se identificavam com o personagem e contavam que, durante o processo, o filho o abraçava, subia em suas costas e pedia para brincar desse ou daquele jogo. O clima lúdico que eu imaginei parece que se instalou em casa também.

Enfim, o dia da entrega chegou com muitas surpresas. A Casa-caixa da Teca não passava na porta da sala e teve que dar volta na creche, de tão grande. A creche toda parou; os outros grupos viam nos visitar para saber do ocorrido. As perguntas vinham de toda parte: *O que é isso? Quem fez? Posso brincar? Nossa! Essa turma... dos pequenos?* Observavam as crianças grandes sabidas. Os bebês e suas famílias também passavam, gesticulavam e jogavam seus corpinhos; comunicando que gostariam de brincar ali também.

A expectativa criada era intensa e o clima para a exposição de todas já era esperado. As crianças contavam os dias para brincar na CAIXOTECA – foi assim que batizamos carinhosamente nossa exposição. E foi lá que pais e filhos se encontraram e se mostraram orgulhosos podendo dividir o brinquedo, trocando receitas de brincadeiras e confecções. Tudo isso tinha um significado muito especial para as crianças, para seus pais e para nós, educadores.

Colocar adultos e crianças para brincar realmente dá trabalho, mas como é gostoso brincar e ler histórias, particularmente desse HOMEM que adorava brincar com caixas e crianças.

DROPS

Essa carta foi deixada pela Margô para uma estagiária. Achamos que ela deveria participar desse livro já que ela revela tantos fazeres.

São Carlos, 12 de setembro de 2007

Querida Antônia,

Fiquei sabendo que você irá me ajudar nesta semana; então preparei essa carta para orientá-la. Primeiramente o nome da turma, como você já sabe, é Turma dos Tigres, com faixa etária ao redor de dois anos. O projeto que estamos desenvolvendo no momento é "As caixas que contam tanto". Como o nome já diz tenho muita coisa para te contar, mas, no momento, vou me ater às atividades da semana, pois, dentro desse projeto, estamos trabalhando com as Caixas das sensações que irá virar um painel brincante para a exposição da creche.

Na segunda-feira, vamos preparar com as crianças o papel-machê que será colado no fundo do painel. As crianças irão picar papel higiênico à vontade, podendo explorar a leveza e a maciez desse fino papel, jogando para cima, passando pelo rosto, amassando. Só não vale comer! Antes que eu me esqueça, vamos convidar outras turmas para ajudar picar papel, pois vamos precisar de *muuuito*.

Já, na terça-feira, vamos separar os tecidos de vários tipos e estampas para encapar as caixas de sorvete, mas, antes, as crianças irão dançar, explorando movimentos e texturas com os tecidos ao som de vários ritmos musicais. Faremos essa

(Continua)

(Continuação)
atividade no Galpão, pois o espaço de nossa sala é muito limitado, o que inibiria a criatividade dos movimentos das crianças, ou seja, elas não se expressariam por completo.

A quarta-feira será o dia de reorganizar as oficinas plásticas.

Vamos preparar a massa do papel-machê, misturando água, cola branca, papel higiênico picado e anilina colorida. Vamos pegar bacias grandes e, junto com as crianças, iremos fazer a mistura, amassando com os pés, mãos e joelhos. Depois de pronto, as crianças irão forrar o fundo do painel de madeira com a massa e, por fim, vamos sapatear para deixar nossa marca ou, melhor dizendo, nossas pegadas. Não se esqueça de vir com roupas à prova de experimentações frenéticas, pois você também vai colocar as mãos, os pés e a cabeça na massa. Ah! Conto contigo, pois como estamos introduzindo vários objetos e materiais, os pequenos precisam ser tutelados. Você sabe, passadas algumas oficinas eles já saberão fazer várias coisas, lavarão alguns pincéis e deixarão o ambiente mais organizado. Mas, para chegarmos à independência e a autonomia que desejamos... Haja meses, haja orientação, mas fico contente de ter você comigo nessa empreitada! Para tanto, devemos organizar o material na tarde de terça. Teremos, em média, 13 crianças, portanto verifique a quantidade, bem como a qualidade do material que deixarei listado e já separado, ok?

Na quinta-feira vamos fazer com as crianças a seleção de material alternativo como CDs, sementes, tampas de garrafas, penas coloridas, bolinhas-de-gude, retalhos de tecidos, quando faremos a classificação desse material, separando por cor, textura, forma para logo após colarmos no painel.

A sexta-feira vai ser o dia de escolher o material para colocar nas caixinhas, como maisena, amoeba, cravo da Índia, ervilha, sagu, sementes de girassol, açaí. Depois de colocar esse material nas caixas e colar no painel, vamos convidar as crianças de outras turmas para conhecerem o painel e as regras da brincadeira: por exemplo, a mão só entra para sentir, é proibido tirar o material das caixinhas.

Tenho certeza de que vai ser gratificante e divertido fazermos esse painel com minha turma, pois nessa faixa etária como diria Wallon, o interesse das crianças se volta para exploração sensório-motora do mundo físico. A aquisição da marcha e da apreensão possibilitam-lhe maior autonomia na manipulação de objetos e na exploração de espaços.

E viva Wallon!! E nós também, claro!!!
Até, abraço, Margô...

15

O lixo

Andréa Bordini Donnangelo e Maria Claudia Perna

> O que é o lixo? O difundido conceito de que "é o que não presta" já não nos é mais suficiente. Partindo dessa questão é que educadoras e crianças organizam uma jornada a esse (sub) mundo. Vão a campo, pensam propostas, acompanham algumas discussões globais e desenvolvem suas atividades. Nesse turbilhão, as autoras elegem uma cena para ser intensificada e relatada na crônica e propõem que inserir as crianças no mundo da cultura é indiscutivelmente trazer as problemáticas à reflexão conjunta.

O caso que vamos contar aconteceu em um espaço externo entre a creche e o estacionamento. Um local plano, grande, todo gramado e cercado de belas e grandes árvores, assim como todo o Campus. Para São Paulo, é um grande parque e esse espaço é muito querido pelas crianças.

Aos poucos, as crianças foram se organizando em pequenos grupos e começaram a brincar de bola, pega-pega, esconde-esconde, quando Luís, uma das crianças mais observadoras do grupo, gritou:

– Andréa! Maria Claudia! Olha o que eu achei: uma garrafa quebrada!

Rapidamente recolhemos a garrafa e os cacos de vidro espalhados pelo gramado, antes que alguém pudesse se machucar, levando tudo para uma lixeira de concreto que fica bem na entrada da creche. O fato chamou a atenção das crianças que logo pararam de brincar e começaram a andar de um lado para outro, procurando algo que pudesse ser mais atrativo que a garrafa que Luís achou. Não demorou muito e Leonardo disse:

– Pessoal, olha o que eu encontrei: uma roda! Erguendo-a com seus braços o mais alto que pôde alcançar para que todos pudessem ver.
– Não é roda, é um pneu de bicicleta. Contestou outra criança do grupo e, aos poucos, foram se agrupando e tentando entender cada qual com sua hipótese:
– Coitado! A bicicleta quebrou.
– Acho que o pneu furou e a pessoa jogou a roda fora.
– Será que alguém foi atropelado?

Ficamos todos imaginando o que poderia ter acontecido, mas, de qualquer forma, o pneu precisava ser retirado do meio do gramado e justificar um objeto desses largado pelo Campus, no chão, ultrapassava qualquer lógica. O tempo todo as crianças foram nos chamando para ver o que iam encontrando pelo espaço percorrido por elas e, ao mesmo tempo em que se empolgavam com as descobertas, também se ofendiam com o descaso dos usuários que não conseguiam se aproximar de um simples lixo para se desfazer dos mais variados objetos.

- Olha o que eu achei: pilhas de rádio! Anunciou Luís em mais uma busca de objetos perdidos ou, melhor dizendo, lixo jogado no chão.
- Não! Não põe a mão. Meu pai disse que é veneno – gritou Pedro, preocupado com seu amigo.

E assim continuaram percorrendo pelo gramado e, a cada descoberta, um grito indignado:

- Credo! Achei um pano rasgado!
- É um *short* todo rasgado.
- Já sei! É do dono da bicicleta que caiu a roda.
- Nossa! Caiu a roda, rasgou o *short* e o cara ficou pelado.

Juntas, as crianças iam construindo pequenas histórias com os achados.

- Tem mais lixo aqui: uma garrafa de guaraná!

Resolvemos reunir o grupo para uma conversa, já que brincar pelo gramado não era mais possível, porque as crianças passaram a procurar pelos lixos que ali foram jogados. E esse fato passou a ser mais interessante no momento.

Portanto, após vivenciarmos as descobertas e diversas teorias, fizemos a seguinte proposta para o grupo: voltar para a creche, pegar sacos de lixo, luvas plásticas e iniciar a coleta de todo o lixo que encontrássemos para que, depois, pudéssemos analisá-los.

Proposta aceita e, com muito entusiasmo, começaram a recolher o lixo. E quanto lixo! Para nós, educadoras, causava até um desconforto ter que concordar que por aquele ambiente éramos todos responsáveis!

Foram coletados três sacos de lixo de 100 litros cada. Lixo de todo tipo como, por exemplo, lata de refrigerante, garrafa *pet*, papel higiênico, papel de bala, de chiclete, copo descartável, de água mineral, embalagens de bolacha, salgadinho e outros.

- O que vamos fazer com todo este lixo? – perguntou Luís.

E Leonardo respondeu com muita firmeza:

- Pôr tudo no lixo, é claro!

Mas essa resposta não calou Luana que logo sugeriu: Vamos reciclar!
E Arantes completou: Meu pai faz papel reciclado em casa. E muitas ideias foram sendo sugeridas por outras crianças do grupo, como um papa-pilhas na entrada da

creche, trazer de casa embalagens para brincar na casinha, potes de vidro para armazenar insetos, juntar muitas latinhas de alumínio para trocar por brinquedos de pátio e muito mais.

Raphael, que não se conteve, gritou:

– Eu vou ser um defensor da natureza!

Todos concordaram com essa ideia e levaram muito a sério, tanto dentro da creche como em suas casas.

16

Giz, gizinho e gizão

Rosemeire de Abreu Maia Momma

> O educador pensa, reflete e questiona o seu trabalho incessantemente. Esta crônica deixa isso bem claro. Ao observar as crianças pequenas com os materiais de artes e vendo a dificuldade que tinham em seu manuseio, a autora tem a ideia de tentar – mesmo com métodos domésticos – recriá-los para auxiliar e impulsionar o trabalho das crianças. E não é que deu tanto certo que ela resolveu compartilhar por meio de sua crônica a experiência.

Faz 30 anos que trabalho com crianças pequenas e, desde muito cedo, eu tinha uma inquietação em relação ao uso de materiais para as crianças menores de 2 anos. Passei a refletir sobre a postura e a utilização dos materiais, por parte das educadoras e crianças. A adequação desses materiais parecia não ser considerada nas diferentes faixas etárias, pois havia dificuldades quanto às crianças manuseá-los e utilizá-los.

Bem, naquele dia, as crianças chegaram e logo se digiram para as oficinas de arte. Os mais pequenininhos estavam particularmente interessados no arsenal colorido de lápis de diferentes tipos e tamanhos que havíamos organizado nas mesas. Mas era um grande desafio para aquelas mãozinhas pequenas e fortes. Você via a curiosidade e o brilho nos olhos, quando elas faziam aqueles rabiscos todos, mas os gizes se quebravam! Ai que frustração! Daí a brincadeira mudava. Era giz-avião, giz-carrinho, giz na boca, no cabelo, giz em tudo quanto é lugar.

Eu observava que a oficina estava pouco interativa. Aqueles lápis, com crianças abaixo de 2 anos... Não dava certo!

Mas você sabe, ideias nascem de *contradições* não é mesmo? Às vezes de um livro que lemos, outras vezes das conversas das crianças, outras tantas do jeito que nossos filhos vão pensando o mundo. Temos ideias o tempo todo. Nós, que trabalhamos com crianças pequenas, temos muitas ideias. Isso porque as crianças estão usando objetos pela primeira vez, estão formulando questões, estão olhando, cheirando e vendo o mundo *diariamente*.

É preciso pensar sobre os tipos de materiais a serem usados nas oficinas de artes desde as primeiras garatujas de uma criança. Desde que comecei a observar as primeiras crianças pequenas havia algo desajeitado. Os bebês não conseguiam pegar direito nos lápis que eu oferecia. Não existia giz de cera grande, muito menos giz de cera com formato de tijolinhos. Acho, também, que os conceitos sobre linguagens e brincadeiras infantis eram outros.

Foi assim que a ideia de fabricar Gizões surgiu. Agora, passados quase 25 anos, vejo nas lojas giz, lápis, tintas, feitos para crianças abaixo de 3 anos. Que bom não é mesmo? Mas eu continuo fabricando giz, lápis, casinhas e bonecas. Continuo olhando e ouvindo as crianças.

O século até mudou de XX para XXI, mas sei que histórias de crianças são feitas para serem observadas por nós e por outras crianças.

Como fabricar Gizões?

Material
- uma panela;
- vários pedaços de *giz de cera* da mesma marca;
- pedaços de cano (7 cm por 2 de diâmetro). Você pode fazer da largura que desejar. Para isso, compre pedaços de cano de diferentes diâmetros;
- pedaços de plásticos (tipo filme PVC) e Fita Durex.

Modo de fazer
- Tampe um dos lados do cano com o plástico e a Fita Durex.
- Separe o giz por cor e derreta em fogo baixo cada cor separadamente.
- Ao colocar o giz derretido no cano, espere esfriar.

Observe que há um buraco no centro. Complete com mais giz derretido quantas vezes for necessário. Não deixe falha, pois senão o giz ficará quebradiço.

"Senhoras e Senhores! Este é o mundo em que a gente vive!"

Ana Helena Rizzi Cintra e Cristiane Domingos de Souza

A crônica mostra que as exposições dos grupos de crianças são realizadas como parte dos projetos desenvolvidos no decorrer do ano. Há que se planejar, organizar, registrar e refletir sobre como propiciar um espaço lúdico e interativo com um olhar estético para a organização das produções das crianças.

"Senhoras e senhores! Esta é a nossa cidade, o mundo em que a gente vive!". Foi assim, do alto de seus 6 anos, com as pontas dos longos dedos estendidos ao céu, que Laura decidiu apresentar aos pais a exposição das produções artísticas e científicas realizadas durante o Projeto de Trabalho do Pré.

Assim como as outras crianças daquele grupo, desenhou maquetes, planejou ruas e conduziu-nos por seus labirintos. Era emocionante dividir aquilo tudo com as outras crianças, pais e funcionários da Creche. Afinal, as crianças haviam escolhido o que apresentar, com o respaldo dos registros da educadora do grupo, a partir do percurso criativo da turma.

"Por que já vão guardar nosso balão?" – perguntou Joaquim, lamentando o fim da exposição da sua turma. Um grande balão construído por muitas mãos de crianças, educadores e marceneiros. Ele havia sido elemento indispensável para as brincadeiras do grupo e, após a exposição, permaneceu na sala, para alegria de Joaquim e das demais crianças. Hoje a estrutura de madeira do balão faz parte dos brinquedos do pátio, onde se transforma em casinha, esconderijo, ônibus e o que de mais urgente o faz de conta exigir.

"Olha!", apontou Aurora, reconhecendo-se nas fotos da exposição do Berçário, levando o pai pela mão ao fantoche do Lobo Mau que compunha aquele ambiente. O pai pegou o fantoche, ajoelhou-se e entrou na brincadeira. No início um pouco sem jeito, depois bastante confortável. Quando nos demos conta, a exposição havia se tornado uma extensão da sala do Berçário, responsável por um diálogo mais amplo entre esse grupo e toda a comunidade da Creche.

Para a inauguração da exposição da turma de crianças maiores, já anunciava o convite com desenhos e letras de criança, haveria bolo, suco e um filme que contaria a história do Projeto. "Nossa, faz sentido!" – comentou a mãe do Felipe ao deter-se um pouco mais longamente a observar os elementos daquele ambiente. A exposição a ajudava a compreender certos relatos do filho em conversas em casa.

As exposições na Creche possuem vários formatos. A exposição que a Oficina de Informação – biblioteca interativa – realizou sobre o carnaval mostrou, por meio de diversos artigos trazidos pelas famílias, a diversidade cultural que a Creche apresenta.

E as exposições das novas aquisições de livros? Ah, essas costumam lotar o saguão da Creche, que fica repleto de crianças e pais acomodados nas almofadas coloridas.

A equipe da nutrição também participa desses eventos. Apresenta os ingredientes, tira fotos do processo e valoriza a concepção de alimentação que desenvolvemos em nossos projetos. Uma vez realizou uma exposição sobre seu próprio trabalho. Além disso, oferece sempre deliciosas receitas de modo bastante colorido, que perfumam os corredores antes das refeições.

Desse modo, as exposições se tornaram uma tradição da Creche, traduzida em experiências de comunicação, troca, aprendizado e, não menos importante, de deleite.

As exposições não são necessariamente o encerramento das atividades de um Projeto, mas, seguramente, um dos momentos de culminância desse trabalho coletivo. Não fragmentam os conhecimentos das crianças em áreas, pois acreditamos que não foi desse modo que elas os construíram.

Quando pensamos uma exposição, buscamos que seja lúdica, interativa e principalmente significativa para as crianças. Mas o que queremos dizer com tudo isso? Que uma exposição é lúdica no momento em que permite, entre as diversas formas de contato, a fantasia e a brincadeira. Não se prende a formatos pré-estabelecidos, podendo se iniciar a partir da interpretação de uma história.

A montagem convida a diferentes movimentações pelo espaço, em meio a informações simultâneas. Fotos no chão, no teto e em móbiles. Suportes tridimensionais. Percursos sensoriais. Som. Elementos descontextualizados. Tudo isso favorece e provoca a ludicidade.

A exposição é interativa quando os visitantes contemplam, experimentam e brincam. Puxar um tecido colorido e maleável, por exemplo, favorece a interatividade. Preso pelas quatro pontas, de um lado a outro da exposição, faz com que os visitantes vejam um rio ou uma canoa. E as crianças brincam de entrar, esticar e nadar.

A exposição é significativa quando as crianças reconhecem o seu percurso criativo no modo de mostrar o conteúdo selecionado. O objetivo principal da produção das crianças não é a exposição. Ao invés disso, a exposição é uma parte significativa do trabalho das crianças, onde se manifestam suas produções.

A exposição deve ser uma experiência completa. Uma experiência que apresenta o percurso das crianças, de seus pais e de seus educadores. Uma experiência que traduz a concepção de cuidado e educação da Creche, a história pedagógica do lugar. Deve traduzir o trabalho de um projeto, de uma turma como, também, o trabalho coletivo de toda a instituição.

"Senhoras e senhores! Esta é a nossa cidade, o mundo em que a gente vive!". Podemos agora entender um pouco melhor a profundidade da exclamação de Laura ao apresentar seu mundo à comunidade da Creche. Podemos perceber a dimensão afetiva da constatação de Joaquim ao ver o balão retirado da exposição de sua turma. A exposição terminava, o balão voltava à vida cotidiana do grupo de crianças. Podemos somente tentar alcançar importância da interação entre Aurora e seu pai na exposição do Berçário. E podemos nos alegrar com a identificação da mãe de Felipe com a coerência da exposição das crianças maiores.

18

Era uma vez...

Patrícia Ferraz da Silva Lacerda e Elaine Maria Suzart dos Santos

> A biblioteca é um espaço de leitura, disso já sabemos. O que parece estar por trás desta crônica é justamente o processo de construção de uma biblioteca conjunta com as crianças, desde seu tapete ao momento semanal em que escolhem o que levarão para casa com seus pais. Um processo rico em cenas, contradições, experiências que são deliciosamente compartilhadas com outros educadores de crianças pequenas.

Engana-se quem pensa que crianças bem pequenas não podem ler ou se interessar pelos livros. Engana-se, ainda mais, quem não percebe o quanto elas podem e se deixam levar pelo encantamento das histórias!

Para enganados e desenganados é que gostaríamos de dirigir nossa crônica. Na verdade, antes de fazê-la, nem sabíamos que era crônica; para nós era lembrança de um momento com crianças. Essas crianças nos surpreendiam com o fascínio que tinham pelas rodas de história. Imaginem vocês, todos sentados, com o olhar fixo e deslumbrado em nós, ao contar a história. Realmente era e foi inesquecível.

É claro que, como educadoras, não podíamos nos esquecer dessas cenas no momento de planejar o projeto para aquele ano. Ao tentar achar aquilo que era *a cara do grupo*, vimos que não poderia existir outro tema que não fosse ligado às histórias. Resolvemos organizar uma biblioteca só nossa, uma biblioteca setorial. Essa biblioteca não seria a mesma que todos os grupos visitavam, a Biblioteca Central, mas teria que ser única, deles, com as histórias que cotidianamente contávamos e com as quais se deliciavam. Um espaço permanente para aquele momento que tanto apreciavam!

Queríamos que as crianças participassem de tudo, de cada detalhe; começamos como se realmente estivéssemos edificando ali, naquela sala, onde cotidianamente fazíamos as atividades, um novo lugar, a nossa biblioteca. Começamos com a pintura do tapete que demarcaria o espaço e o tornaria bem aconchegante, quentinho...

Imaginem um grupo de crianças se lambuzando de tinta guache, trajando apenas charmosas calcinhas e cuecas num dia bem ensolarado: pisavam na tinta, escorregavam, gargalhavam. Muitas vezes falavam e gritavam, chegava aparecer propaganda de sabão em pó, mas que nada! Era só uma das fases da nossa construção coletiva. Depois de toda aquela diversão, colocamos o tapete no sol e as crianças no chuveiro!

Dia a dia continuamos lendo os livros que agora tinham um lugar garantido: eles comporiam, um de cada vez, o nosso acervo. Para as crianças, era um momento muito contagiante, onde iam se aninhando uns aos outros.

Descobriam, ainda, que ler deitados, sentados, torcendo de dentes cerrados, fazendo caretas de mau, caretas de medo, as histórias ficam mais reais. Já de pequenos interpretam a leitura, dramatizando com muitos gestos. Não era raro ouvirmos um choro perante uma bruxa, um riso aqui ou acolá, com uma gracinha das personagens.

Víamos ali as diferentes linguagens, como oral, escrita e dramática, conviverem no mesmo instante. As crianças folheavam e olhavam as figuras, ainda que não decodificassem as palavras e frases. Também escolhíamos boas histórias e comprávamos e adquiríamos títulos de interesse dos pequenos.

Não eram também raros os momentos em que observávamos a escolha por parte das crianças dos livros de que mais gostavam, sentando para ler, compartilhando com as outras crianças e educadoras momentos prazerosos e troca de experiências.

Tínhamos convicção de que o prazer da leitura também se aprende – e desde muito cedo. Assim, preparávamos cada detalhe para que as crianças tivessem acesso diário com literatura, personagens e histórias.

Voltando à nossa empreitada, o próximo passo foi a confecção de cartões onde ficariam as fichas com o título dos livros que iriam para empréstimo. Eles seriam emprestados para o final de semana. Então, cada criança desenhou no seu cartão e, depois de pronto e colado num papel cartão, formou um painel com todos os nomes e marcas das crianças, onde toda sexta-feira seriam depositadas as fichas de empréstimo de livros.

Expusemos no centro da sala aquela novidade. Isso deu visibilidades para todo o projeto, e os pais, sempre muito curiosos para saberem o quê e como fazíamos cada passo dessa aventura, participaram dessa empreitada.

Era comum mães e pais sentarem com seus filhos antes de irem trabalhar. Vez ou outra se despediam da criança lá na nossa biblioteca, ainda em construção, e compartilhavam um momento de leitura com prazer e afeto.

Ocasionalmente flagrávamos um ou outro pai tentando seduzir seu filho a escolher um título que fizesse parte do repertório de sua infância no passado; essa discussão cheia de argumento de ambas as partes duravam alguns minutos.

E, assim, com os títulos lidos, tapete pronto, painel de empréstimo organizado, e muito bonito *de se ver colado na parede*, restavam agora só a instalação da tenda e as almofadas. Finalmente montamos tudo com a ajuda das crianças.

Pronto! Tudo pronto! Agora só uma cerimônia de inauguração! Decidimos perguntar às crianças quais seriam os convidados daquela festa. Aí a imaginação correu solta: foram o Lobo Mau, a Chapeuzinho Vermelho, a Bia Jabuti da Creche e o tubarão. Esses foram os ilustres convidados escalados pela criançada.

No dia da festa, as crianças estavam ansiosas, esperando pelos tantos convidados. Eis que surge a Chapeuzinho Vermelho! As crianças, eufóricas, contornavam a personagem. E, como boa convidada, havia lhes trazido um belo presente: um livro para compor a biblioteca.

Em seguida, chegou outra convidada ilustre: Bia Jabuti, por quem todas as crianças tinham grande carinho e cuidado. Algumas queriam que ela ficasse parada para que pudessem ler uma história pra ela. Bia, assustada com tantas crianças, preferiu sair do lugar a todo custo. O Lobo Mau e o tubarão, como personagens muito recorrentes nas histórias, estavam muito ocupados, não compareceram, mas mandaram uma gentil carta se desculpando.

Finalmente nossa biblioteca estava pronta e inaugurada. Os pais continuaram nos prestigiando, comentando sobre títulos, personagens e sobre as observações literárias de seus filhos; algumas crianças, por muito tempo, continuavam correndo para nosso canto literário e ficavam lá escondidinhas, outras, precocemente perceberam o valor da organização coletiva, outras arrumaram parceiros prediletos para ler e ouvir histórias tão fantásticas.

Nós? Sabíamos que as crianças de 2 anos mereciam conviver naquele canto com babuínos, macacos e porquinhos. Assim, o dia a dia na Creche entre o simbólico, o literário, a ficção e a realidade ficava mais gostoso de ser vivido.

19

Visibilidade interativa para muitos olhares: aqui, abaixo do Equador

Rosa Virgínia Pantoni e Ana Maria Mello

> Esta crônica conta como a criança participa do processo de produção das suas obras. Nela é discutida a forma de a criança participar de momentos como a organização de materiais, a escolha do local para a exposição de suas produções para que seus pares e adultos possam apreciar. O texto abordará a perspectiva dos pequeninos, revelando quais são os aspectos que eles mais gostam ou desgostam durante esse processo.

Parecia um dia como outro qualquer naquela Creche.

Algumas crianças brincavam no parque, outras pintavam o painel de azulejos, na parede, enquanto outras arriscavam movimentos gráficos na sala. O cheirinho gostoso que invadia aquela manhã ensolarada denunciava que havia alguém na cozinha preparando um almoço e, ao caminhar pela instituição, era possível ver o pessoal da limpeza se distribuindo para deixar os ambientes limpos e bem cuidados.

Porém, o burburinho na sala dos professores e o clima de maior euforia que irradiava de alguns adultos indicavam que aquele dia seria diferente. E isso se confirmou quando o Silverinha, o famoso zelador, começou com as pendurações ou, como são conhecidas em muitos lugares, com as INSTALAÇÕES. Põe um arame aqui, monta um tablado acolá, pendura uns fios de náilon saindo do teto, coloca uns TNTs, estica uns tules, malhas e plásticos para fazer fundo para os painéis e tetos. Cortinas feitas de sementes e tiras coloridas como se fossem saia do Bumba do Maranhão, máscaras e brinquedos feitas de papel machê, pinturas nos rostos infantis feitas com urucum.

Pelo ritmo de todos ali, estava começando a exposição anual das turmas. Como assim, exposição das turmas? Pois é, uma mostra de produção das crianças e de seus educadores. A ideia é dar visibilidade às ações educativas desenvolvidas ao longo do ano. Expor para as famílias e para a comunidade o trabalho que foi desenvolvido com um grupo de crianças ao longo de 9 ou 10 meses.

Você já observou como as crianças, desde muito pequenas, gostam de mostrar? Puxam as mãos das avós e avôs, tios e primos; gritam quando passamos no parque para mostrar que já sabem escorregar, subir na árvore, andar de pernas-de-paus, bambolear... Crianças gostam de mostrar o que aprendem e que já sabem fazer arte, música, desenho, ou seja, que estão crescendo! Mas, quando adultos e crianças planejam mostrar suas produções em uma exposição, muitas perguntas surgem: vamos conseguir organizar a tempo? Como organizar? Qual é o cronograma? O que expor? Como expor? Será que vale a pena colocar de novo os desenhos que os pais já viram no mural das salas no início do ano? Alguns professores argumentam que ficam repetitivos, outros já acham que expô-los pode ajudar os adultos a fazerem comparações e verem o quanto as crianças evoluíram no desenvolvimento do traçado.

Estas questões evidenciam que, para organizar uma Mostra de Trabalhos em instituições de Educação Infantil, não basta já ir pondo a mão na massa; antes disso, é necessário selecionar os materiais e planejar cuidadosamente a forma de expô-los. Pensando na seleção do que expor, vale a pena selecionar as situações educativas e/ou projetos que se mostraram mais significativos para o grupo de crianças e que, ao serem organizados de maneira informativa, consigam aproximar as famílias da concepção da instituição e do trabalho desenvolvido. Ouvindo alguns professores conversarem durante o processo de planejamento de uma exposição, constatamos algumas reflexões que são necessárias para mostrar o processo vivenciado pelos adultos e crianças para as famílias.

Nessas reflexões aparecem indagações do tipo: o que iremos destacar para os visitantes? Quais são as estratégias e instrumentos? Um painel com fotos e pouco texto? Um portfólio? A exibição de um vídeo ou DVD com cenas dos trabalhos realizados? Uma oficina que permita aos pais vivenciarem o que as crianças vivenciaram? Uma maquete? Cantos aconchegantes com disposição de livros construídos pelos professores a partir dos trabalhos das crianças? Ou livros escritos e ilustrados pelas próprias crianças? A vinda de um contador de história? Todas essas estratégias juntas? Para cada turma de crianças pode-se utilizar aquela ou aquelas que melhor mostram o trabalho desenvolvido e as produções feitas pelas crianças. Junto com esse desafio, alguns professores da educação infantil têm demonstrado uma preocupação em envolver as crianças durante o processo de organização, instalação e visitação.

Para eles, essa reflexão começa bem antes da exposição, na medida em que já vão informando ou combinando com as crianças, ao longo do ano, quais trabalhos serão expostos. E, também, de que forma o professor, juntamente com o grupo, pode organizar esses trabalhos. E mesmo consultando as crianças a respeito do que eles gostariam de mostrar para suas famílias, outras crianças e adultos que frequentarão a instituição durante a exposição. Essa reflexão também traz implicações diretas na montagem das obras ou nas informações a serem expostas, afinal, se queremos que outras crianças visitem, apreciem e valorizem esse momento, é necessário considerar seu campo de visão, organizar, de forma a deixar os diversos materiais acessíveis para que possam olhar, ler, sentir e manipular os diferentes materiais que estão sendo exibidos na Mostra. Essa necessidade e capacidade humana de tocar e de interagir com os materiais, usando os vários sentidos, manifestam-se nas crianças e adultos.

Muitas vezes, em algumas exposições, usamos vendas para tapar a visão e sentir com os dedos ou com o olfato; as crianças aproveitam bastante esse estilo Clarkiano de expor e os adultos se divertem. Nessas ocasiões, alguns percebem que nunca tinham vivido essa experiência e comentam conosco suas sensações; outros não compreendem ainda e acabam passando rapidamente pelos materiais, deixando que o tempo e o trabalho se imponham no seu dia a dia.

Considerando essa característica, é possível organizar exposições interativas nas instituições que cuidam e educam crianças pequenas. Você deve estar se perguntando: por que usar o termo interativo para uma exposição? Consideramos que o uso dessa terminologia ocorre na medida em que se valorizam diferentes modos e possibilidades que as crianças têm de participar e de se apropriar dos conhecimentos que estão sendo compartilhados durante a exposição. Nas exposições em que colaboramos, temos observado as crianças lendo livros junto com outras crianças, ouvindo uma história contada por um contador – professor, contando a história do seu livro para a família ou mesmo participando de uma oficina de degustação junto com seus familiares.

Observamos, ainda, o olhar original dos bebês, as reações de seus pais com os olhos vendados, colocando as mãos em potes com gelatinas, sagus e outras consistências, conforme passam pelas oficinas de sensações que podem ser organizadas também durante as exposições, além dos momentos planejados para ampliar o repertório sensorial dos pequenos. Vemos, também, os sorrisos radiantes de algumas crianças perguntando: *Meu desenho não está bonito? Olha eu aqui!!* – apontando com imensa satisfação para um desenho de autorretrato.

Nessa mesma situação também há outras crianças que se esforçam para explicar em detalhes as etapas da construção de uma composteira ou uma maquete de praça. Sem falar nos olhares e, por vezes, choros discretos e emocionados de mães, pais ou avós que, ao verem pela telinha ou pelo telão cenas ocorridas na instituição, sentem-se orgulhosos da educação que compartilham.

Para aquelas famílias apressadas, as crianças, muitas vezes, provocam a permanência. Puxadas pelas mãos ou mesmo seduzidas ou, ainda, provocando birras, fazem com que as famílias velozes acabem sendo obrigadas a apreciar. Esses momentos mostram concretamente como é possível observar as crianças como seres produtores de cultura; crianças orgulhosas das suas produções; crianças que sentem e vivenciam a enorme satisfação de se sentirem competentes e criativas diante de seus pares e dos adultos de sua comunidade.

Esses momentos também são repletos de cenas delicadas de trocas de muitos olhares, como de uma criança de quase 2 anos que observa uma sequência de fotos de crianças maiores, crianças que brincam de se massagear e, em seguida, mostram o pote de creme para sua mãe que já estava pronta a sair da creche... A mãe volta, ela levanta sua camiseta, aponta para as fotos e carinhosamente inicia a massagem, convidando sua mãe para aquela aventura. São comunicações sutis, cheias de gestos provocativos e motivadores de afetos. Podemos pensar no quanto há uma diversidade possível de cenas que eventos desse tipo podem produzir nos diferentes municípios brasileiros.

Que infinidade de conversas, gestos e reações emocionadas podem ser observados nas crianças e nos adultos de um país gigante como o nosso. A ideia, portanto, é usar os recursos da arte para ser diversamente educado e ter cuidado nas unidades de educação infantil.

Em lugares distantes onde amazonenses pintam, grafam e esculpem a cerâmica da Ilha Marajó no Pará, ali onde habitavam vários povos-índios que pintavam seus corpos com urucum e jenipapo e construíam artefatos tribais que tanto encantam as crianças do mundo todo, temos ainda a figura sobrenatural. As máscaras indígenas cruzam com o traço fino e elegante do curitibano Poty Lazarotto, dos Modernistas paulistanos, ou as lindas e leves gravuras do cearense Ademir Martins, juntamente com as interações provocativas da mineira Lígia Clark, que tanto inspiram nossa interatividade.

É por tudo isso que vale mostrar, sempre, tudo que produzimos junto com as crianças brasileiras, seus educadores e suas famílias, do Acari a Uruguaiana, do Oiapoque ao Chuí!

20

Cavaleiros do Sol

Beatriz de Cássia Boriollo e Maria Dolores Alves C. Betoni

> O texto conta como a partir de uma adaptação da história do Rei Arthur e os Cavaleiros da Távola Redonda as crianças foram convidadas a participar de um torneio real. Envolvidas em um clima de fantasia as crianças puderam repensar sobre temáticas como: direitos das crianças, respeito à natureza, respeito ao outro e a si mesmo.

Naquele ano recebemos um grupo de crianças de 5 anos que tinha como característica principal a agitação. Durante as sondagens iniciais para conhecer o grupo, fomos percebendo um grande interesse pelas brincadeiras de faz de conta. Geralmente, as atividades eram interrompidas por diferentes personagens e histórias trazidas pelas crianças, muito interessantes, mas... não respondiam às tarefas que propúnhamos!

No decorrer daqueles dias percebemos a grande discordância entre o que achávamos necessário ensinar e o que eles estavam interessados em aprender. Imediatamente, revisamos nosso planejamento e tentamos enriquecer as atividades tornando-as mais desafiantes.

Ampliamos os momentos de brincadeira, combinamos com as crianças que sempre nos momentos finais do dia e nos horários livres elas poderiam brincar. Atitude que não surtiu o efeito desejado, pois, na hora da brincadeira, eram inúmeros os conflitos para resolver e, na hora da *atividade*, as crianças continuavam a interromper, transformando-se em diferentes personagens.

Precisávamos saber mais sobre a brincadeira de faz de conta e seu desenvolvimento. Observamos, também, que a turma era muito ligada em histórias fantásticas.

Os castelos, as princesas, os reis e os cavaleiros chamavam-lhes a atenção. Então, por meio de uma adaptação da história do Rei Arthur e os Cavaleiros da Távola Redonda, elaboramos um roteiro que não só os provocasse como, também, levasse todos aos tempos medievais.

A ideia era respeitar o desejo das crianças em criar personagens e, também, organizar os espaços e tempos para que as interações ocorressem com qualidade. Assim, organizamos uma história cheia de desafios e surpresas. Vejamos:

A saga dos Cavaleiros do Sol

Era uma vez, num reino muito feliz, uma turma de crianças chamada Turma do Sol. Numa linda manhã ensolarada, a Turma resolveu fazer um piquenique no gramado. Depois de comerem e beberem, saíram para explorar as redondezas, quando, de repente, encontraram uma garrafa muito estranha.

Quem haveria deixado aquela garrafa lá? Perceberam que havia algo estranho na garrafa. Uma folha toda enroladinha. O que seria aquilo? As crianças abriram a folha, viram uma carta. Curiosos, todos se sentaram para ouvir a leitura da carta.

A carta era uma convocação. Um Rei, chamado Arthur, estava alistando pessoas a se tornarem cavaleiros e princesas. Para se tornarem princesas ou cavaleiros, os interessados deveriam participar de um torneio real, onde seriam testados por sua Solidariedade, Gentileza, Respeito aos seres vivos, Excelência, Justiça e Valentia.

Muito empolgadas, as crianças confeccionaram uma bela toalha, onde colocaram a garrafa encontrada, na esperança de que o Rei continuasse a corresponder-se com elas.

Para que o Rei soubesse do interesse das crianças em participar do torneio real, as crianças escreveram uma carta e colocaram-na dentro da garrafa. No intento de conhecer mais sobre as histórias reais, o grupo assistiu a filmes que contavam histórias do Rei Arthur e registraram o que acharam fundamental do jeito de ser rei daquele Rei.

Deu-se início ao grande torneio real.

Primeira missão: solidariedade

As crianças deveriam realizar uma campanha de arrecadação de roupas e brinquedos para serem doados a crianças menos favorecidas. Para cumprir a missão, a Turma confeccionou belas caixas onde foram depositadas as roupas e os brinquedos arrecadados. Depois, foram a vários lugares do reino, onde, como arautos do rei, anunciavam sua missão e versavam com muita fluência sobre seus intentos em se tornarem princesas e cavaleiros. O entusiasmo demonstrado pela turma contagiou muitas pessoas pelo reino. Por onde eles passavam, todos contribuíam prontamente. Tanto empenho demonstrado por todas as pessoas do reino em colaborar levou a turma a redigir uma carta de agradecimentos a todos que contribuíram com a campanha. Depois de recolher as roupas e brinquedos foi hora de entregá-los. As crianças foram conhecer uma outra creche. Lá entregaram as roupas e os brinquedos arrecadados. Divertiram-se muito naquele reino infantil e banquetearam-se com deliciosas iguarias. Missão cumprida!

Segunda missão: demonstrando gentileza

As crianças deveriam provocar atitudes gentis a todos e oferecer momentos de alegria a pessoas carentes de atenção e afeto. Visitaram um asilo. A Turma preparou um lanche especial, fizeram um bolo e uma torta salgada e apresentaram uma bela dança para alegrar os idosos. Em troca, receberam a simpatia de todos. Missão cumprida!

Terceira missão: respeito aos seres vivos

As crianças deveriam conhecer mais sobre os hábitos de alguns seres vivos, passando, assim, a preservá-los. Entrevistaram uma bióloga que contou para a turma particularidades de alguns seres vivos que vivem no mar. A Turma pôde questionar e assim aprender sobre o tema. Missão cumprida!

Quarta missão: demonstrar excelência

As crianças deveriam realizar todas as atividades cotidianas fazendo, sempre, o melhor possível. O grupo deu o melhor de si nas atividades propostas, como desenho, brincadeira e superação de desafios. Missão cumprida!

Quinta missão: ser justo e valente

As crianças deveriam conhecer os direitos dos outros, os seus próprios e lutar com valentia pelo cumprimento deles.
Para cumprir a última missão, a turma foi ao fórum para entrevistar o juiz da infância e juventude. O juiz recebeu a turma e explicou qual era seu trabalho para garantir os direitos das crianças. Elas retornaram à creche e elaboraram cartazes para explicar o que tinham aprendido para as outras crianças. Missões supercumpridas!
Ao perceber o empenho do grupo de crianças em cumprir as etapas do torneio real, o Rei convidou as crianças para conhecer o seu castelo. Todos estavam curiosos para encontrar o rei. A Turma viajou até uma cidade próxima para conhecer um castelo de verdade. No castelo encontraram armaduras, dragões, monstros assustadores, etc. Mas o Rei não estava.
Em retribuição à gentileza do rei, as crianças fizeram um convite para que ele viesse a um banquete na Creche. No dia marcado para o grande banquete, todos trajaram indumentárias de cavaleiros e princesas.
As famílias das crianças também foram convidadas. O Rei finalmente chegara. A Turma apresentou uma bela dança em homenagem àquele Rei. Com o Rei, vieram a princesa e o bobo da corte, todos para participarem do torneio. O Rei apresentou desafios para que o grupo ficasse unido e pudesse demonstrar que estavam preparados para serem verdadeiros cavaleiros e princesas. O Rei nomeou as crianças cavaleiros e princesas, por terem cumprido as provas do torneio real.

Depois das nomeações, as crianças convidaram o rei para banquetear-se com todos os demais convidados. O banquete foi muito agradável. Ao final, o Rei e o bobo despediram-se e voltaram para o reino de Camelot, mas a princesa passou a tarde brincando com as crianças.

Os Cavaleiros e as Princesas do Sol continuam buscando, com bravura, espalhar pelo Reino de São Carlos tudo o que aprenderam com o Rei Arthur e sempre que podem enviam notícias desse reino para todo o Brasil.

21

Mãos na massa

Carla Albaneze de Oliveira e Krisley Bornia Ghilardi

> Sabores, aromas, texturas, transformações, descobertas são sempre bem-vindas e bem-vindos na infância. Tanto para quem já passou por essa fase e hoje guarda na memória esses momentos, como parece ser o caso das educadoras escritoras desta crônica, como para as crianças que experimentam essas situações com muita intensidade. E é um momento como esse de mexidas e lambidas que as autoras resolveram registrar na crônica. Um agradável sabor de e para a infância.

A brincadeira começa: farinha de trigo, manteiga, açúcar, um aroma de fruta. Eis que surge, então, um delicioso biscoito, um maravilhoso bolo com cobertura de chocolate ou um pãozinho no capricho. Quanto sabor e transformação! Como explicar tantos ingredientes transformando-se em algo tão único e apetitoso? Chega a parecer mágico e fantástico.

Mas nem sempre essa transformação toda é fácil, mas quando as coisas estão difíceis, nada melhor do que os parceiros mais experientes. Aquele colega que já sabe amassar, ou aquele outro que sabe untar uma forma como ninguém, sempre acabam dando uma mãozinha. Mas o bonito mesmo é o toque especial de todas aquelas mãos juntas e compenetradas trabalhando em harmonia.

Com mãozinhas ágeis e rápidas junto com mentes criativas, com um pedaço de massa de pão, criam-se elefantes, sapos, bonecos, tartarugas, casinhas e muito mais. É um mundo novo que vai além do biscoitinho, razão "funcional" da receita.

E perguntas vão surgindo: "*E agora, o que fazemos? Vai pro forno? O que vai acontecer? Quanto tempo vai demorar? Vocês vão chamar a gente para ser os primeiros a comer? Vamos dividir com todo mundo?*" E assim vamos todos esperando e participando deste momento tão esperado: o grande final.

Esperem! Olha lá! Num instante, a massa começa a crescer, o biscoito surge e nessa mágica coisas deliciosas vão aparecendo. Em cada rostinho, em cada expressão, vimos a impaciência em aguardar um alimento ser assado, frito ou cozido. *"Aii, como demora!"* Não param de criar, de perguntar, observar e, o que é ainda melhor, experimentar novas possibilidades e novos sabores.

E quando, finalmente, fica pronto. Quanta expectativa! Chegada a grande hora. Todos juntos, porque num grande ateliê, onde todos participam do início ao fim, esse momento não poderia ser diferente. Cada um ganha seu pedaço, mas a orientação é comer somente quando todos estiverem preparados. O desafio agora é saber esperar mais um pouquinho. Mas, vamos lá: é um, é dois e é três: hum, que explosão de sabores, *"que delícia!"*, *"quero mais!"*, *"nós trabalhamos bem!"*, *"minha mãe vai copiar essa receita!"*, *"vamos levar para os outros amigos!"*, *"eu quero dar para a minha educadora"*, *"eu quero levar para a minha mãe"...*

E nesta hora acabamos de experimentar no que diversos ingredientes juntos são capazes de se transformar e, principalmente, toda a nossa deliciosa energia, transformada em doces sabores. Nossa! Quantas coisas, juntos, somos capazes de fazer.

Ao observarmos as crianças compartilhando receitas, ideias e, muitas vezes, transformando alimentos até então não muito apreciados, criando novas referências para eles, é para nós também uma possibilidade de reviver parte da nossa infância, cercada de muitas receitas. Muitas vezes elas foram construídas, organizadas e compartilhadas ao longo das férias na casa de tanta gente querida.

Ao entrar na creche, nosso ateliê também tem sua marca. No salão principal está nosso quadro de magia, nossas "secretas receitas". Parados, com olhos atentos, uma mãe e um filho planejam como será o final de semana, quais receitas devem copiar. Outros decidem o que comerão no sábado à noite ou no domingo à tarde. Quando descobrem receitas novas, com seus pais, amigos ou em programas de culinária, trazem para a creche e compartilham com as educadoras e os amigos. O ciclo de sabores está montado e todos adultos e crianças trocam receitas e conversam sobre sabores, criando um elo de atenções.

Ainda hoje, após a saída da creche, crianças ou pais aparecem a bordo de um caderno especial, trazem os mais diversos segredos, as mais deliciosas receitas. Feitas e testadas em suas casas. Há, ainda, os mais nostálgicos do paladar que vêm em busca daquela receitinha feita há alguns anos e que não saiu da memória.

Agora sim podemos dizer, com a boca cheia (ops!), que a comida une pessoas, nos faz conversar e desperta outros tantos desejos. Por isso, contar nossa experiência e convidar a todos para participar desta saborosa aventura e melhor ainda se conseguir colocar uma, duas, três...

Mãos na massa!

PARA SABER MAIS

BACHELARD, Gaston. *O direito de sonhar.* 2. ed. São Paulo: Editora Difusão Editorial, 1986.

BONDÍA, Jorge Larrossa. Notas sobre a experiência e o saber da experiência, *Revista Brasileira de Educação*, nº 19, Jan – Abr 2002

BRASIL. Ministério da Educação. Secretaria de Educação Básica. *Parâmetros nacionais de qualidade para Educação Infantil.* Brasília, 2006.

BRITO, Teca Alencar de. *Música: Caminhos e possibilidades em Educação Infantil.* Secretaria do Trabalho e Ação Social. Fortaleza, 2000.

CAMARGO, Luís. *Arte-educação: da pré-escola à universidade.* São Paulo: Nobel, 1989

CALVINO, Ítalo. *Seis propostas para o novo milênio: lições americanas.* São Paulo: Companhia das Letras, 1994.

DERDYK, Edith. *Formas de pensar o desenho.* São Paulo: Scipione, 1989.

FORNEIRO, Lina Iglesias. A organização dos espaços na Educação Infantil, 11º Capítulo. In ZABALZA. Miguel. *Qualidade em Educação infantil.* Porto Alegre: Artmed, 1998.

GOZZI, Rose Mara; SEKKEL, Marie Claire. O espaço: Um parceiro na construção das relações entre as pessoas e conhecimento. In: DIAS, M.C.M.; NICOLAU, M.L.M. (orgs.) *Oficina de Sonho e Realidade na Formação do Educador da Infância.* São Paulo: Papirus, 2003.

GOZZI, Rose Mara. *Oficina de Informação: conhecimento e cultura na Educação Infantil.* Dissertação apresentada à Escola de Comunicação e Arte da Universidade de São Paulo, 2005.

GOZZI, Rose Mara; TAVARES, Andréa Pólo. *Artes Visuais: Caminhos e possibilidades em Educação Infantil.* Secretaria do Trabalho e Ação Social. Fortaleza, 2000.

HOLM, Anna Marie. *Baby-Art.* São Paulo: Editora MAM, 2007.

IAVELBERG, Rosa. *Para gostar de aprender arte: sala de aula e formação de professores.* Porto Alegre: Artmed, 2003

LÉVY, Pierre. *Cibercultura.* São Paulo: Ed.34, 1999.

MELLO, Ana Maria; ANDRADE, Érika Natacha. Desenho, pintura e outras atividades expressivas. In: ELIAS, M.B. (org.). *O contexto e a prática da Educação Infantil.* São Paulo: Moderna, 2007.

MELLO, Ana Maria de Araújo. *História da carochinha: uma experiência para a educação de crianças abaixo de 3 anos em creche.* Dissertação de Mestrado não publicada, Ribeirão Preto, SOP, 1999.

MOREIRA, Ana Angélica. *O espaço do desenho: educação do educador.* São Paulo: Loyola, 1991.

OSTROWER, Fayga. *Criatividade e processo de criação.* Petrópolis: Editora Vozes, 1984.

ROSETTI-FERREIRA, Maria Clotilde; MELLO, Ana Maria; VITÓRIA, Telma; GOSUEN, Adriano; CHAGURI, Ana Cecília. (orgs.). *Os fazeres na Educação Infantil.* 11. ed., São Paulo: Editora Cortez, 2008.

VENTRELLA, Roseli; BORTOLOZZO, Silvia. *Frans Krajcberg,* SãoPaulo: Editora Moderna, SP, 2007

http://www.museudapessoa.net/vmadalena/historias/celiaPecci.

http://www.comunicação.palavracantada.com.br

http://www.furunfunfum.com.br

Cancioneiros Marcio Coelho e Ana Favaretto: curuminzada@yahoo.com.br

Supervisão I
Muitos olhares

As creches como lugares de construção de culturas, relações e história(s)
Maria Letícia B.P. Nascimento

> Nossa construção de infância e nossas imagens da criança representam escolhas éticas e políticas, feitas dentro de uma estrutura maior de ideias, valores e racionalidades. (Moss e Petrie, 2002, p. 55)

Com quanto prazer fui lendo, um a um, os recortes do cotidiano das creches da USP, que, capazes de abrigar inúmeras ideias, constituem um mosaico rico e variado das situações que envolvem o conhecimento e o lúdico, por parte das crianças e dos educadores e, por que não, das famílias, envolvidas pelas crianças, professoras e pela própria organização do ambiente nas propostas relatadas nas bem-humoradas crônicas.

Parece tão gostoso o contato com essa educação infantil! Tão diferente daquelas "atividades" que encontramos em grande parte das creches e pré-escolas que insistem em desprezar as culturas das crianças e dos adultos em prol de uma suposta formação para um futuro distante, recheada de regras, materiais previamente preparados e nenhum significado para quaisquer dos grupos envolvidos nesse processo de educação.

A apresentação do capítulo já propõe a diferença de abordagem ao afirmar a relação entre estética e cultura, que pode se tornar cotidiana em lugares cujo planejamento de tempos e espaços prevê a possibilidade de múltiplas e variadas experiências plásticas às crianças. A referência ao processo de desencadeamento da exposição no Paço das Artes nos faz perceber os conceitos de coletivo e de democracia presentes no desenvolvimento de um projeto que não só envolve toda a comunidade das creches, mas que torna público o trabalho realizado. Evidencia-se uma inspiração *reggioemiliana* da mais alta qualidade, ou seja, "cruzar fronteiras para ganhar diferentes perspectivas" (Moss e Petrie, 2002, p. 166).

Indicados os fundamentos estéticos, culturais, éticos e políticos do trabalho realizado nas creches da USP, somos convidados a conhecer algumas das experiências cotidianas, na forma de crônicas que permitem entrever o que Moss (2002, 2003) apresenta como imagem da criança *rica*, "forte, poderosa, competente e, acima de tudo, conectada aos adultos e outras crianças" (Malaguzzi, 1993, p. 10, apud Moss e Petrie, 2002, p. 101). Criança fortalecida em seus pensares e em sua agência, capaz de trazer informações, valores, sentimentos para compartilhá-los com as outras crianças e com os adultos, por meio de relações sociais interdependentes.

Fazem-nos, ainda, refletir sobre conceitos que trabalham o protagonismo da infância na construção de seus processos de socialização e aprendizagem. Ao contrário do que defendem as concepções advindas do senso-comum, cultura que permeia o nosso dia a dia, o cotidiano infantil pode ser considerado como tempo e espaço no qual as crianças decidem, intervêm e influenciam as relações ali presentes (Soares e Tomás, 2004). Nas palavras de Rinaldi (2007, p. 171), "a criança é portadora, aqui e agora, de direitos, de valores, de cultura: a cultura da infância. Ela não é apenas o nosso conhecimento sobre a infância, mas o conhecimento de como ser e como viver a infância".

Para dar conta do diálogo com os *autores-educadores a respeito de suas crônicas* e sugerir reflexões, debates e bibliografia sobre a marca da cultura da infância, não serei linear em relação à sequência de crônicas e organizarei este texto em duas partes: a primeira destaca a concepção de infância como produtora e (re)produtora de cultura por meio das relações sociais com outras crianças e com os adultos; e a segunda discute o papel ou as ações do/a professor/a a partir desse novo paradigma e o significado dos espaços das crianças.

Infância como produtora e (re)produtora de cultura

Pensar a criança como ser social, como ser da cultura, nos faz reconhecer a importância das conversas, opiniões e ações das crianças nas decisões que perpassam o cotidiano da convivência, como bem retrata "Hoje é sexta-feira!", que fala sobre a escolha de livro para leitura, processo que envolve um grupo que mal sabe ler e que, no entanto, oferece, à criança indecisa, diferentes alternativas de escolha. Esse texto, do meu ponto de vista, é emblemático, apresentando, ao vivo, aquilo que Corsaro (1997, p. 113) conceitua como *culturas infantis*, "um arranjo estável de atividades ou rotinas, artefatos, valores e interesses que as crianças produzem e compartilham em interação com os pares". O que lemos na crônica são sugestões fundamentadas e argumentadas pelas crianças em relação a uma escolha. Destaque-se a sensibilidade da não intervenção da professora no processo.

As falas das crianças, ouvidas como coconstrutoras das propostas, projetos e pesquisas realizadas (cf. Dahlberg, Moss e Pence, 2003), definem sua participação na estética de cada trabalho realizado, o que fica evidente em "Picasso em Cena", que apresenta expressões e experimentações do grupo de crianças; em "Narciso acha feio o que não é..." (8), que refere imagens, cheiros, gostos, leituras e sensações; em "'Só quem gosta de farinha é quem sabe peneirar'" (10), sobre motes, músicas e memórias; ou ainda em "Como é que faz som com a abóbora?" (11), descrição poética da experimentação de possibilidades e alternativas de diferentes linguagens e significações.

A lógica infantil, acatada e respeitada como possibilidade de desenvolvimento de trabalhos, aparece como motor em "Nessa festa tem bruxa" (9), "Charada e sucos malucos" (12), episódios nos quais as culturas infantis, ou seja, representações e crenças organizadas em sistemas, influenciam e são influenciadas pelo mundo cultural adulto, assim como em "'Senhoras e Senhores! Este é o mundo em que a gente vive!'" (17) e em "Visibilidade interativa para muitos olhares: aqui, abaixo do Equador" (19), textos que tecem as inúmeras possibilidades de expressão estética, de interação, de aprendizagem presentes na elaboração de uma exposição de trabalhos.

A perspectiva do brincar como elemento constitutivo do sujeito e do grupo se instala em "Repisódio das caixas que contam histórias" (14): as crianças não são seres isolados, mas vão coconstruindo identidades e culturas nas interações. Vale a pena retomar aqui uma reflexão de Corsaro (2002), que, a propósito da inserção das crianças em redes sociais já definidas, aponta que o desenvolvimento da comunicação e da linguagem em interação com os outros as faz construírem seus mundos sociais. Segundo ele, "através da interação com os colegas no contexto pré-escolar, as crianças produzem a primeira de uma série de culturas de pares nas quais o conhecimento infantil e as práticas são transformadas gradualmente em conhecimento e competências necessárias para participar no mundo adulto" (p. 114), processo que denomina *reprodução interpretativa*, ou seja, "as crianças apropriam-se criativamente da informação do mundo adulto para produzir sua própria cultura de pares".

As crianças vistas como sujeitos sociais e produtoras de culturas infantis, que transformam as informações do mundo adulto "de acordo com as preocupações do mundo dos pares" (Ibid.), o fazem por meio da negociação de formas, possibilidades e sentidos, como fica claro nas crônicas "O aniversário da minha mãe e Como mandar crianças para lua" (7), uma sequência de "desafios" que as crianças vão criando e resolvendo, e "O lixo" (15), cujo desencadeamento de uma ação vai crescendo nas interfaces entre cultura de pares e cultura do mundo adulto.

Tanta ênfase na perspectiva infantil, entretanto, não pretende desconsiderar o papel dos adultos como seres sociais, que pensam sobre as situações e as relações, trazem teorias para sustentá-las, decidem como proceder e reveem os resultados de suas ações. De acordo com Moss e Petrie (2002, p. 143, grifos das autoras) o/a professor/a "não se reconhece como trabalhador isolado, trabalhando *para* as crianças, executando ações *sobre* as crianças. A abordagem é relacional. A criança não é vista como sujeito autônomo e isolado, mas inserida em redes de relações que envolvem crianças e adultos". A coconstrução do cotidiano da creche proporciona situações lúdicas, de interação, de aprendizagem às crianças e aos adultos.

O/a professor/a e o significado dos espaços das crianças

Tradicionalmente o papel do adulto nos ambientes educacionais para a pequena infância tem sido controlar as crianças, disciplinar seus corpos e mentes, determinar as atividades que melhor as conduzam para um ideal de futuro. Definir assim parece um pouco caricato, mas, para além dos discursos bem intencionados, a grande maioria dos/as professores/as aprendeu a atuar dessa maneira. Por outro lado, não se está aqui falando do/a educador/a subserviente, figura que acompanhou as primeiras teorias da criança ativa, que transformavam o adulto em mero espectador das descobertas infantis.

Ao contrário, o que se vê, no conjunto de textos, é o compartilhamento da(s) cultura(s) entre adultos e crianças. Nesse sentido, confirmam que, para que os adultos – e aí incluo professores/as e familiares – possam perceber a riqueza da produção e (re)produção das culturas pelas crianças, é necessário que eles "desvistam" características que assujeitam as crianças ao mundo adulto, numa pretensa e antiga expectativa de socialização. Em outras palavras, está presente o adulto que propõe, participa, reflete, reorganiza, compartilha, com intencionalidade "assumida, planejada, acompanhada, sistematizada *pelos profissionais que desta tarefa participam*" (Machado, 1996, grifos da autora).

Já no primeiro texto apresentado, "A noite todos os muros são pardos – mas durante o dia..." (1), que apresenta o processo de criação dos mosaicos do muro, há um reconhecimento do protagonismo adulto, numa realização coletiva, acolhendo a participação infantil, como se evidencia na extensão do projeto: o interesse das crianças a sua participação na elaboração de outros mosaicos.

Em "Natal com presentes alternativos" (4) aparece uma fala que revela resquícios da relação adulto-criança tradicional, trazendo o adulto que, supostamente, conhece as expectativas das crianças. Esse adulto, entretanto, é capaz de se surpreender com o andamento e com os resultados do próprio projeto. Nesse sentido, um aspecto interessante é a "quase-surpresa" dos/as educadores/as em relação a observações feitas pelas crianças, como podemos observar em "Sementes, meninos e meninas" (2), quando as crianças usam expressões adultas para opinar sobre o trabalho, ou em "No embalo das embalagens" (5), quando crianças apresentam definições mais fechadas ou demonstram um conhecimento além do trivial. Essa referência faz pensar que há uma aposta na criança como sujeito social, mas que não é fácil ultrapassar uma abordagem mais tradicional, principalmente porque esse é um dado cultural forte, presente nos diferentes momentos do cotidiano e na mídia.

Retomar sentidos e significados presentes na memória, como bem expressa o texto "Histórias em quadrinhos: desenhos e textos animados" (13), faz buscar novas alternativas para o trabalho pedagógico. E aqui, cabe referir Machado (1996, p. 7), quando afirma que "o caráter pedagógico da educação infantil não está na atividade em si, mas sim na postura do adulto frente ao trabalho que realiza".

Temáticas como a produção de materiais mais apropriados, como em "Giz, gizinho e gizão" (16), ou a percepção do movimento e do desejo do grupo, em "Cavaleiros do Sol" (20) e "Era uma vez..." (18), ou ainda a preocupação em, além de oferecer recursos para a elaboração de brincadeiras e regras, acrescentar elementos da fantasia e da imaginação, em "Mãos na massa" (21), representam reflexões que possibilitam a criação de situações e ambientes desafiadores, capazes de desencadear novas expressões, experimentações e oportunidades interativas entre crianças e adultos. Retomando Corsaro (1997), as culturas infantis influenciam e são influenciadas pelo mundo cultural adulto. Se, por um lado, as crianças reagem à cultura do adulto, tentando dar-lhe sentido e frequentemente resistindo a ela, por outro, retiram de sua experiência familiar o modo como tratar os pares. Alguns aspectos da cultura entre parceiros ainda vão afetar a forma pela qual as crianças interagem com os pais e com outros adultos.

Sobre o significado dos *espaços das crianças*, termo retirado de Moss e Petrie (2002, p. 110), são locais que "estabelecem potencial para muitas possibilidades – pedagógicas, emocionais, culturais, sociais, morais, econômicas, políticas, físicas e estéticas", algumas pré-determinadas e outras não. Desses espaços faz parte a documentação pedagógica, registro compartilhado que torna os processos visíveis e desencadeia reflexões por parte dos professores/as, famílias, crianças e outros interessados.

Pouco foi dito sobre as famílias, embora sua participação esteja presente em grande parte das crônicas. O envolvimento das famílias nas propostas/projetos desenvolvidos nas creches, interagindo e compartilhando por meio de opiniões, ações, recursos e ansiedades, faz ampliar os mundos culturais ali presentes.

Para finalizar, retomo a concepção de criança "rica", apresentada no início do texto, para recuperar a perspectiva do protagonismo infantil. Diferentes concepções de infância estão presentes na cultura cotidiana, e, particularmente, na educação infantil, promovendo uma prática reguladora, controladora, linear, cuja base científica é questionável, mas que privilegia as relações adulto-criança de maneira hierarquizada. Pesquisas e debates realizados por diferentes áreas, principalmente a psicologia sócio-histórica e a sociologia da infância, têm promovido o desenvolvimento de uma nova abordagem, na qual se reconhece que as crianças são inseridas em redes sociais e, por meio das interações, da comunicação, da linguagem e da brincadeira, constroem mundos sociais.

O novo paradigma, entretanto, não pode ser apropriado de maneira meramente discursiva, mas praticado cotidianamente, discutido, compreendido. Além disso, ao contrário do discurso linear sobre a criança, que universalizava as características de seu desenvolvimento, reconhece-se a pluralidade da(s) infância(s), uma vez que é socialmente interpretada e reconstruída nos grupos e nos processos sociais. Admitir tal pluralidade significa assumir a complexidade da educação infantil. Esse parece ser o desafio.

PARA SABER MAIS

CAMPANHA NACIONAL PELO DIREITO À EDUCAÇÃO E MOVIMENTO INTERFORUNS DE EDUCAÇÃO INFANTIL DO BRASIL (MIEIB). *CONSULTA sobre qualidade da Educação Infantil*: o que pensam e querem os sujeitos deste direito. São Paulo: Cortez, 2006.

COHN, Clarice. *Antropologia da Criança*. Rio de Janeiro: Jorge Zahar Ed., 2005.

CORSARO, William. A reprodução interpretativa no brincar ao faz de conta das crianças. In: *Educação, Sociedade e Culturas*. Porto: Afrontamento, 1994, p. 113-134.

DAHLBERG, Gunilla; MOSS, Peter; PENCE, Alan. *Qualidade na educação da primeira infância*. Porto Alegre: Artmed, 2003.

EDWARDS, Carolyn; GANDINI, Lella; FORMAN, George. *As cem linguagens da criança*. Porto Alegre: Artmed, 1999, p. 145-158.

GANDINI, Lella; EDWARDS, Carolyn. *Bambini*: a abordagem italiana à educação infantil. Porto Alegre: Artmed, 2002.

GARCIA, Regina Leite; LEITE FILHO, Aristeo (orgs.) *Em defesa da educação infantil*. Rio de Janeiro: DP&A, 2001.

MACHADO, Maria Lúcia de A. (org.) *Encontros e desencontros na educação infantil*. São Paulo: Cortez, 2002.

MARTINS FILHO, Altino José (org.). *Infância plural*. Porto Alegre: Mediação, 2007.

Supervisão II
Muitos olhares

Anotações e reflexões acerca da estética como marca da cultura
Maria da Graça Souza Horn

> ... a arte aprende-se fora da arte, o desenho não se aprende somente desenhando – certamente há necessidade de aprendizagem de técnicas, porém se aprende tanto desenhando como fazendo outras coisas...e por outro lado a lógica também se aprende pelo desenho, projetando e construindo... A arte usa as roupas de todos os dias, não a roupa de domingo. (Mallaguzzi apud Rabitti, 1999)

Ler e refletir sobre os textos e as crônicas escritas sobre a estética como marca da cultura nos remete a uma leitura que, ao mesmo tempo em que traz significativas informações, nos permite entrar "de corpo e alma" numa Instituição de Educação Infantil. Por esta porta podemos vislumbrar a possibilidade de um trabalho qualificado junto às crianças. Em muitos momentos em nossas salas de aula, quando reportamos à realidade de Reggio Emília, não são poucas as vezes em que as alunas nos questionam, afirmando que aquela é outra realidade, que seus educadores têm mais condições, dentre tantos outros argumentos. Pois esses argumentos caem por terra quando nos deparamos com os relatos registrados em forma de crônicas deste livro. Por meio de uma linguagem dialógica e articulada com um bem fundamentado referencial teórico, os educadores autores vão descortinando um trabalho qualificado, o qual tem como eixo estruturante a dimensão estética no trato com crianças pequenas. Este conceito é entendido, segundo as autoras, como tendo diversas concepções e sendo tratado por vários profissionais: filósofos, arquitetos, artistas, pedagogos. Na sua concepção mais comum, significa: *o estudo racional do belo, quer quanto à possibilidade da sua conceituação, quer quanto à diversidade de emoções e sentimentos que ele suscita no homem*. Na educação infantil significa educar as emoções pela razão, pela cultura, pelo meio no qual a criança está inserida.

Inicio destacando a forma de organização deste trabalho. Especificamente enfocando o tema do Guarda-chuva 2, podemos afirmar que na sua parte introdutória, as autoras explicitam sua opção teórica e metodológica, apontando de que criança falam, em que concepção de educação, de homem, de mundo acreditam, que Escola Infantil[1] constroem cotidianamente e coletivamente.

Nesta leitura podemos vislumbrar uma visão sócio-histórica do desenvolvimento infantil. Dialogando com diferentes artistas, as educadoras vão costurando a base teórica do trabalho desenvolvido junto às crianças. Algumas ideias e princípios relevantes, apontados na leitura introdutória deste capítulo, norteiam e se fazem presentes em todas as crônicas escritas pelas educadoras:

- A Escola de Educação Infantil é um lugar que deverá deixar marcas e vestígios significativos na vida das crianças que a frequentam.
- A dimensão estética faz parte do cotidiano das crianças constituindo-se como um dos eixos estruturantes do Currículo.
- É necessário educar as emoções das crianças por meio da razão, da cultura, do meio onde elas se inserem.
- A pedagogia da escuta, do olhar sensível e perspicaz do educador, se alicerçará nos pressupostos teóricos do desenvolvimento infantil.
- As crianças aprendem na interação com os objetos da cultura, mediados por parceiros mais experientes os quais, de modo direto ou indireto, "lhes alcançam o mundo".
- A valorização da cultura da infância precisa estar contemplada nos planejamentos dos tempos e espaços, na busca do desenvolvimento das suas múltiplas linguagens.
- Todos os espaços de IEI educam: desde as salas, os corredores, a cozinha, banheiros, refeitório, o *hall de entrada* até as áreas externas.
- A construção dos espaços na educação é um processo eminentemente social que envolve toda a coletividade da Instituição, desvelando quem habita e trabalha cotidianamente nessa Instituição.
- O educar e o cuidar são conceitos indissolúveis na cotidianidade da Escola Infantil.

---

[1] Nota da organizadora: Os termos *Escola Infantil* ou *Escola de Educação Infantil* (Bartolomeis, 1982 e Mello, 2000) têm sido usados por educadores/pesquisadores na Itália como também no Brasil. No caso da Itália, há debates e reflexões acumuladas, no caso do Brasil, não nos parece que a ideia de *Escola* de Educação Infantil tenha sido debatida amplamente, de forma a superar o significado da história de ideias construídas para a educação infantil brasileira. Portanto, optamos nesse livro pela nomenclatura usada na legislação brasileira (LDB, Seção II, Art. 29 e Art. 30, 1996) educação infantil: *creche* e *pré-escola*.

- A documentação dos Projetos Pedagógicos e dos trabalhos realizados pelas crianças garante a memória do que foi realizado, implicando diretamente no processo de construção e avaliação dos conhecimentos construídos por elas.
- As experiências vividas pelas crianças na Educação Infantil serão significativas se extrapolarem "os muros" da escola.

Minha segunda intervenção diz respeito as já citadas crônicas descritas por diferentes educadores de crianças, pertencentes a diversos grupos etários. Inicialmente é significativo destacar que a opção por este gênero literário torna a leitura fluída e agradável, aproximando o leitor das cenas descritas. Sem deixar de contemplar elementos importantes de um relato de experiência, tais como objetivos, metodologia, tempos e espaços, dentre outros, o leitor é levado a imergir no cotidiano das crianças, deslumbrando um mundo fascinante de atividades, de cores, de sabores, de linguagens que fazem parte do repertório da infância.

Como já declarei anteriormente, as afirmações destacadas na parte inicial dessa minha reflexão são legitimadas pelas vinte e uma crônicas apresentadas, que explicitam o cotidiano de Instituições de Educação Infantil. Nesses textos podemos perceber com muita clareza a valorização e a vivência do trabalho coletivo, a participação efetiva das famílias das crianças em muitas atividades e projetos da Escola e, principalmente, o entendimento de que elas pensam desde muito pequeninas, que tem hipóteses acerca das coisas e aprendem muito quando imersas num meio rico, estimulante e desafiador, propulsor das diferentes e múltiplas linguagem da infância.

Assim sendo, construir um painel de mosaicos com toda comunidade escolar, conviver com livros de uma forma crítica e autônoma, pensar em temas como a preservação do meio ambiente, reciclar o lixo, brincar de faz de conta, conhecer grandes artistas, cozinhar, dançar, fazer teatro, compor músicas, ler e interpretar, são algumas das propostas descritas de modo interativo nas crônicas. Nesses registros se revela a grande capacidade de observação das crianças, a interação entre elas, como problematizam e, especialmente, como este cotidiano da Escola Infantil pode se constituir em um laboratório, onde as crianças estão submersas em experimentações.

Podemos explicitar melhor o sentido desse laboratório, tomando como exemplo o uso da palavra. Sabemos que ela não "aparece repentinamente" e que para compreendermos os diferentes enredos que as crianças realizam quando ainda não dominam a linguagem oral, é preciso olharmos os rostos, as mãos, as brincadeiras das crianças, porque essa é a origem das palavras e dos sentimentos. Ou seja, muito antes de se pronunciarem verbalmente as crianças "falam", nos dizem coisas; muito antes de expressarem uma figura na qual podemos reconhecer uma casa, um sol, elas realizaram muitas outras atividades de corpo, de expressão, de percepções, de interações em diferentes contextos e com materiais desafiadores. É esta riqueza e mescla de experimentações que vão dar as cores, os aromas, os sabores, os odores e os sons que povoam a Educação Infantil!

Ao lado disso, outro aspecto importante a ser mencionado é a imensa possibilidade de serem trabalhados temas considerados "muito sérios e complicados" para as crianças da Escola Infantil. Quando lemos crônicas intituladas, por exemplo, "Narciso acha feio o que não é..." (8), "Histórias em quadrinhos: desenhos e textos animados" (13), "Charadas e sucos malucos" (12), "Picasso em cena" (6), temos a confirmação de que é possível, sim!

Para finalizar, utilizo as palavras da filósofa alemã Hannah Arend, que muito bem sintetizam o que este livro propõe!

> As sociedades decidem, conscientemente ou não, qual a proposta de educação que defendem para a criação das novas gerações. Isto é, nós os adultos pensamos e viabilizamos as experiências educativas que irão se constituir patamar inicial para a inserção das crianças no mundo, dando prioridade àqueles aspectos que são considerados na cultura humana os principais para serem transmitidos nas diferentes idades.

Para saber mais

BARBOZA, Maria Carmen; HORN, Maria da Graça Souza. *A organização do ensino em projetos de trabalho*. Porto Alegre, Artmed, 2008.

BARTOLOMEIS, Francesco. *A nova escola infantil – as crianças dos 3 aos 6 anos*. Lisboa: Ed. Livros Horizonte, 1982.

CRAIDY, Carmen; KAERCHER, Gladis. *Educação infantil pra que te quero*. Porto Alegre: Artmed, 2002.

HORN, Maria da Graça. *Cores, sons, sabores e aromas: a construção do espaço na educação infantil*. Porto Alegre: Artmed. 2004.

MELLO, Suely A. *Concepção de criança e democracia na escola da infância: a experiência de Reggio Emilia*. Cadernos da F.F.C. UNESP-Marília, v.9, n2, p.83-94, 2000.

MUSSATTI, Túlia. In GANDINI, Lela; CAROLYN, Edwards. *Bambini*. Porto Alegre: Artmed, 2002.

RABITTI, Giordana. *À procura da dimensão perdida: uma escola de infância de Reggio Emilia*. Porto Alegre: Artmed, 1999.

FORMOSINHO, Oliveira et al. *Pedagogia(s) da infância: dialogando com o passado construindo o futuro*. Porto Alegre: Artmed, 2007.

DUARTE Jr., João Francisco. *O sentido dos sentidos: a educação (do) sensível*. Criar Edições, 2001.

HERNÁNDEZ, Fernando. *Cultura Visual, mudança educativa e projeto de trabalho*. Artmed, 2000.

VIEIRA DA CUNHA, Susana (org). Cor, som e movimento: a expressão plástica, musical e dramática no cotidiano da criança. *Cadernos de Educação Infantil*, n 8. Porto Alegre. Ed. Mediação, 2003.

EDWARDS, Carolyn et al. *As cem linguagens da criança*. Porto Alegre. Artmed, 1999.

Guarda-chuva 3
Reconhecendo as contradições entre crianças, famílias e educadores: a construção da intimidade

Ana Maria Mello

A história de uma criança começa muito antes de entrar na instituição de educação infantil. Toda criança que nela chega, desde o menor dos bebês, traz consigo sua própria bagagem: ela carrega um nome que traz um significado ou valor, uma história que antecede até mesmo o seu nascimento e que é vista pelos pais através de seus sonhos, anseios e desejos, e já tem o domínio de alguns hábitos e saberes que foram construídos em sua experiência familiar e na comunidade.

Exemplos desses hábitos e saberes são as maneiras como ela está acostumada a ser trocada ou alimentada, se dorme com barulho ou no silêncio, se outras crianças ou adultos brincam com ela ou se fica mais tempo quietinha, as entonações de voz e contatos corporais que ela reconhece nos que tratam dela, o tipo de roupa que ela usa, os espaços mais abertos ou restritos em que costuma ficar etc.

A criança elabora um modo próprio de agir nas diferentes situações que vivencia desde o nascimento, conforme experimenta sensações de desconforto ou de incerteza diante de aspectos novos que geram nela necessidades e desejos e exigem dela novas respostas. Também elabora seu modo de agir nas situações prazerosas, explorando diferentes reações em interações lúdicas. Assim, busca compreender o mundo e a si mesma, testando, de alguma forma, as significações que constrói, modificando-as continuamente em cada interação, seja com outro ser humano, seja com objetos.

Na história cotidiana das interações com o *outro* vão sendo construídas significações compartilhadas, a partir das quais a criança aprende *como agir* de acordo com os valores e normas da cultura de seu ambiente. Assim é que, aos poucos, a criança se acostuma a sorrir ou a chorar conforme a expressão facial ou a entonação de voz do *outro*, por exemplo.

A raiz desse processo se deve ao fato de o bebê ser acolhido em um grupo social desde os primeiros minutos de vida, pois, para sobreviver, ele necessita de alguém mais experiente para ajudá-lo a suprir certas necessidades e a construir significados básicos para sua inserção na cultura. Isso se dá a partir da formação de um vínculo afetivo com parceiros especiais, em geral os pais, vínculo este construído já desde antes do nascimento.

Muitos bebês têm uma experiência positiva de acolhimento: há investimento afetivo de um ou mais parceiros para atender suas necessidades básicas; estes os acolhem, estimulam, cuidam, enfim, interagem com eles. Outros parecem nascer em um lar (ou conviver em uma creche) que atravessa uma fase mais crítica e onde o acolhimento se dá com mais dificuldade. Isso varia de acordo com diferentes fatores (afetivos, econômicos etc.), além da maneira como o acolhimento de um recém-nascido é entendido em um grupo social, o que varia historicamente.

Em geral, há uma predisposição dos pais de firmarem vínculos amorosos com o novo ser que chega ao mundo. Contudo, por vezes, casais que estão gerando um bebê manifestam, em relação à nova criança, sentimentos de rejeição: *"eu não queria ficar grávida"*, *"não era o momento de ter filhos"*, o que pode prejudicar a construção de vínculos com o bebê. Em contrapartida, alguns casais, ou mulheres e homens que criam seus filhos sozinhos, manifestam aceitação de ter uma criança e comentam: *"não vejo a hora de ver a carinha dele"*, ou, ainda, *"não queria, mas essa minha gravidez está muito gostosa, ele já é bem-vindo!"*. Mas não são apenas esses desejos paternos que determinam os vínculos construídos após o parto. Temos exemplos de mães que não estavam aceitando sua gravidez e, com o nascimento do filho, já nas primeiras semanas, estavam integradas com seus bebês. Também temos casos de casais que planejaram, desejaram, mas demoraram alguns meses na construção de vínculos positivos com seus bebês, ou não conseguiram construir vínculos positivos com eles, por razões diversas.

A própria cultura tem seus dispositivos para acolher os bebês, segundo diferentes tradições. É nessas condições que o bebê estabelece, desde o nascimento, seus vínculos afetivos, os quais serão construídos e reconstruídos durante toda a vida.

Na nossa cultura, nos dias de hoje, bebês e crianças continuam sendo acolhidos por meio dos primeiros cuidados dos adultos. Em geral, o colo da mãe, da enfermeira, parteira ou mãe adotiva recebe e abriga o bebê. Para um grupo de crianças, meses depois, esse papel será feito pela creche e, depois, pela pré-escola, por meio de uma atenção própria, de um ambiente de cuidado e educação coletiva de crianças. Nesse processo, o professor de educação infantil precisa encontrar sua forma própria de acolher (gestos, expressões faciais, modos de pegar, dar colo, cuidar) e estruturar o ambiente educativo, selecionando experiências e objetos que irá apresentar às crianças nas interações que com elas estabelece. Precisa, também, planejar uma sequência de atividades de cuidado e educação que irá desenvolver com elas. Seu olhar diferenciado busca observar as participações infantis nos mínimos gestos e expressões e apreender suas necessidades e intenções emergentes.

A experiência na creche e na pré-escola deverá trazer novos elementos a essa história de vida e inseri-la em um novo contexto de desenvolvimento, articulado com o contexto familiar, ajudando a rechear sua bagagem pessoal. Essa convivência possibilitará ampliar enormemente a variedade de ambientes e de pessoas com diferentes práticas e formas de interagir com que a criança passará a ter contato e com as quais terá que aprender a lidar.

Apesar de o desenvolvimento ocorrer ao longo da vida, em seus aspectos afetivos, emocionais, cognitivos, físicos e sociais, os primeiros anos têm repercussão fundamental na construção da subjetividade e da identidade. Ou seja, nessa época da vida se instalam as primeiras conexões físicas, mentais e sociais, sobre as quais todas as outras serão construídas. Em seus primeiros anos de vida, os estados emocionais, as relações de causa e efeito, formas de lidar com as situações concretas que o mundo lhe apresenta, estarão sendo construídas pela criança e podem se consolidar na sua forma de ver o mundo e a si mesma.

Como o desenvolvimento humano – a partir de uma concepção sócio-histórica – se constrói pela interação da criança com as outras pessoas do seu meio, particularmente com aquelas envolvidas afetiva e efetivamente em sua educação e cuidado, um campo de atenção do processo educacional reside sobre o clima emocional das relações interpessoais reinante nas situações educativas. Tais relações nem sempre são harmônicas; o outro é um parceiro muitas vezes imprevisível, seja ele adulto ou outra criança, que cria oportunidades para a construção de novas formas de comportamentos e de novos significados, com quem a criança estabelece relações de cumplicidade, rejeição ou aceitação.

Para compreender isto, vamos analisar o episódio relatado por uma professora de crianças entre 5 a 6 anos.

> ...já há muito tempo estávamos preocupadas com Gabriela e Carolina. O comportamento delas é sempre muito intenso: brincam muito, falam muito, brigam muito. São as parceiras prediletas mais briguentas que eu já conheci como professora! Eu e Cida[1], desde o começo do ano, estamos discutindo em supervisão estratégias para conquistar um ambiente mais justo, polido e generoso, como nos ensina Yves de Taille. Acreditávamos que, ao corresponsabilizar as crianças pela construção deste ambiente, as parcerias mais "crônicas" iriam se alterar e as brigas entre essas crianças seriam reduzidas. É bem verdade que o clima de solidariedade foi ampliado. Elas são cooperativas, emprestam material uma para a outra, se preocupam quando alguém tem problemas etc. Acho que o nosso desejo é

---

[1] Ela se refere a outra professora que também trabalha com sua turma.

Briga Zero! É, é bem isso! Conversando com Cida, concluímos que nosso desejo é que o grupo chegue a novembro sem conflitos. Ficamos as duas animadas, pois estamos em agosto e, ao analisar tudo que conseguimos, saímos da reunião de planejamento mais otimistas. (Nilva – Cadernos do Educador[2] – 2003).

Podemos começar refletindo que as relações que as crianças estabelecem entre si não são só de amizade, mas, também, de rivalidade. Daí disputas e oposições serem pontos muito frequentes, criando situações difíceis com as quais o professor precisa lidar. Ele precisa compreender a função dessas disputas e ter um olhar diferente para agir em situações como a descrita.

Voltemos ao episódio. A coordenadora da creche, que era a supervisora das professoras, anotou em seu registro de reunião:

Ao ler o registro da Professora Nilva, preparei uma reunião de supervisão para a dupla de professoras, destacando uma ideia principal para debatermos: Como levar um grupo de crianças dessa faixa etária a nunca mais brigar? Pode haver briga zero? O que é brigar? Quem briga? Em nosso encontro de supervisão Nilva, Cida e eu concluímos que todos nós brigamos, mas que alguns aprendem a brigar e outros não, que esse exercício valia para crianças e também para os adultos.

Refletimos que brigar pode gerar uma crise, mas que crises podem ser bem-vindas para o desenvolvimento. Contamos diferentes casos de crianças e adultos que, após brigarem, conseguiram negociar, reparar e voltar a um entendimento. Contudo, percebi que Nilva e Cida não saíram satisfeitas do encontro. Cida comentou na saída: "na prática começam a brigar e a gente logo separa, ou lembra os combinados, ficamos brabas". Sugeri que elas observassem mais Gabriela e Carolina e que poderíamos discutir os dados de suas observações na próxima reunião de supervisão.

Busquei também, eu mesma, prestar atenção nas duas meninas. Todas as vezes que as via em interação, elas estavam articulando uma brincadeira, dividindo papéis, negociando cenários... Muitas vezes a conversa entre elas se alterava, mas eu observava que estava dentro do habitual. Assim, tudo o que as professoras "liam e interpretavam" como briga, no meu olhar, foi traduzido como negociações. Muitas vezes a dimensão que o professor dá à negociação ou aos arranjos entre as crianças é vê-las como conflitos!

Observei que, um belo dia, Gabriela correu com os sapatos da boneca de Carolina e os enterrou no tanque de areia. Fiquei de longe olhando. Elas falavam alto entre si. Carolina empurrou Gabriela, a fez desenterrar os sapatos e foi embora emburrada, dizendo que "estava de mal para toda a vida!" Desceram para o banho comentando e choramingando o fato para outras amigas e a Professora Cida. Fiz um gesto para esta não comentar nada. Passadas as atividades de ba-

---

[2] Cadernos dos Educadores: são "instrumentos internos" das Creches da USP.

nho e organização da sala, Gabriela chegou para Carolina e disse: "Vamos fazer as pazes?". Nesse instante, a professora, atenta a toda a história, perguntou: "O que é fazer as pazes, Carolina?" "Fazer as pazes é fazer as pazes, ué?!", respondeu a garota. Mas a professora insistiu e perguntou para Gabriela: "O que é fazer as pazes?" "Ah! Eu tenho que esquecer as coisas ruins que ela me faz e tenho que lembrar das coisas boas que ela me faz!", disse Gabriela.

As duas meninas do episódio são parceiras prediletas desde quando ingressaram na creche, segundo os relatos de suas professoras. Desde pequenas, quando Carolina faltava, Gabriela procurava a amiga pela creche. Suas famílias e professores sabem que as duas meninas são cúmplices de muitas ações. Durante os cinco anos de convivência na creche, as duas construíram vínculos afetivos em que ora manifestam rejeição, ora aceitação, defesa e proteção da companheira. É comum as duas trocarem de roupas, emprestarem materiais, guardarem lugar para sentar próximas, cochichar no ouvido qual é a sobremesa. São crianças que, desde seu ingresso na creche, se acolheram. Ao mesmo tempo, a vivência das duas as ensina a brigar. Quando Gabriela define o que é fazer as pazes – *esquecer o que há de ruim e lembrar o que há de bom* –, ela define seu conceito de reparação. Ela "ensina" os adultos a administrar a culpa, diante da responsabilidade de perder a amizade de Carolina.

Gabriela e Carolina, crianças de 5 anos, não apresentam um comportamento antissocial. A rebeldia que apresentam é um aspecto bastante frequente nessa idade, momento em que se intensifica seu processo de individuação, de se perceber como alguém singular, e que se prolonga por toda a vida. Nesse período do desenvolvimento, que se torna mais evidente em torno dos 3 anos de vida, elas precisam negar o modelo dado por seus parceiros para construir uma identidade própria. Essa afirmação de si costuma aparecer como oposição às regras do adulto, sendo frequentes frases como: *não vou tomar banho, não quero comer isso, não gosto desse brinquedo*. Mas também aparecem nas relações de amizade construídas entre as próprias crianças.

Embora, como o dissemos, esses comportamentos façam parte da atividade cotidiana em nossa cultura, um comportamento antissocial poderá ser constituído, se Gabriela e Carolina não tiverem oportunidade de negociar os sentidos que atribuem à situação e de fazer uma reparação dos seus afetos, fortalecendo um sentimento de culpa exacerbado e um alto grau de angústia, com o risco de romper a cumplicidade entre elas. A tendência é de Gabriela não *"esquecer as coisas ruins e não lembrar os bons momentos que viveu com Carolina"*, prejudicando a possibilidade de as crianças se apropriarem das noções de "ser bom" e "ser mau", que estão presentes em sua cultura. Para verificar como as crianças aprendem a "fazer as pazes", vamos reler o final do registro da supervisora:

Gabriela chegou para Carolina e disse: "Vamos fazer as pazes?". Nesse instante, a professora, atenta a toda a história, perguntou: "O que é fazer as pazes, Carolina?", "Fazer as pazes é fazer as pazes, ué?", respondeu a garota. Mas a professora insistiu e perguntou para Gabriela: "O que é fazer as pazes?", "Ah! Eu tenho que esquecer as coisas ruins que ela me faz e tenho que lembrar das coisas boas que ela me faz!", disse Gabriela.

O convite de Gabriela para destacar as coisas boas tem todos os ingredientes para ser aceito, embora, minutos atrás, ela houvesse feito "a maldade de enterrar" os sapatos da boneca de Carolina. Mas, se relermos o relato, Carolina tinha jurado, pouco tempo antes, *ficar de mal para toda a vida*. Compreender o que significa *"fazer as pazes"* não se dá de modo imediato, mas vai sendo elaborado ao longo das experiências infantis, em um processo envolvendo afeto e cognição que pode ser mediado pelos educadores.

Vamos ler agora o relato feito pela professora Cida da conversa das duas meninas após o convite de Gabriela para fazerem as pazes, onde poderemos observar que formas culturais já elaboradas – de acusar o outro e de justificar de antemão o próprio comportamento – são usadas pelas meninas na relação que estabelecem:

Gabriela: Vamos fazer as pazes?

Carolina: Você enterrou os sapatos da minha boneca! Eu nunca enterrei suas coisas. Eu não sujo suas coisas! (alto)

Gabriela: Mas você me empurrou!

Carolina: Eu te empurrei porque você fez a maldade de enterrar os sapatos e não me pediu desculpas.

Gabriela: Mas eu desenterrei!

Carolina: Desenterrou porque eu mandei.

Gabriela: Você não mandou, você pediu.

Carolina: Mandei e acabou, eu vou ficar de mal.

Gabriela: Para toda vida? (com voz serena)

Carolina: Toda vida? Não sei eu vou dormir muuuuuuuuuuitos dias!

Gabriela: Ah! Então é toda vida. Oh, Carol, eu te empresto minha sandália verde!

Carolina: Meu pé é grandão!

Gabriela: Quando eu for de novo brincar com as roupas do circo, eu vou falar para Cida (a professora) para você escolher primeiro... Não é, Cida, que você vai deixar? (A Professora Cida concorda balançando a cabeça positivamente)

Carolina: Minha mãe vai me dar uma roupa de trapezista e aí eu vou te emprestar a do palhaço.

Gabriela: Mas eu não vou dormir na sua casa hoje, sua mãe disse que é só quando sua avó chegar. Quando sua avó vai chegar? (Faz movimentos corporais de imitar alguém bem velho)

(Carolina olha para outra garota, Natália, e as duas começam a rir da Gabriela que imita a avó. Gabriela continua a andar como se fosse uma velhinha. Natália, que assistia à interação, imita também o andar de Gabriela e diz: "Carol, Carol, tome a bengala!", e dá à Carolina uma varinha feita de galho de árvore. As três correm e um outro jogo sobre o tema da avó se inicia).

Relatam os professores que Carolina, por sempre expressar um senso de justiça muito desenvolvido, estava magoada com Gabriela. O tom era de indignação – *"eu não sujo suas coisas!"* –, mas Gabriela está a fim de negociar, de emprestar, de esquecer as coisas chatas e aproveitar as coisas boas da relação. É dela o convite para a nova brincadeira.

Gabriela propôs à Carolina que fizessem as pazes, fazendo concessões. Ela prometeu emprestar-lhe sua sandália e sugeriu que Carolina escolhesse as fantasias do circo em primeiro lugar. Carolina prometeu emprestar sua roupa de palhaço quando Gabriela fosse dormir em sua casa, embora o tenha feito de modo reticente, não deixando claro que não continuava de mal. Gabriela aproveita a menção da avó e sugere "uma coisa boa" para compartilharem naquele momento, que é brincar de avó. A entrada de Natália reforça esse outro foco e não mais discutem a briga. Carolina e Gabriela tiveram oportunidades de aprender a fazer as pazes.

Carvalho e Rubiano (2004) apontam que também as crianças entre 2 a 3 anos são capazes de fazer alianças, compartilhar atitudes e sentimentos. Claro que, nessa fase, o adulto deve ser o mediador principal, ele é o promotor de vínculos! Mas a análise do episódio nos mostra como isso acontece pelo emprego de estratégias de negociação numa idade um pouco mais avançada. Para mediar a partilha de sentidos e a manutenção dos vínculos entre as crianças, o professor da educação infantil deve prever ambientes desafiadores, seguros e estáveis para elas se relacionarem com autonomia.

A maioria das experiências que ocorrem nos contatos das crianças com os adultos nos primeiros anos de vida é impregnada de sentimentos, muitas vezes contraditórios. A emoção da criança costuma ganhar relevo quando algo por que ela anseia lhe é dado ou negado. Pode ser que esteja em posição desconfortável, que a temperatura da sua roupa não esteja adequada à estação do ano, ou que esteja molhada. O alívio de qualquer desconforto é por ela prontamente exigido! É o adulto que provê essa exigência e reponde a ela. É verdade que há crianças que, desde muito pequenas, têm uma capacidade adaptativa maior. Essas crianças respondem com mais facilidade às diferenças de ambiente onde estão sendo cuidadas e logo interagem com outras crianças, adultos ou com objetos. Já observamos a capacidade da criança para brincar.

Ao mesmo tempo, muitos dos atos infantis são acompanhados pela ansiedade, ou pelo aborrecimento, resultando em tons emocionais: nos bebês observamos choro, balbucio, suspiros, gritos. Como analisamos com Gabriela e Carolina, na criança maior pode haver também choros, gritos, brigas, mordidas, empurrões, mas há, também, a possibilidade de diálogo.

Amizades e conflitos observados nas relações professor-criança e criança-criança são objeto de cuidado por parte do professor. Ao interagir com seus colegas, as crianças, desde pequenas, estabelecem atos cooperativos, imitam-se, criam diálogos, disputam objetos e, mesmo, brigam ou se consolam. Mordidas, empurrões, puxões de objetos devem ser mediados pelo professor. Essas situações, tão frequentes nas creches e nas pré-escolas, são grandes momentos de desenvolvimento, devendo os professores criar condições para as crianças lidarem com as situações de forma a aprender e se desenvolver com elas.

Já vimos que ser acolhido e atendido em suas necessidades, ter amigos, conversar, explorar o mundo e brincar com alguém ou discutir ou brigar com um companheiro, são alguns dos principais elementos que promovem o desenvolvimento infantil. Na relação com os parceiros, as crianças aprendem que ser membro de um grupo envolve capacidades para defender seus interesses, concordar ou contrapor-se, ser dependente ou independente, líder ou seguidor, e a refletir sobre o que significa ser justo, verdadeiro, belo, nas vivências que lhes são significativas. É uma valiosa arena de crescimento pessoal.

Pedrosa (1996) foi uma das primeiras pesquisadoras brasileiras que registrou a capacidade de um bebê, em tenra idade, consolar um outro bebê que chorava, sem que algum adulto pudesse lhe dar atenção. Carvalho (2004) também demonstrou a solidariedade entre crianças de 2 e 3 anos, assim como pesquisas recentes têm demonstrado a capacidade de as crianças avaliarem as experiências que vivem.

Favorecer as interações de crianças da mesma idade e de idades diferentes em creches e pré-escolas pode ajudá-las a controlar seus impulsos e emoções, a internalizar regras adaptando seu comportamento a um sistema de controle e sanções, a ser sensíveis ao ponto de vista do outro, a saber cooperar e a desenvolver uma variedade de formas de comunicação para expressar afetos e conflitos. Isto inclui a criação de relações diversificadas em uma atmosfera que permita a manifestação dos afetos, na qual cada pessoa seja objeto de consideração pelos demais.

O professor é o parceiro principal e, muitas vezes, predileto, da criança. Conforme medeia as relações infantis, ele "ensina" as crianças a brigar e a fazer as pazes. Alguns professores lamentam para as crianças: *"não briguem, é preciso ser bonzinho, você me deixou triste, fiquei triste..."*; ou ainda *"agora *que fizeram essa confusão, não vamos mais brincar no pátio"*; ou mesmo dão os "castigos delicados" como: *"sente aí um pouquinho para pensar"* ou *"se você não ficar bonzinho vai ficar na sala dos bebês"*. Entre pequenos castigos e conversas promotoras de culpa, os adultos muitas vezes não admitem contradições e não preparam um ambiente para briga e paz.

Carregados de paixões, mulheres e homens estão sempre lidando com sentimentos, emoções, muitas vezes contraditórios, como amor-raiva, carinho-agressão, rejeição-aceitação. Para ser professor, é preciso *educar as emoções pela razão*, tal como foi definido por Chauí (1997). O professor artesão afetivo acredita que brigar é inevitável e que necessitamos educar nossas emoções, aprender a ouvir, a conversar e observar a criança, mas precisamos, ainda, envolver as famílias neste processo.

Quando as negociações são explicitadas também com as famílias, há uma troca mais autêntica de sentimentos e maior definição do papel e das funções de cada parte. Entretanto, essa clareza não deve enrijecer as fronteiras divisórias das áreas de cada uma delas. Ao contrário, a linha que estabelece a fronteira entre seus campos, por ser permanente foco de atenção de pais e educadores, apresenta uma flexibilidade intangível, um nível ético.

Novamente, o pressuposto de *educar as emoções pela razão* é o norteador fundamental da conduta dos envolvidos (família, funcionários e comunidade). Pela discussão e negociação entre as partes, e tendo como norteador a ética, trabalhamos com "os mitos" das competências, a rigidez ou as ausências de interações promotoras de vínculos das instituições e das famílias; buscando rotinas mais flexíveis que possam atender às necessidades de todas as partes.

O professor que acolhe a fala da menina no momento do conflito, ao invés de adentrar nas interações e intervir sem análise alguma por meio de "pitos" frenéticos, faz a mediação da experiência com suas próprias emoções. Para conseguir tecer as contradições destas, ele precisa educar suas próprias emoções. Ele precisará, em primeiro lugar, saber prover e saber planejar o dia a dia das crianças e das famílias na instituição. Prover o outro é dar-lhe condições para alcançar algo. Vocês já tiveram que providenciar um jantar, por exemplo? Em quantos detalhes precisou pensar? Quem convidar, o que comer, a música, a decoração? Vocês já observaram como há pessoas que têm excelente capacidade de prover?

Quando educamos e cuidamos, essa capacidade de providenciar é importante. Para receber diariamente crianças e famílias na creche ou pré-escola, temos que providenciar muitas coisas. Por isso, é fundamental que o educador desenvolva a capacidade de *prover*. Temos que, diariamente, pensar no local onde iremos receber as crianças. Quais serão os brinquedos, livros e outros objetos que iremos selecionar? Dependendo da temperatura, iremos escolher espaços internos ou externos. Se nossa programação prevê banho de sol, podemos receber as crianças no solário, no parque ou na praça. E, quando as reações das pessoas não ocorrerem conforme planejamos, a ética precisa estar presente para que a nossa atitude nova, imprevisível, não fira o princípio do respeito, através do qual alguma criação, conflituosa ou não, se fará possível.

O pessoal da limpeza e da cozinha também organiza rotinas. Decisões do local que será limpo primeiro, ou qual o cardápio que irão preparar, são ações que estão planejadas para que possamos receber tantas pessoas diariamente.

No caso da creche, as manifestações emocionais muitas vezes aparecem na instituição nos "horários de pico", como no momento da alimentação ou no momento em que as crianças são postas para dormir, e, nesses momentos, pode haver um rápido, quase instantâneo, contágio de emoções entre as crianças e/ou entre os adultos e crianças. Por isso, nossa tarefa, como professores, mesmo nessas situações, é pensar em estratégias educativas para que o ambiente promova a construção de vínculos entre as crianças, entre eles e o professor e entre eles e as múltiplas experiências de exploração e criação de significados que aí podem ocorrer.

É nesse sentido que saber planejar é importante, porque precisamos saber organizar tempo e espaços para poder receber crianças diariamente, aproximando o cuidado e a educação. Por que gostamos de agradar, promover surpresas, presentear, surpreender quem amamos? Como conseguimos cultivar delicadezas para o outro, com quem convivemos e de quem gostamos? Temos usado a expressão *cultivar delicadezas* para a prática de oferecer pequenas atenções e cuidados aos nossos parceiros do dia a dia, adultos ou crianças, a quem podemos demonstrar o nosso carinho ou consideração, gerando um clima mais afetuoso em nossas relações.

Muitas vezes, quando não conseguimos trabalhar o cuidado e a educação de forma integrada, acabamos reduzindo e negligenciando os objetivos da educação Infantil. Assim, a maneira como organizamos o ambiente e o tempo possibilita maior ou menor integração das dimensões biológicas, psicológicas, sociológicas, antropológicas e outras presentes na ação de educar e cuidar. Ao educar, precisamos lembrar que também estamos cuidando. Ao cuidar, precisamos ter claro o caráter educativo de nossa ação. Nossa tarefa é providenciar bem-estar para a criança, evitando contágios negativos de comportamentos como choros, gritos, mordidas, e promovendo contágios de comportamento positivo. Com isso, estaremos promovendo bem-estar a nós mesmos e, em decorrência, aos pais também.

Um professor, por exemplo, interage com o bebê a partir do seu estado de humor, de ânimo e suas possibilidades de se colocar no lugar do outro, de permitir e de responder às necessidades do outro. O contato físico, particularmente para as crianças abaixo de 3 anos, é o meio mais seguro para se construir uma intimidade emocional. Mas nem sempre estamos em condições de prover. Caso o professor esteja preocupado com alguma coisa, ele pode ter, por exemplo, dificuldade para estabelecer um bom contato físico com as crianças e construir com elas e suas famílias uma intimidade emocional. Professores envolvidos afetivamente com a vida das crianças com quem convivem percebem a solidariedade delas nas ocasiões em que é ele quem precisa de cuidado.

Finalmente, vale lembrar que as instituições de educação infantil devem organizar espaços permanentes de debates sobre o desenvolvimento das emoções. Nessas oportunidades, é importante analisarmos que para educar e cuidar é preciso parar, reparar, observar as crianças e buscar compreender o que estaria por trás do que se observa. Para tanto, temos que nos colocar no lugar do outro: *"O que a mãe do Augusto gostaria?"*, *"Se eu fosse essa criança que está sendo mordida diariamente, como me sentiria?"* Esse exercício tem que ser feito desde o primeiro contato com as famílias e as crianças.

O objetivo deste artigo foi apresentar e discutir algumas contradições existentes no processo de construção da afetividade, durante todo o desenvolvimento humano. Desde que nascemos, portanto, temos necessidade de *educar as emoções pela razão*. Muitos profissionais da educação acreditam que reações emocionais de birra e agressividade das crianças, entendidas como "desviantes" ou difíceis de lidar, são causadas por problemas derivados no ambiente familiar. De fato, muitas crianças são obrigadas a conviver em ambientes familiares carregados de conflitos e problemas que podem influenciar seu desenvolvimento. Porém, não adianta os profissionais da educação acreditarem que só podem ajudar as crianças se o meio familiar destas for modificado. Em vários parágrafos analisamos, neste texto, que, enquanto a família não elabora novas formas de comportamento, muito pode ser feito junto à criança, até mesmo para apoiá-la nas suas formas de lidar com seus conflitos familiares.

Este texto foi elaborado para abrigar as crônicas que discutem as interações entre os aspectos sociais, físicos, cognitivos e emocionais no desenvolvimento da criança pequena. Algumas crônicas tratam, ainda, das atitudes em relação à intimidade construída entre professor/criança e como nós, educadores, podemos favorecer, ou não, esse desenvolvimento. Essas atitudes, por sua vez, precisam ser objeto de reflexão constante, visando a adequá-las às variedades de emoções e afetos que as relações humanas nos proporcionam.

O ambiente

Gostaria de destacar que o conceito de ambiente apresentado nas crônicas que se seguem considera que, para cada planejamento, podemos pensar: quais os locais e com quais objetos que as crianças preferem estar nas instituições de educação infantil? Tentem fazer uma lista de memória. São muitos e variados os lugares e objetos para essa faixa etária.

Os espaços externos como parques, quadras, tanque de areia, minizoo e hortas, canteiros de flores e hortaliças, mesas e tocas debaixo de árvores, pátios semi-cobertos; tudo isso acompanhado de pás, baldes, peneiras, regadores, potes de diferentes tamanhos e cores, caixas plásticas de diferentes cores e tamanhos, particularmente aquelas que possibilitam a entrada e saída dos "pequenos brincantes", grandes carros, patinetes, bonecas com carrinhos, carrinhos de feira e supermercado, cordas, tecidos e plásticos de diferentes espessuras e cores...

Já, em relação aos espaços internos, as crianças preferem zonas circunscritas, estruturadas em espaços fechados ou semiabertos; sendo que objetos como livros, brinquedos e jogos estão organizados possibilitando o acesso; estão acomodados em caixas, baldes e prateleiras que sugerem uma organização permanente, facilitando, assim, as interações e as negociações entre as crianças.

Embora as crianças prefiram autonomia para todas as experiências, para o material de oficinas plásticas é comum os adultos organizarem os diferentes papéis, tintas, lápis, pastas etc. condicionado-os em armários de menor acesso. Para os menores de 6 anos, essas oficinas exigem uma complexidade de ações, sugerindo diferentes técnicas, necessitando, assim, da "tutela" ocasional e da supervisão continuada dos adultos.

Esse pressuposto da lógica da criança em relação aos ambientes oferecidos nas instituições de educação e cuidado infantil foi descrito por diferentes pesquisadoras brasileiras. Pedrosa e Almeida-Carvalho, Rubiano e Campos-Almeida e Oliveira (2004) estudaram, durante as décadas de 1980 e 1990, crianças em interações em creches e pré-escolas. Desses estudos, formularam princípios de sociabilidade considerando, também, a dimensão do espaço na qualidade das interações entre as crianças. Perguntas sobre por que as crianças preferem espaços que se fecham pelo menos em três lados, ou organizam objetos que facilitam as interações entre as crianças e entre os objetos, etc. foram respondidas em diferentes artigos também publicados por nós (Rossetti--Ferreira et al., 2000, p. 147-161).

Assim consideramos que o ambiente e suas dimensões, como os espaços e a sua funcionalidade e os tempos, podem provocar mais ou menos intimidade nas interações entre as crianças e/ou entre adultos e crianças. Nas crônicas que apresentamos aqui o ambiente aparece como organizador e promotor de interações positivas entre as crianças. Elas destacarão detalhes dessas intimidades construídas entre as pessoas nas creches e pré-escolas brasileiras.

Crônicas

1

Ouvir com todos os sentidos

Sheila Cruz

"Com o vento, as folhas se movimentam e, quando caem no chão, ficam paradas em silêncio."

Tribo Ticuna

> Esta crônica conta histórias de crianças que, em pleno centro de São Paulo, conseguem ouvir o movimento das folhas de diferentes árvores dos Jardins da Faculdade de Saúde Publica (USP) e da Casa do Arnaldo (FMUSP). Relata como sendo a brincadeira predileta de crianças acima de 3 anos e conta ainda sobre as sensações narradas pelos pequenos.

Tem uma creche aí? Perguntou um pedestre se dirigindo a Estação de Metrô-Clínicas, no Centro de São Paulo.

Tem, sim, ela está localizada na Av. Dr. Arnaldo, junto à Faculdade de Saúde Pública, ao lado da Faculdade de Medicina da USP. A Creche da Saúde, como é chamada, é contornada por diversas árvores e esse jardim foi tombado pelo patrimônio histórico. É o Jardim da Casa do Arnaldo, construído em 1931.

Aqui tem um grande gramado e lagos em meio às estações de metrô. Em todas as estações do ano as árvores permanecem exuberantes, balançando suas folhas em sintonia com o tempo, caindo com o vento do inverno ou se aquecendo no verão com o sol forte. São dezenas de sibipirunas, ipês, seringueiras, paus-brasil... Vocês sabiam que existe até uma árvore de Hipócrates? Dizem que na Ilha de Cós, na Grécia, Hipócrates estudava medicina com seus discípulos debaixo de uma espécie dessas. Contam que foi trazido pelo professor Lúcio Prado de uma de suas excursões.

Crianças gostam muito de ambientes externos, não é mesmo?

Em Minas Gerais também tem um professor, *Tião Rocha*, que ensina debaixo de mangueiras, como fazia Hipócrates! E as crianças aprendem e gostam, e não se dispersam como muitos adultos acreditam.

Assim, as crianças paulistanas que frequentam essa Creche aproveitam dessa natureza: folhas que brilham, as borboletas, os pássaros cantando, circulando entre nós como música aos nossos ouvidos, se misturando com o som das ambulâncias, ônibus, carros de passeio ou de polícia. Com tudo isso, a natureza resiste e, lá no alto, as folhas das árvores parecem protegidas e se movimentam na mais suave dança dos ventos.

Aqui podemos planejar passeios, piqueniques, organizar coletas de folhas e sementes, classificá-las... Podemos, ainda, organizar pequenas excursões de pesquisa, visitar as árvores, conhecer cada uma, saber nomeá-las, ouvir e contar histórias debaixo do *Plátano de Hipócrates*.

Aqui podemos ainda observar profundamente cada criança. O que elas nos perguntam, quais são suas observações, o que elas percebem dessa natureza e como se expressam. Nesta crônica, contaremos cinco episódios, que são registros de observações com crianças entre 2 a 3 anos de idade. Batizamos essas histórias de *"causos"* de *criança*.

"Causo" Um – As folhas cheiram

Outro dia, as crianças comentavam entre si sobre o cheiro das folhas. Gabi pegava uma folha seca e grande, colocava no nariz de Antônia e afirmava "esse é gostoso". Corriam, buscavam outras folhas de diferentes formatos e repetia "esse é gostoso". Por algumas vezes ouvi e as vi repetirem o "jogo do cheiro". Deixei-as à vontade e, mais tarde, quando estávamos organizando e contando o que fizemos durante nosso passeio, Gabi disse: *eu cheirei*! Achei aquela síntese de todas as ações das duas bastante significativa. Mais do que classificar folhas, escolher, levá-las para Creche, Gabi destacou o *cheiro*, sua sensação principal daquele passeio. Achei importante reconhecer essas sensações e valorizar o destaque da menina. Incluí imediatamente no nosso planejamento: *ampliar repertório de cheiros*, considerando as diferentes estações; o antes e o depois de ventanias, tempestades... Ah! Cheiros bons e ruins, em diferentes momentos do dia a dia da Creche.

"Causo" dois – Como o sol reflete nas folhas

Ricardo tinha arrumado um binóculo feito com dois rolos de papel higiênico, emendado com fita colorida. Com seu instrumento de trabalho, disse:

– Balança junto com o sol que faz as folhas ter brilho, viu! Olha lá em cima parece um diamante, né? – Estava se referindo ao sol com os seus raios passando pelas árvores.
– Diamante? – Eu perguntei.

Com os olhos grandes, negros, parecidos com duas jabuticabas, Douglas, um garotinho de origem peruana, foi logo respondendo:

– É o sol e ele brilha muito! Olha lá as folhas... elas ficam tudo se mexendo com luz e tem horas que elas caem aqui embaixo. Elas caem porque tá calor...

Todos prestavam atenção nas observações infantis, muitas vezes ingênuas e românticas, mas ótimas para decifrarmos as hipóteses das crianças.

"Causo" três – As árvores balançam

As crianças estavam todas deitadas no quintal da Creche e me aproximei.

– O que vocês estão fazendo? – Eu já sabia o que faziam, afinal vinha acompanhando essa brincadeira deles há semanas.
– Vem aqui, Sheila! – Tereza me convida para deitar no chão, estão todos deitados no quintal da creche... Atentos, observando as folhas das árvores; essa era uma das brincadeiras preferidas das crianças. Deitei-me no chão do quintal junto a elas. O panorama ela lindo! Nessa perspectiva, as árvores eram bem diferentes de como eu realmente as via: pareciam ter muito mais folhas e, embora estivéssemos no outono paulistano, elas balançavam com animação infantil.
– Vem ver Sheila! – Tereza me convida a brincar de olhar o movimento suave das árvores.
– Ver o quê? – Perguntei a eles, provocando certa indignação. Queria realmente saber qual era o grande encantamento daquela brincadeira. As outras crianças imediatamente me aceitaram na horizontal. Parece que tinham coisas para me contar e que todos nós, deitados, resultaria em uma intimidade, necessária para falarmos sobre a tal árvore.

Márcio, o mais velho do grupo, respondeu rapidamente minha pergunta provocativa:

– Ué, ver as árvores!

Sorri para ele e afirmei o quanto era legal essa brincadeira. Eles todos, e freneticamente, queriam contar o que viam. Eles comentavam que, entre as árvores, havia alguns pássaros voando, borboletas em meio a galhos, troncos, folhas, pequenos insetos subindo e lagartas descendo. Alguns tinham observações delicadas e minuciosas, chamavam atenção para diferentes visões como, por exemplo, de cada folhinha separada uma a uma; talvez como *ser singular* naquele montão de folhas.

Eu fiquei encantada com aquela estética e pude aproveitar os olhos das crianças. Daquele dia em diante eu também valorizei mais o trabalho educativo feito no plano horizontal!

"Causo" quatro – Sentir o vento I

Apesar de todos os dias estarem observando as árvores, eles continuavam falando, entusiasmados, era sempre dia de novidades. Eu estava ainda deitada com as crianças, quando Maria me chama atenção:

– Olha! O vento está balançando as folhas! Olha! Lá em cima. Lá no alto!

Eu já estava olhando; ela insistia tanto que parecia que, se por um milésimo de segundo eu não olhasse, poderia perder algo fascinante lá no alto. Ela tinha razão: a cada segundo, um novo movimento das folhas que se misturavam ao céu, aos pássaros, às borboletas e aos raios do sol. Existem ali movimentos a serem olhados, mas era necessário repassá-los, revê-los. Como faz a criança – como se estivesse olhando sempre pela primeira vez.

"Causo" cinco – Sentir o vento II

A conversa circulava em torno do vento. As crianças, por conta da história dos querubins que eu contava, observavam sobre a função do vento. Uns achavam que era para derrubar folhas; poucos se interessavam, aos 3 anos de vida, sobre a possibilidade de o vento transportar sementes ou mesmo locomover rios e plantas. "O que faz o vento?", eu perguntei.

– É o vento que faz mexer? Você sente?! Olha o meu cabelo balançando, tá vendo?

Eles observavam o vento nos meus cabelos durante um segundo e sentiam também o vento, mas agora nos próprios cabelos. Deixei todos aproveitarem as sensações e fiquei em silêncio, esperando outras observações.

– Vento está forte, né Sheila? Comentou Mari.
– Muito forte sim, às vezes suave, às vezes gelado, às vezes fraco e às vezes forte, por isso as folhas caem das árvores.

Mari continuou na linha das minhas reflexões:

– Vento refresca. É bom o vento quando tá calor... E sorri.

Nik, que já tinha um repertório de linguagem oral maior, chama a atenção de todos quando o vento leva as folhas do chão em um sopro rápido:

– Olha lá, gente!

Em uma associação livre e rápida Douglas se lembrou da poesia da Tribo Ticuna que lemos anteriormente.

– Com o vento, as folhas se movimentam e, quando caem no chão, ficam paradas em silêncio.

Douglas percebeu que aquela poesia contemplava aquele momento; as crianças imediatamente recitavam em voz alta as frases ticunas! Saíram correndo pelo quintal

da Creche atrás das folhas que eram levadas pelo vento e as rodopiavam, todos rodavam, rodavam, tentando o movimento das folhas.
Douglas falava ofegante de tanto rodar:

– Nossa! Parece um furacão! Ele faz assim... e assim – balança a mão com movimento de zigue-zague.

Sorrindo, Nik novamente falava alto para as crianças:

– É o vento! Ele roda assim! – Dando um rodopio longo de olhos fechados quase que cai e anuncia novamente outra ventania:
– Olha! Tá ventando de novo!

Nesse instante, nós corremos no quintal da creche, sentamos e ficamos quietos. Durante um tempo, simplesmente sentimos o *vento*. *Ali pudemos sentir e ver as folhas caírem no chão e ficarem paradas em silêncio*, como na história dos índios Ticunas.

Esses pequenos "causos" nos deixam atentos para ouvir, cheirar, ver e sentir com os olhos, com o pensamento, com a boca, com o ouvido, e para observar inteiramente as crianças no dia a dia nas creches e pré-escolas brasileiras, sempre como se fosse a primeira vez!

2

O outro e a casa do outro

Ariane Fermino de Macedo

> Esta crônica conta as estratégias utilizadas pelas educadoras de uma turma com crianças de 3 anos para superar o preconceito que existia contra uma criança de outra nação. Conhecendo as casas de cada criança, puderam aprender um pouco mais sobre como viviam, seus hábitos, vestimentas e fala. Obtendo uma compreensão do outro, o grupo passou a agir de forma mais receptiva em relação à criança estrangeira.

Lá estavam eles. Um grupo novo para mim e uma nova criança para o grupo. Alguns olhares eram bastante desconfiados.

Havia um garoto que tinha um par de olhinhos negros, bastante observadores. Uma pequena menina que queria contar tudo de uma vez, uma outra garotinha, toda vestida de cor de rosa... Eu ficava imaginando cada um, como seriam, a dinâmica de suas famílias. O que gostavam de fazer? Como eram educados?

Já havia algumas semanas que estávamos todos ali, nos conhecendo, buscando várias estratégias de contato; na verdade, na verdade mesmo, estávamos construindo um contrato da Turma. O dono dos olhinhos negros continuava distante... O que iríamos fazer para trazê-lo de fato para o Brasil? Como deixar, apesar de pouca experiência, as imagens peruanas de lado e se instalar, de fato, com sua família, em nossa Creche, com tantos hábitos diferentes? Já era o segundo ou terceiro dia, em que ele só observava e não se permitia interagir com o restante das crianças. Nessa altura, as crianças já conversavam entre si e davam pouca atenção a ele.

Perguntávamo-nos se era apenas a dificuldade com a língua portuguesa ou se a vontade dele ela só observar tudo profundamente. As crianças desse grupo eram sempre tão bem receptivas, mas, também para elas, a experiência de receber um amigo estrangeiro era nova. Sabíamos que o menino não era ainda bilíngue, mas sabíamos, também, que nosso desafio era aproximar as culturas. Como saber mais sobre o Peru? Como saber mais dos hábitos brasileiros?

Precisávamos agora planejar e organizar essa ideia: conhecer mais sobre o outro, sobre como vivem, onde vivem. Seus hábitos, vestimentas, costumes e tradições. Resolvemos visitar as casas, uns dos outros. Claro que para cada ideia surgem dúvidas: será que essa estratégia seria a melhor? Será mesmo que daria certo? Será que conseguiríamos uma parceria com as famílias?

Nosso lema era: *Conhecer para entender, entender para respeitar, respeitar para compartilhar* – firmamos a nossa parceria com as famílias e partimos para novas descobertas e desafios.

As crianças ficaram entusiasmadíssimas com a ideia e nos ajudaram a programar nossa rota. A primeira casa a ser visitada foi a minha. Você precisa ver a cara deles, ao perceberem que eu morava em uma casa teoricamente igual a deles e, como consequência, tinha uma vida muito parecida com as de suas famílias. Era uma mistura de decepção com o *"eu já sabia!"*. Decepção maior essa, é bem verdade, pois em minha casa havia poucos brinquedos, apenas algumas bonecas herdadas da minha infância.

Passada essa primeira visita, no nosso plano de ação, visitaríamos uma casa por semana, onde a casa da próxima visita seria decidida por sorteio.

Nessa altura, nossa sala já tinha algumas fotos da minha casa, desenhos das crianças de cada casa, um calendário que marcava a visita a cada casa. As famílias, a cada semana, iam ficando envolvidas, perguntavam sobre o que oferecer, sobre horários, sobre transporte. A cada semana, os visitantes foram ficando cheios de curiosidade e empolgação; os anfitriões iam se preparando.

Pudemos brincar muito e nos deliciarmos com os quitutes a nós oferecidos, compararmos os brinquedos existentes em cada casa, a organização dos quartos como, também, a constelação de cada família. As crianças conversam entre si: *"Como é ter um irmão mais velho?", "E uma irmã mais nova?", "Como é ser filho único?", "E quem mora com a avó?", "E quem mora com o pai dois dias e com a mãe cinco dias tem dois quartos, não é mesmo?".*

As conversas iam ficando cheias de interpretações e análises. Muitos exclamavam aceitações singulares: *"...ah Pedro, não é isso, não tem família que come assim!"* Ou ainda: *"tem gente que dorme em camas grandes, outros dormem em rede de pano, ué?".*

Teve experiência de toda ordem. Em uma das visitas, viajamos até uma chácara, em outra fomos a pé. Todos se divertiram muito, pois, imagine você uma caminhada de mais ou menos 10 minutos com crianças. É realmente inacreditável a quantidade de assuntos que puderam ser desenvolvidos. Nesse dia, entramos em um elevador. Nossa! A experiência foi incrível! Todos queriam experimentar os botões, tinha criança que tinha andado muito pouco de elevador e tinha um misto de euforia com medo. Abraçavam-me, pediam para dar as mãos.

A cada visita feita, o grupo voltava muito mais companheiro e unido, com diversificações bem intensas em seus diálogos. Íamos ficando cúmplices das intimidades de cada um.

Chegamos à casa do nosso menino-peruano. Logo na chegada, as crianças encontraram uma máquina de lavar com abertura na frente – que encanto! Nosso menino já estava totalmente integrado. Ele, claro, era mais discreto que os pequenos tagarelas brasileiros. Mas já falava muitas frases e nos acolhia com muito desembaraço. Ali, na casa do pequeno de olhos negros, todos queriam saber por que a máquina tinha aquele formato, todos queriam dar sua opinião sobre a máquina de lavar. Houve até quem quis mudar o foco da conversa, mostrando uma geladeira dessas com a portinha na frente para pegar água, sabe? Mas nada superava a conversa da máquina de lavar roupas. Nos registros e desenhos a máquina aparecia grande e colorida de diferentes tonalidades.

Dessa forma fomos conhecendo cada um. A ideia inicial de conhecer outras culturas valeu muito. É bem verdade que podíamos abrir livros, escolher histórias de cada país, recolher e separar artistas e tantas outras estratégias que sabemos ser interessantes. Mas ver o outro e casa do outro com aquela turma fez-lhes mais solidários e companheiros, possibilitando, assim, maior entendimento de contexto e arranjos familiares e uma gostosa parceria com as famílias peruana, nissei, italiana e brasileira, é claro!

3

Das onze e meia ao meio dia

Ana Helena Rizzi Cintra

> Nesta crônica enfatizamos a importância da formação em serviço, a prática de uma gestão participativa visando à qualidade do trabalho na Educação Infantil, e como cada adulto pode e deve participar, quais as contradições e possíveis percursos dessa formação continuada.

Era dia de ir trabalhar mais arrumada, de levar comidinhas para o lanche coletivo, de encontrar todos os colegas de trabalho, de todos os períodos e setores. Então, me dei conta de quanta gente é necessária para nosso trabalho acontecer! Educadores, equipes de coordenação, saúde, nutrição, limpeza, administração, manutenção e zeladoria. Isso sem contar a direção e os pais da Associação de Pais e Funcionários!

Dia de muitas reuniões e oficinas. Dia de planejamento, avaliação, participação, aprendizado, troca formal, troca informal, discussão e decisão. Um dia da Pedagogia, da Psicologia, da Nutrição, da Fonoaudiologia, da Enfermagem – um dia multidisciplinar. Dia das comissões permanentes, comissões temporárias e do sindicato – um dia político.

Um dia de busca, de reflexão, de afinar o trabalho coletivo, muitas vezes tão complexo. De busca continuada de qualidade para a Educação Infantil. Dia de famílias engajadas e compreensivas não trazerem as crianças à Creche. Enfim, mais um dia de Formação Continuada, uma sexta-feira, como tantas dessas sextas-feiras de cada mês, em que a gente pára, pensa e tudo faz sentido – ou damos sentido para quase tudo.

Acho interessante mesmo o dia da Formação Continuada. Ele tem um "quê" de síntese e um "quê" de tomar fôlego para seguir adiante. É bem verdade que temos muitas reuniões semanais e que muito detalhe dessa trama coletiva fica por lá mesmo. Assim como o caminho que a agulha faz no ar não aparece no alinhavo. Mas nesse dia especial a gente vê como ficou a costura toda da colcha, onde ficou um furinho, onde o viés está torto, onde não se arrematou.

Já eram onze e meia, hora do nosso intervalo e lanche coletivo. Era a última Formação Continuada do ano. Decidi analisar como esse dia aparecia nas falas e nas ações dos meus colegas de trabalho, para poder dizer, a quem quisesse ouvir, da importância que ela tinha. Resolvi ficar atenta aos diálogos que recheavam o tempo que transcorre das onze e meia ao meio-dia. E foi mais ou menos assim que eu me lembrei, tempos depois, daquela sexta-feira:

Aproximei-me da mesa colorida, repleta de alimentos preparados cuidadosamente. Ali, ao meu lado, dois educadores e uma funcionária da administração conversavam:

Letícia: "Vocês sabem a que horas será a atividade com o professor de música? Será antes ou depois da nossa Reunião de Funcionários?"

Paulo: "Será depois, Letícia. Eu li na programação da Formação Continuada de hoje".

Ivone: "Bem lembrado, Paulo! Isto quer dizer que a Reunião de Funcionários será agora, logo depois do intervalo".

Paulo: "Exatamente!".

Ivone: "Então vou buscar a pauta com os temas que precisamos discutir. Ficou lá na minha mesa, na administração. Precisaremos de um bom tempo reservado, na reunião de hoje, para avaliar a atuação da comissão que coordenou a Reunião de Funcionários durante este ano. Vocês sabem quem fará a relatoria desta vez?"

Paulo: "Se não me engano é a Bia. Mas, voltando ao outro assunto, o do professor de música: Letícia, você trouxe o planejamento de suas atividades para trocarmos ideias durante a conversa com ele?"

Letícia: "Sim, eu trouxe. Tenho tido algumas dúvidas no desenvolvimento das atividades junto às crianças, como aquelas sobre as quais já conversamos durante a reunião semanal".

Ivone: "Colegas, li na programação que hoje participaremos todos do encontro com o professor de música!".

Letícia: "Que bom, Ivone! Hoje a ciranda estará completa".

Após ouvir a conversa dos três, servi-me de um copo de suco. Fui em direção a uma cadeira vazia, para me sentar. Pensava nas oportunidades que o dia da Formação Continuada trazia, e entre elas as que pude perceber nas falas de Letícia, Paulo e Ivone.

Oportunidade de comer, beber e dançar junto. Oportunidade de fundamentar a prática em discussões e aprendizados – como a que traz o professor de música. Oportunidade de participar coletivamente das propostas e decisões da vida funcional, na Reunião de Funcionários. Oportunidade de buscar uma Gestão Democrática.

E eis que, ao meu lado, vieram sentar-se a coordenadora pedagógica e uma educadora, cada uma com sua fatia do bolo de frutas que a Maria fez. Elas conversavam sobre a avaliação anual que foi devolvida pelos pais. Ao final do ano, os pais receberam uma folha de avaliação dos mais diversos aspectos do trabalho da Creche Pré-Escola.

Mirtes: "E então, Júlia, muitos pais já devolveram as avaliações?"

Júlia: "A maioria já. Estamos em fase de tabulação das respostas, lá na coordenação".

Mirtes: "Já é possível destacar algum aspecto?"

Júlia: "Bem, há algumas respostas muito específicas, talvez seja preciso convidar uma ou outra família para conversar e tentar entender o que está por trás de seus apontamentos".

Mirtes: "Certo. Mas não tem algo que chame a atenção?"

Júlia: "Trataremos do assunto nas reuniões semanais. Mas já dá, sim, para adiantar que, em geral, o que chama a atenção é a pouca participação e conhecimento dos pais sobre o Projeto Político Pedagógico da Creche. Apesar dos nossos esforços!".

Mirtes: "Ah, puxa. Teremos que pensar em estratégias, né?"

Júlia: "É sim".

A conversa estava muito interessante e eu mesma me perguntei como poderia contribuir com a construção permanente e contínua do Projeto Político Pedagógico.

Eis que se ouve o chamado para o início da Reunião de Funcionários. Já era meio-dia. Levantei-me da cadeira, ajudei a recolher guardanapos e copos usados, enquanto pensava em uma maneira de contar a experiência dessa sexta-feira.

4

Panela no fogo

Vanessa Almeida de Carvalho e Lucimara de Souza Tibúrcio

> Esta crônica nasce de um movimento incessante de dúvidas e descobertas da infância que desencadeia nas educadoras um processo constante de investigação para as formulações das propostas de trabalho com as crianças pequenas.

Sabe aquela vontade de fazer uma deliciosa receita e lhe faltam os ingredientes? Foi mais ou menos isso que aconteceu outro dia. Estávamos preparando nosso planejamento mensal e faltavam alguns temperos.

Você já deve ter visto crianças acima de 3 anos brincarem representando histórias. Histórias lidas pelo pai, mãe ou professores. Livros que as crianças leem e releem. Livros prediletos, livros preferidos de muitas crianças. E foi mais ou menos isso que aconteceu:

Em meio a tantos brinquedos e cantos montados, carrinhos pequenos, motocas, balanças, bonecas, estavam Ana e Clara, duas amigas inseparáveis nas brincadeiras e disputas. Elas estavam escondidinhas entre o pé de goiaba e outras árvores, folheando um livro que Ana havia trazido de sua casa.

Ana começou a brigar por causa do livro, "É meu! Eu quero!", dizia para a amiga quase em tom ensurdecedor. Com tanta movimentação no ambiente, ninguém se deu conta de que as duas iniciavam uma pequena discussão.

"Agora é a minha vez! Eu quero ver o pirata!", reivindicava Clara, com um olhar firme e o rostinho sujo de barro. Ana continuava decidida e não pensou duas vezes antes de cultivar dados que pudessem trazer mais verdade à sua imposição "Eu quero ver a bruxa, ela é minha amiga!".

"Você não conhece ela! Ela tem uma risada feia e dá medo". Por mais que Ana fosse resistente, Clara estava convicta de que sua colega dizia bobagem.

"É nada, ela é minha amiga! Eu gosto dela!", Ana continuava a afirmar, na intenção de provar que aquela que parecia ser uma personagem do livro "Bruxa, bruxa venha à minha festa" era também sua fiel escudeira.

Após tanta certeza de Ana, Clara, um pouco duvidosa, arrisca: "Você conhece a bruxa?". Ana segura de si não ensaiou e rapidamente respondeu: "Ela já veio aqui na Creche, você não lembra?"

Clara fez uma carinha de interrogação, tentando se lembrar da visita; depois olhou feio para Ana e respondeu, enfaticamente: "É mentira, ela não veio aqui não!".

Ana, que queria ficar na liderança da interação, disse: "Eu não conheço a bruxa, eu sou a bruxa!". A essa altura Clara olhou com cara de espanto, sem entender uma só palavra. "Você é quem?".

"Olha aqui, meus olhos são iguais do livro, tem uma bolinha e um risco dentro", respondeu Ana.

"Risco, bolinha!?", Clara, sem entender, fica bastante em dúvida com o tom persuasivo de Ana.

"Não está vendo, presta atenção!", continuou Ana. Parecia que mais nada tinha importância, as outras crianças brincavam, as educadoras estavam por perto e elas mantinham contato na intenção de buscar justificativas para suas persuasões.

"Ah, tô sim! Aí dentro do olho, a bolinha e o risquinho". Mesmo não vendo nada, Clara preferiu não contrariar a amiga que já estava bastante convencida de sua nova identidade.

"Você está vendo os meus dentes? São iguais, olha não tenho muitos!!!!"

"Não nasceram ainda, Ana!", tenta esclarecer Clara pacientemente à amiga.

"Não, Clara, nasceram todos que eu precisava; por acaso bruxa precisa de um monte de dentes na boca?"

"É, acho que não, então eu também sou bruxa, não tenho um monte de dentes".

"Não, você é criança, só pode ter uma bruxa aqui, não tem muitos dentes na sua boca porque você é nenê". De alguma maneira Ana vai impondo sua vontade e ideia e, pelo jeito, sua companheira está bastante confusa com tanta demonstração de sabedoria.

Nessa hora Clara não se aguenta, com olhar completamente irritado e a boca cheia de saliva retrucou: "Eu não sou, eu sou grande, já não uso mais fraldas e durmo sozinha no berço".

"Tá, tá bom, Clara!!". Impaciente com a amiga.

"Olha o meu nariz, ele é feio igual ao da bruxa, ele é estranho, tem uma bola em cima, tá vendo?", continuava Ana em meio a tanta criatividade. Clara olhou e não enxergou bola alguma, a única coisa que viu foi um pouco de chocolate do pavê servido no lanche da tarde na ponta do seu nariz.

As duas tão envolvidas com o livro e as conversas, não avistaram o que estava acontecendo ao redor, mas logo as crianças do pátio perceberam-nas sentadinhas ali, na sombra fresca e ouviram sobre a conversa de livros e seus personagens.

Uma delas foi logo querendo o livro da Bruxa. Você sabe, crianças conversam sobre literatura, particularmente quando as creches e pré-escolas organizam bibliotecas, cantos e rodas de leituras. Nesses ambientes as crianças se apropriam das histórias e de seus personagens, como Ana e Clara.

Logo Clara disse para todos:

"Não podemos emprestar esse livro porque agora a Ana é uma bruxa, ela vai enfeitiçar vocês!".

As crianças pararam e trocaram olhares...

Até aquele momento continuamos a observá-las e, aos poucos, as ideias estavam se concretizando em nossas cabeças.

Enquanto elas estavam naquele embate de dúvidas: bruxa ou não bruxa, criança ou bruxa, bruxa ou criança... Não perceberam que alguém se aproximava por detrás delas. De repente, um movimento mais intenso, uma cutucadinha nas costas e uma risada assombrosa.

"Buuuuuuuuuuuuh!!!"

As crianças saem correndo, Ana e Clara levam o maior susto e a brincadeira da visita da Bruxa foi consagrada pela professora.

Ana, depois daquele dia, se convenceu de que não era bruxa, mas continuou cheias de ideias na cabeça.

Outro dia alguém viu ela por aí dizendo:

"Sou a Chapeuzinho Vermelho!".

5

"Causos" na enfermaria

Marlene Felomena Mariano do Amaral

> É possível que um ambiente de enfermaria dentro de uma Creche e Pré-escola seja também educativo? A resposta pode ser afirmativa se todos os profissionais que trabalham nesses locais atuarem como educadores, ouvindo e refletindo sobre o que as crianças dizem nas situações em que estão lá para serem atendidas em suas dores, machucados ou apenas para sanar a necessidade de fazer uma "visitinha pra jogar conversa fora".

As conversas que acontecem quando as crianças se machucam ou brigam são bastante provocativas, porque nos convidam a pensar como elas se desenvolvem e como aprendem a cuidar de si, do outro, a brigar, a ouvir, a se solidarizar.

O Lauro morde?

Muitos educadores acreditam que brigar é feio. É verdade: brigar é feio. Tem choro, tem mordidas, tem bate-boca, mas pode ter também reparações, como também podemos aprender com essas interações.

Outro dia, Lauro, já com 4 anos de vida, mordeu o Pedro! O Pedro é daqueles meninos delicados e sensíveis. Pedro é querido de todos!
Suas educadoras já tinham tentado algumas estratégias para evitar a ocorrência desses episódios, dizendo:

"Lauro, isso que você fez com seu amigo é ruim, é feio, morde, não... vá!"

Depois, foi uma boa conversa de roda. Até eu fui convidada para conversar sobre dor grande e dor pequena. Lembrei-me logo de um livro que diz: Não existe dor boa! Depois, as crianças desenharam alguns bichos que mordem...
Conversa vai, conversa vem, e nada! Lauro continuava usando seus dentes.
Um dia, Tereza, a professora, resolveu mandar Lauro para enfermaria da creche. Vocês lembram? Quando éramos estudantes, íamos era para DIRETORIA! E a gente, todo cheio de medo, lá ia contar os atritos para o diretor.
Mas sempre que isso acontece paro e penso... Eu acho que Tereza e as crianças precisavam de ajuda e pediram socorro.
Fui logo dizendo para o menino mordido:

– Que foi, Pedro? O que aconteceu?

Pedro, chorando, disse:

– Lauro mordeu...
– Mordeu, Lauro?

Silêncio...
Esperei e esperei, achando que Lauro tinha algo a dizer, mas o silêncio se manteve. Perguntei, então, para Pedro:

– Por que será que Lauro te mordeu?

Pedro, segurando sua bolsa de gelo, respondeu:

– Não sei, eu não fiz nada.
– Doeu, Pedro?
– Doeu...
– É, doeu mesmo! Eu disse olhando para os dois.

Nesse momento, Lauro interrompeu o seu longo silêncio e disse: "Mas ele começou primeiro".

– É, Lauro, o que ele fez?
– Eu falei para ele sair e ele não saiu!.
– E você ficou bravo com isso?
– É...
– Não deu pra conversar, Lauro?.
– Ah! Eu coversi, eu coversi, eu coversi, aí eu mordi.

Percebi ali o quanto Lauro estava incomodado e eu ainda não sabia muito bem o porquê. Parece que Lauro ainda não conseguia controlar seus impulsos, mesmo sabendo que isso fazia com que o amigo se chateasse e mesmo não querendo que isso acontecesse. Nossa conversa reticente foi tão eficiente quanto o gelo colocado na mordida de Pedro, que, aos poucos, ia se acalmando. Ao ouvir o meu diálogo com Lauro, ele foi relaxando, relaxando e já não dava tanta importância à mordida.

Já há tempo que Lauro não aparece na enfermaria – nem mordendo nem mordido. Aparentemente, ele passou dessa fase. Pedro também não veio mais. E os dois continuam sendo vistos brincando.

Fiquei pensando se esse episódio marcou tanto a memória dos meninos quanto marcou a minha vida de auxiliar de enfermagem.

O que ficou claro para mim foi a percepção de que Lauro era capaz de usar recursos positivos em seus momentos de discordância com os colegas. Ele já estava aprendendo a respeitar o outro. Só era preciso que nós, adultos, acreditássemos que o menino não era um mordedor só porque já tinha 4 anos de vida!

O Luan e um Dragão

Os fins de tarde nas creches e pré-escolas, em geral, são planejados de maneira que as crianças permaneçam em ambientes organizados com propostas em que não há a intervenção tão direta dos adultos. É nesses momentos que algumas delas optam por brincadeiras mais amplas como corridas, piques-pega, pula corda, perna-de-pau. São momentos muito gostosos, porém há situações em que acabam ocorrendo acidentes de variados níveis de gravidade.

Em um desses finais de tarde, Luan veio até a enfermaria, acompanhado de sua mãe com a seguinte história:

Luan estava correndo com os amigos e, quando viu sua mãe chegar, mudou o curso da marcha com intuito de encontrá-la. Ao fazê-lo, desequilibrou-se e caiu, cortando profundamente o supercílio. Aparentemente, tratava-se de uma situação em que faríamos compressas de gelo e o encaminharíamos a um pronto atendimento. Ocorre que havia no ar algo que eu não conseguia detectar, um "clima" estranho. Foi aí que, após explicar o que faríamos e o encaminhamento que se seguiria, a mãe me contou o que os afligia.

Luan havia, recentemente, em um final de semana, sofrido um outro acidente. Esse episódio deixou os familiares preocupados. Ao chegar ao pronto atendimento, o garoto estava tenso, não permitindo que os profissionais que ali trabalhavam realizassem os procedimentos necessários. Para que não incorressem em maiores riscos, os médicos optaram por imobilizá-lo. Percebi, então, que havia uma dor que se sobrepunha à dor da lesão: havia o medo. Enquanto colocava as compressas, fomos revisando o que ocorreu no outro acidente. Falamos que, às vezes, nos desesperamos e o machucado dói mais, que é ruim ficar contido, que hospital tem cheiro diferente da casa da gente, que de alguns machucados saem muito sangue etc.

Nossa prosa durou um tempo maior que durariam outras na mesma circunstância; contudo, ao final dela, Luan e sua mãe perceberam que a lesão estava menor, assim como estavam mais tranquilos com o bate-papo. Foi então que me afastei um pouco para preencher o relato do acidente.

Qual não foi minha surpresa quando Luan me indagou:

– Marlene, você não pode fazer esse outro curativo? Você já me falou como que o médico vai fazer.

A mãe de Luan, que até então estava somente na escuta, olhou-me com insistência, reafirmando o pedido do garoto, tentando me seduzir também. Retornei para o local onde estávamos sentados e começamos a segunda etapa do diálogo. Expliquei-lhes que, embora soubesse o que devia ser feito, há outros profissionais em condições de fazê-lo melhor. Deixei claro que o que poderia ser feito na creche eu já havia feito e que, daquele momento em diante, seriam outras pessoas que dariam continuidade, mas que a colaboração dele era fundamental para que fosse menos desagradável e mais tranquilo.

Parecia que Luan e sua mãe haviam entendido.

No dia seguinte, aguardei ansiosamente a chegada de Luan e foi muito bom ver o orgulho estampado em seu rosto ao me contar que fora forte durante o procedimento e que até ganhou parabéns do médico.

Ali, coragem, cumplicidade, alívio e gratidão se alinhavaram entre nós, como se fossem aqueles pequenos pontos cirúrgicos de nosso garoto.

Sabe, gente tem medo! Pode ser gente pequena ou grande! Medos reais e imaginários. E medo, quando não é enfrentado, fica grande, vira "dragão".

Lá no hospital, Luan e sua mãe tinham se deparado com o tal monstro que insistia em lhes perseguir. Mas estavam mais fortes agora para enfrentar qualquer mostro, e foi isso que fizeram.

Muitos casos sobre medos, disputas, fugas e enfrentamentos ocorrem na relação com os adultos de apoio em creches e pré-escolas. Aqueles que trabalham na limpeza, na enfermaria, na cozinha, nos jardins e parques sabem disso. É fato que quando conseguimos reconhecer nosso papel de educadores podemos ajudar as crianças, suas famílias e seus professores.

O tempo

Lembro-me de que, quando pequena, vivíamos em uma região periférica da cidade. Brincávamos na rua. É bom lembrar que nem rua tinha! Tinha alguns trilhos entre os campos. Não sabíamos onde terminava o nosso quintal e nem onde começava o do vizinho. As casas não tinham cercas nem muros, não precisavam deles.

As famílias eram extensas. Eram os tios, avós e vizinhos que cuidavam e educavam as crianças, com muitos "causos" e orientações. Esses contos tinham muito a ver com a cultura de que dispunham.

Mas, hoje não é assim. As crianças começam cedo a frequentar creches e pré-escolas. Elas passam um tempo grande dentro das instituições.

E *tempo* de criança é diferente. Não é *tempo* contínuo. O tempo real é outro. Estava repassando minhas lembranças, quando bateu uma ventania enorme acompanhada de um chuvisco. Aí, ouvi uma gritaria de crianças.

Você já viu crianças entre 5 a 6 anos quererem brincar com chuva e vento? Ah! Mas vocês sabem, mães brasileiras *não* gostam de ventos.
Vou contar pra vocês o "causo" que se seguiu à ventania.

As crianças, apesar dos adultos, resolveram que iriam brincar com a chuva e o vento.Um pequeno grupo começou então a tirar as roupas e a correr nus. Outros faziam questão de correr na chuva e permanecerem com as roupas molhadas.

Logo, chamei-os e perguntei: "O que está acontecendo? O que nós combinamos?..." Essas coisas que adultos falam para as crianças.

Dias depois, tivemos oportunidade de conversar na roda e trabalhar em oficinas o tema frio e friagem. Para essa oficina, utilizamos o texto "Olha esse vento nas costas, menino!" de Dráuzio Varella.

Produzimos e chupamos gelo, caminhamos sobre ele, diferenciamos frio/ quente, falamos das várias estações do ano. Conversamos sobre pessoas que vivem em países que nevam. Lembramos que, mesmo quando está frio, chupamos sorvetes e sobremesas geladas e que todas estas vivências não nos fazem adoecer.

Posteriormente, construímos um mural com fotos, desenhos e texto, contando esse processo. Algumas famílias não concordavam com a experiência com friagens nas diferentes modalidades vividas pelas crianças, mas outras vieram nos perguntar sobre o assunto. Claro que sempre teremos famílias com medo das friagens, das doenças, do desconhecido.

Com tudo isso, concluí que, atualmente, é nas instituições de cuidado e educação infantil que se dá o tempo da infância.

6

Casca da laranja não se joga na rua...

Ariane Fermino de Macedo

> O texto fala sobre uma situação do cotidiano, que se mostrou uma grande oportunidade para que as educadoras elaborassem um projeto abordando a temática ambiental. No decorrer do projeto, o grupo pôde discutir e vivenciar situações em que passaram a reduzir, reaproveitar e reciclar, e também pôde orientar e incentivar a redução do consumo geral da creche.

Era horário de almoço de um grupo de crianças de 3 a 4 anos. Tudo acontecia na perfeita normalidade, quando uma criança se levanta para jogar a casca de sua laranja e pergunta:

– O que fazer com a casca da laranja?

Vocês lembram, quando éramos crianças, que gostávamos de descascar a laranja, deixando a casca inteira? Em seguida brincávamos como se fosse uma pequena corda até que se rompesse. A ideia era cantar: *1, 2, 3, 4, 5, 6, 7, 8, 9 põe na conta do freguês*.... Tinha uma moda com casca de banana que também podíamos adaptar para a casca de laranja: *"casca de laranja não se joga na rua é perigoso todo mundo ver, alguém pode quebrar a perna e esse alguém pode ser você."*

Os tempos não eram de reciclagem, não é mesmo? Ninguém falava em lixo seletivo ou composteira de 3 Rs. As latas de lixo eram mais vazias e aproveitávamos os poucos potes que existiam para brincar na areia, de casinha, para guardar algo.

O debate já estava avançado quando parei de divagar sobre os tempos da minha infância. Concluímos o almoço e fomos para debaixo da mangueira continuar a conversa e buscar algumas soluções.

Alguns dias antes havíamos feito uma oficina de brinquedos utilizando materiais alternativos e, durante esse trabalho, conversamos rapidamente com as crianças sobre a origem do material utilizado e a importância de sua retirada do lixo comum. Isto desafiou algumas crianças. A vontade de saber mais fez com que algumas delas procurassem outras respostas em casa. Nessa altura, a conversa sobre a casca de laranja e onde jogá-la já estava bem adiantada.

A cada dia que se passava, estávamos mais envolvidos com a temática e, assim, partimos para a ação!

Pesquisamos muito sobre coleta seletiva. Visitamos uma cooperativa de catadores. Inteirados do assunto, montamos nossas próprias caixas de coleta. *Azul para papéis, Vermelha para plásticos, Verde para vidros e Amarela para metais.*

Decididos a não deixar nossa cidade ainda mais suja, o grupo elaborou cartazes informativos para apresentação de suas descobertas a outros grupos etários da creche, pessoal de apoio, educadores, cozinheiros. Montamos oficinas interativas onde eles apresentavam tudo o que aprenderam sobre separação de materiais, como deveria ser feito e a importância de uma Creche como a nossa ter caixas coletoras. Como todos estavam envolvidos com a separação do lixo, a divulgação foi persistente e influenciou toda a comunidade uspiana.

Organizamos com as crianças e programamos oficinas de coleta seletiva semanais em toda a Creche e no entorno. As pessoas que estavam apenas de passagem ao redor ficavam intrigadas em ver doze crianças, com luvas descartáveis e sacos de lixo, envolvidas na coleta desse tipo de material. O melhor era quando eram questionadas sobre as suas ações. Logo diziam:

"Nós somos da Turma Tubarões agentes ambientais e estamos ajudando o meio ambiente a ficar mais bonito e sem poluição!"

Havia ainda aquele que se dominava *"O defensor da natureza!"*, é claro.

Com o assunto coleta seletiva resolvido, ainda havia algo que os intrigava: as sobras dos pratos, o que fazer?

Lá fomos nós analisarmos, pesquisarmos, refletirmos e discutirmos. Descobrimos que com as sobras dos pratos, poderíamos fazer doações para canis. Antes, porém, houve toda uma discussão sobre servir-se apenas do que podemos comer, consequentemente diminuindo as sobras. Com as cascas e talos de frutas e legumes, fizemos mil receitas criadas na cozinha da Creche. De lá, saíram magníficos e deliciosos pratos!

Já para os resíduos, como talos de folhas e cascas, que não serviriam para confecção de pratos culinários, encontramos um bom destino: uma horta municipal que produzia adubo orgânico a partir desse material.

Após vermos montanhas e montanhas de composteiras, a nossa monitora convidou-nos para conhecermos a horta. Vimos o viveiro de mudas, como é o preparo da terra e até minhocas nos foram apresentadas. As crianças ficaram empolgadíssimas ao verem o tamanho dos legumes e vegetais que haviam crescido muito com nossa ajuda.

No retorno à Creche, o assunto era um só: como, de restos, pode-se fazer adubos tão bons? Como chegamos no horário do almoço, dá para imaginar o sabor que a comida tinha para o grupo. Todos almoçavam como se nunca houvessem comido aquela comida antes. O assunto da mesa era o verdadeiro sabor dos alimentos. Conseguiram até envolver os amigos das mesas ao lado. Ali respingavam ideias sobre abóboras, chuchus, nabos e berinjelas.

Hoje observo que aquelas crianças tomam conta de forma diferente do nosso quintal, plantas e bichos. Eles conseguem admirar uma planta, observar insetos de forma paciente e, ainda, ser cooperativos.

Decidimos até fazer nossas próprias camisetas de encerramento de semestre, contando com o recurso da customização, valorizando ainda mais o "Reduzir, Reutilizar e Reciclar", além de reaproveitarmos os materiais coletados em produções artísticas e confecções de brinquedos de areia.

No final desse mesmo ano, a Turma do Pré, que estava indo para o primeiro ano, veio, solenemente, nos convidar para fazer o convite deles de papel reciclado. Nós ficamos orgulhosos pelo convite e organizamos com os dois grupos uma Oficina de Produção: *Faz-se convites de encerramento e de Natal!* Essa era a placa que confeccionamos para a porta da nossa sala.

Foi uma farra. Todos ficaram muito empolgados em saber que deixaríamos mais algumas árvores em pé com a nossa pequena fabricação de papéis. Fizemos papéis roxos, tingidos com a ajuda de suco de beterraba, papéis amarelos, laranja, verdes, rosas, azuis. Havia até papel com casca de cebola e folhinhas de árvore seca. Foi quase que um arco-íris que encantou e coloriu a nossa creche, nossas famílias e deixou o nosso mundo só mais um pouquinho mais limpo e colorido, como era o nosso principal objetivo!!!

O "causo" do Antônio

> Durante o nosso passeio pela horta municipal, um "causo" muito engraçado aconteceu..
> Lá estava ela: linda, enorme e reluzente! Seu brilho ofuscava até o olhar mais exigente. Foi então que, de repente, um pequenino garoto aproximou-se e perguntou o que era aquela coisinha roxa, meio preta. Será que era parente do tomate? A monitora lhe disse que era apenas uma berinjela!
>
> (Continua)

(Continuação)
　　Intrigado, ainda ficou alguns minutos a observá-la. Para ele, não era uma berinjela qualquer. A monitora, então, com um gesto apenas, consentiu que ele a apanhasse e a levasse para casa. Ele não perdeu tempo! Correu a apanhá-la, porém com a delicadeza de quem apanha uma rosa. Assim que a teve em suas mãos a abraçou como se fosse o seu ursinho de pelúcia mais fofo. Para ele, a melhor parte do passeio acontecera. Nada mais importava. Tão grande era a sua satisfação em ter uma berinjela em suas mãos. Mas, lembre-se, não era uma berinjela qualquer.
　　Terminado o reconhecimento da horta, voltamos para a Creche, o grupo e a nossa mais nova integrante: *A Berinjela*, carinhosamente assim chamada pelas crianças. Dizem que eles, o garoto e Berinjela, são companheiros até hoje. Vai se saber...

7

Um circo atrás da porta

Alexsandra Viera e *Francinalda Costa Pereira*

Para crianças que acabaram de conquistar a verticalidade, subir e equilibrar-se sobre um plano elevado, saltar de uma certa altura são desafios motores importantes. E quando essas experimentações são contextualizadas pelo universo circense fica muito mais divertida a brincadeira, principalmente quando há o envolvimento das famílias.

　　Crianças. Elas nunca serão iguais umas às outras. Cada uma traz consigo qualidades, temperamentos, personalidades e marcas de sua cultura. Cada criança tem suas próprias vontades e desejos, suas pequenas ilusões e sentimentos, medos ou interesses por novas descobertas.
　　Certo dia, observando a chegada das crianças na Creche, percebemos justamente isto: o quanto cada uma tem a sua própria maneira de começar o seu dia naquele espaço. A menina caminhava sorridente pelo corredor toda segura de si e com sua mochila nas costas. Assim que entrou no salão percebeu que ainda não havia nenhuma outra criança por ali. Logo abaixou os olhinhos que demonstravam tristeza por ver apenas adultos naquele lugar.
　　Em seguida, levei um susto, veio ela correndo e pulou em meus braços e nem sequer olhou para o que havia naquele espaço, abraçou-me e já começou a contar sobre seu final de semana. Enquanto ouvia suas histórias, passou por mim um garotinho e disse-me um breve "oi" e foi direto conversar com a pequena que continuava triste no colo de uma educadora.

Este é um momento muito especial para as crianças pequenas e para nós educadoras; temos que receber tanto as crianças como as famílias para que este momento de despedida entre pais e filhos seja tranquilo e acolhedor. Conhecer o jeitinho de cada criança nesse momento é crucial. Algumas crianças chegam desconfiadas, preferem ficar no colo durante um tempo, sem falar com ninguém, simplesmente observando o que está acontecendo ao seu redor, como se não desejasse a interferência.

Outras, ao chegarem, já se inserem nas brincadeiras, fazem parcerias ou disputam os brinquedos e dizem o "tchau" com tranquilidade.

Numa dessas situações, ao tentar intervir, uma delas encolheu os ombros e colocou as mãos sobre seus olhos, olhando por uma pequena fresta entre seus dedos, enquanto a outra franzia a testa e me olhava com uma braveza tão espontânea que me fez sorrir com a figura expressiva que brotava do seu rosto. E cada uma que chegava era uma história, um momento. Mas, independente de todas as diferenças, durante grande parte do seu dia permanecem nesse mesmo espaço e na presença e orientação de adultos: nós, seus educadores. Nosso maior desafio, portanto, é encontrar uma forma de trabalhar, ao mesmo tempo, com as diferenças entre as crianças e com atividades que sejam desafiadoras para o grupo. Para isso, se faz necessário propor um caminho onde todas possam se encontrar. Um caminho que busque, de certa forma, contemplar os desejos de todas elas. Um caminho que lhes traga alegria, que tenha um significado e principalmente que propicie o conhecimento de si mesma e do mundo. Toda essa proposta pode parecer impossível, mas o desafio do educador é encontrar caminhos. Para isso, reuniões, conversas e pequenos encontros. Organização dos espaços e tempos e muita observação.

Naquele ano resolvemos organizar um Projeto sobre Circo. Nossa intenção era apresentar para os pequenos as diferentes figuras circenses. Também queríamos desafiá-los, já que as crianças abaixo de 2 anos eram equilibristas pouco competentes. Alguns andavam ainda se apoiando para dar passos mais firmes, outros corriam com pouca intimidade.

Começamos pelo já querido palhaço. O palhaço foi o primeiro a ser apresentado às crianças. Com muito cuidado e sutileza, apesar de ele ser uma figura muito carismática dentro do circo, ele também poderia ser uma figura assustadora para crianças muito pequenas.

Na sala de sono preparamos o espaço para a projeção de *slides*. As crianças puderam apreciar diversas fotos de palhaços. As figuras foram projetadas nas diferentes direções das paredes da sala. Palhaços no chão. Vejam! Palhaços no teto. Cuidado, vão cair! Assim, começavam nossas gargalhadas.

Num outro momento preparamos a sala com todo o material necessário para que as crianças pudessem se transformar em pequenos palhacinhos. Elas se pintaram e vestiram como os palhaços. Palhaçadas e peraltices diante dos espelhos grandes e pequenos, quadrados e redondos distribuídos a cada criança. Cambalhotas, risadas e muita diversão.

Numa bela tarde, ao contrário dos outros dias, Bibi chegou acompanhada de seu pai. Já era hora do lanche e as outras crianças já estavam à mesa para essa refeição. Diferente do que costumava acontecer, a pequena não se dirigiu para a mesa do lanche, mas, segurando firmemente a mão de seu pai, puxou-o em direção a uma porta. Seu pai insistiu dizendo que não havia ninguém naquela sala, mesmo assim, ela apontava para a porta que estava fechada. Bibi relutou em permanecer em frente àquela porta. Ela batia para que ela se abrisse.

A porta se abriu para Bibi e seu pai. Ela foi entrando devagarzinho, suspirou forte, encheu o peito de ar, seus olhos pareciam saltar de alegria como se visse algo esplendoroso na sua frente. Puxou seu pai para dentro da sala e foi até a parede. Ela batia na parede, como se visse todas as imagens de palhaços, trapezistas, bailarinas e mágicos ainda refletidas lá, como se as imagens estivessem fixadas em molduras. A menina apontava para o teto e o chão e batia novamente na parede. Ela queria que seu pai compreendesse tudo que aconteceu ali. Ainda que n ão estivessem lá naquele momento, estavam gravadas em sua memória e na sua imaginação. Através de seus gestos, olhares e balbucio de algumas palavras, aquela pequena tentou contar ao seu pai as emoções vividas atrás daquela porta. E isto foi somente o começo dos muitos momentos gostosos que vivenciamos com as crianças.

Um circo atrás da porta, cheios de sombras, imagens. Um mural imaginário reapresentado pela Bibi e por todos nós!

8

Os patos estão me chamando!

Laudicéia Guimarães dos Santos Raguazi e Francisca Aparecida Santos de Souza

A crônica apresenta a história de uma menina distraída que é cuidada e educada por professores que promovem a interação dela e do grupo. O texto trata de uma experiência do cuidado sistemático de bichos de estimação e a relação que os pequenos estabelecem com eles.

Você, que cuida e educa criança pequena, sabe: tem criança de tudo quanto é jeito. Menina quieta, menina tagarela, menina que brinca bastante desde que nasce, menino que brinca só com o amigo predileto, tem ainda crianças que se concentram fácil, outras que são distraídas... Enfim, quem fica muitas horas com criança pequena identifica todos esses comportamentos. Essa é nossa tarefa: saber como cada criança se comporta para provocá-la a aprender mais, mais e mais. Ajudá-la sempre, zelando pelas suas aprendizagens e pelo seu desenvolvimento, ajudando-a a cuidar de si, do outro e do ambiente.

Agora, você, que convive com educador, também sabe que tem educador de tudo quanto é jeito. Uns mais participativos, outros menos, uns mais bem humorados, outros menos. É assim mesmo, as interações nas creches são feitas entre adultos e crianças e entre crianças. Mas elas são feitas também entre crianças e brinquedos, entre crianças e papel+lápis, entre crianças e bichos...

É verdade! As crianças adoram cuidar de bichos, ainda mais aqueles que são de estimação, que são prediletos da Turma. Mas você deve estar aí dizendo: "que professoras enroladas! Contem logo o que aconteceu com os *patos*!"

É verdade, vamos lá.

Numa manhã ensolarada, brincavam no pátio da creche dois grupos de crianças em um momento coletivo. Eram crianças entre 2 a 3 anos. O espaço estava arranjado de maneira bem adequada. Havia diversos arranjos espaciais (cantos) montados com propostas diferentes de brincadeiras – à direita havia fantasias de príncipe, princesa, bruxa, pirata, bailarina, caçador, lobo e muitos personagens do mundo do faz-de-conta e, ali, dançavam bailarinas, caipiras e fadas, ao som de Márcio Coelho. Num outro canto, um ônibus, cheio de passageiros com bolsas e chapéus, ia em direção à praia. Não muito distante, algumas crianças empurravam pneus e carrinhos, enquanto outras liam revistas em um lugar mais reservado. Alguns apenas passeavam com o olhar para cima, observando e acompanhando o balançar dos móbiles no ar.

Em meio a tantas interações, a garota Guiga, com cachinhos louros e sotaque carioca, passeava inquieta. Parecia que ela não participava de nada. Eu a provoquei:

– Você quer andar de ônibus?

A menina fez um sinal negativo com a cabeça e continuou em suas andanças conversando com seus botões.

Tempo, tempo, tempo...

Logo terminamos tudo aquilo. Era hora de recolher, reorganizar e ir para as atividades de pequeno grupo. As crianças ajudam animadas, elas já sabem onde devemos guardar cada material e colaboram, mas ainda tutelamos muitas daquelas ações. Muitas vezes ficamos de longe só supervisionando; outras vezes provocamos uma longa conversa sobre o tempo-de-arrumar. Mas cadê Guiga? Nós já sabíamos onde encontrá-la, mas queríamos a ajuda de todos. Onde está a menina que não vejo em nenhum dos cantos. Chamamos: GUIGA!!!!

"Quem é da Turma Borboleta bote o dedo aqui, que já vai fechar!"

As crianças borboletaram em torno de minhas mãos e realmente faltava a: GUIGA!!!

Um, dois, três, quatro, cinco, seis, sete, oito, nove e...? Faltava uma criança! Quem seria? Hum? Ah! A Guiga!

– Quem viu a Guiga?
– Eu que não vi!

A pequena Vivi logo fantasiou:

– Acho que o Lobo Mau pegô ela.
– Vamos procurá-la?

Começamos pela nossa sala, embaixo das mesas, atrás da porta, no teto pendurada... Nada de Guiga, gente? NADA!!!!

Todos olhavam e riam e eu ia provocando os pequenos. Agora na biblioteca, nos banheiros, no refeitório, na casinha do Tarzan e na casinha da Carochinha, no Parque.... Que marcha longa! Todas essas provocações ajudavam as crianças a saberem mais e mais dos espaços da Creche; é por isso que nessas horas aproveitamos para visitar, nomear e descrever cada ambiente visitado – é uma farra boa também!

Lá está Guiga, no Zoo, na casa dos patos, marrecos, codornas, galinha de Angola, do Galo Frederico, o senhor pavão, as tartarugas...

O nosso bicho de estimação? São os patos. Cuidamos deles diariamente, batizamos a Pata Felomena antes de nascer seus filhos. Já fizemos até um casamento com uma cerimônia muito chique. Ah! Quando morreu um dos patinhos, enterramos com direito a velório, bate-papo e tudo mais.

Desde pequena, cada criança aprende a cuidar e observa seu desenvolvimento. Os bichos também comem, correm, conversam, dormem, morrem... As crianças observam, perguntam, guardam comidas para eles, daí as necessidades de atenção diária. Elas aprendem a pegá-los, alimentá-los, levam-nos para casa em tempos de feriados e férias. Apesar de ser maio, já nos sentíamos vinculados a aquelas aves, e tínhamos um sentimento de responsabilidade e de comprometimento.

Chamamos a menina: Guiga!!!!!

Chegamos pertinho dela, as crianças logo contornaram o Zoo e foram ver os patos.

Eu disse a Guiga: "Qual é o combinado? Por que você está aqui sozinha?"

A menina cheia de cachos, com seu português bem falado, me disse:

"Os patos estavam me chamando".

Ela olhou para mim, pegou em minha mão, sorriu e fomos todos para nossa sala. Nós todos sabíamos que o tempo passava.

> **Você sabia?**
>
> Qual é a diferença entre tartaruga, jabuti e cágado?
>
> ✓ A *tartaruga* é uma espécie de réptil que vive somente na água marinha ou doce.
> ✓ Existem, também, as espécies semiaquáticas, chamadas de *cágados*.
> ✓ O *jabuti* é uma espécie terrestre de réptil. Possui casco convexo, bem arqueado, e pernas grossas, que parecem réplicas miniaturizadas das pernas de um elefante.
>
> Qual a diferença da galinha que está choca?
>
> ✓ Quando a galinha está no choco ela fica no ninho.
> ✓ Devemos esperar em torno de 3 dias para depois colocar os ovos.
> ✓ As aves chocam por estímulo visual, ou seja, quanto mais ovos ela vê no Ninho, mais rápido ela choca.

9

Mostrar o mundo para a criança: prazer e dever!

Vanda de Souza Silva

> A crônica trata de descrever uma experiência de uma educadora auxiliar de serviços gerais. A experiência mostra que podemos aproveitar diferentes situações educativas envolvendo todos os adultos que trabalham na instituição. Dá dicas de como levar as crianças a cuidarem de si com autonomia.

Todos os adultos que trabalham em creches e/ou pré-escolas são educadores. Porque ajudamos a criança a se conhecer e conhecer o outro como indivíduo. São muitas as situações que deixam isto evidente; quando trabalhamos em conjunto com outros professores, quando trabalhamos em parcerias com o pessoal de apoio (limpeza e cozinha) e quando avaliamos uma ação ou uma situação educativa que envolve diretamente as crianças.

No dia a dia da creche e da pré-escola, ajudamos ainda as crianças a respeitarem os ambientes. Um exemplo que vivi recentemente ilustra esse cotidiano.

Em nossa experiência, todas as crianças entre 5 anos de idade têm sua toalhinha pessoal de mão. No meu planejamento de trabalho observei que algumas crianças não estavam lavando corretamente as mãos e, por isso, as toalhas ficavam muito sujas. Comentei oportunamente com a diretora que logo teve a ideia de me convidar para participar da roda de conversa diária. Por muitas vezes eu participei de rodas, para organizar passeios, piqueniques, reorganizar espaços e objetos... Enfim, as crianças já tinham o hábito de conversar sobre diferentes temas comigo.

Começamos falando sobre a importância da lavagem de mãos, das bactérias, de como devemos fazer antes e depois das refeições etc. Logo as crianças começaram a falar entusiasmadas:

"Onde está a 'batéria'"?

"Se não lavar direito, essa "bateria" vai parar na nossa barriga, quando a gente comer alguma coisa?"

"Existem lugares sem bactérias?"

"Existem mãos sem bactérias?"

Fomos respondendo cada pergunta, algumas muitas vezes precisavam de pesquisas, mas nosso objetivo ali era saber: como vamos organizar as toalhas para que elas não fiquem tão sujas?

Assim, perguntamos se eles tinham alguma ideia. Logo sugeriram a lavagem de mãos, a organização dos ajudantes do dia, como, também, uma criança foi logo dizendo que só o amigo Mário sujava a toalha. Ele ficou se desculpando, dizendo que não tinha sido ele que havia sujado.

Também conversamos que não havia problema, que todos iriam colaborar e lavar as próprias mãos. Aproveitei a oportunidade e disse: "vamos começar a lavar bem direitinho as mãos pra não ficar com bactérias e a nossa mão ficar sempre limpinha, estamos combinados?".

Eu sabia que seriam necessárias muitas rodas de conversa até que as toalhas não ficassem tão sujas após o uso, mas foi um trabalho gratificante e produtivo com relação às crianças e com as educadoras. Foi preciso orientar e acompanhar muitas vezes até que a criança, com autonomia, sentisse necessidade de mãos e toalhas limpas.

A relação de todos os funcionários da creche com as crianças se dá de maneira interativa, ensina-se e aprende-se! Mas é necessário que todos tenham comprometimento com a aprendizagem, a educação e o cuidado da criança. O resultado dessa interação é que são criados vínculos de afetividade muitas vezes para uma vida inteira.

É por isso que eu afirmo: todos os adultos que convivem devem ter prazer em mostrar o mundo à criança. No nosso caso, devemos ter prazer, mas é também o nosso dever.

O pessoal de apoio pode provocar:

a) Muitas charadas envolvendo rotinas: qual é a sobremesa de hoje? Apresentando fotos ou fruta inteira, você pode perguntar – Que fruta é essa? Faça um painel no refeitório das frutas com fotos das crianças experimentando carambolas, abacaxi, melão, melancia.

b) Combine com as professoras e envie para as crianças maiores de 3 anos bilhetes, dizendo qual é o cardápio do dia.

c) Colabore também com a organização dos ajudantes do dia; as crianças gostam de participar.

d) Deixe as crianças ajudarem no dia a dia; você já reparou como crianças gostam de conversar com faxineiros, zeladores, jardineiros, cozinheiros e lactaristas?

Lembre-se: o cotidiano das creches e pré-escolas pode ser afetivamente agradável com a nossa participação!

10

Por que temos nojo?

Marlene Aparecida Lourenço e Vivian Cristina Davies Sobral

> O texto fala sobre a experiência de uma educadora que percebe que algumas crianças são mais agitadas e outras têm aversão ao toque e sentem nojo. Ela então elabora um projeto para desenvolver ações de cuidado e educação envolvendo o trabalho corporal. O projeto, que trabalhava em grupos, duplas e individualmente, visava a obter a atenção e a compreensão das crianças usando menos a linguagem oral e mais a linguagem gestual.

Todos nós que trabalhamos com criança abaixo de 6 anos sabemos: todo ano tem uma ou duas que não gostam de se sujar! Não tiram os sapatos, não gostam de se sentar na areia e jamais sujam os dedos com tintas. Por que será que esse comportamento existe, mesmo naquelas crianças que frequentam as creches e pré-escolas desde bebês? Alguns bebês logo cedo não deixam que tiremos suas blusas. Muitas vezes já faz calor e precisamos negociar por algum tempo a troca de roupas ou a simples retirada de casacos.

Algumas creches acreditam que é melhor deixar a criança, tudo isso passará... Mas e se não passa? E se ao longo dos anos essas crianças persistirem ou ampliarem esses comportamentos deixando, muitas vezes, de interagir?

Mariana, uma menininha de 4 anos, apesar de frequentar a creche desde os 2 anos de idade, dificilmente brincava com o grupo, não gostava de tirar os sapatos ou sentar na areia e jamais sujava os dedos de tinta. Ela era introspectiva!

Quando a turma ia para o tanque de areia, Mariana sempre preferia ficar ao lado dos adultos. Sua conversa era gostosa, nos contava sobre sua família, seus brinquedos, seus amigos imaginários – mas não queria fazer amigos. Crianças e educadores a convidavam a participar das brincadeiras, ou sentar-se no chão, mas ela sempre se recusava.

Um dia, depois de sugerir diversas vezes que ela retirasse seus sapatos, resolvi, com a outra professora, que nós tiraríamos os sapatos e brincaríamos na areia. Percebi que Mariana, ao mesmo tempo em que queria brincar com os pés no chão, também tinha receio e certo nojo. Numa outra vez, não deixei escolha, disse a ela para tirar os sapatos, que, depois da brincadeira, lavaríamos nossos pés e que voltariam a ficar limpos como antes. Reticente ainda, ela aceitou.

Nos dias que se seguiram continuei com essa prática. No começo, Mariana brincava pouco e logo queria se limpar; o tempo de brincadeira foi aumentando até que a menina brincava sem se preocupar se estava suja.

Os dias quentes chegaram e começamos a brincar com lama. Toda e qualquer novidade de ampliação de material e espaço, Mariana estranhava para, em seguida, aproveitar daquelas artes.

Nas atividades de relaxamento eu explicava a necessidade de retirar os sapatos e oferecia cremes e óleos para massagem. Mariana se recusava. Embora os materiais oferecidos parecessem despertar seu interesse, era como se alguma coisa a impedisse de participar. Eu me oferecia para massageá-la ou para que ela me massageasse, também os amigos o faziam, mas ela não se interessava.

Mariana tornou-se meu desafio: dormia e acordava pensando em estratégias para incluir Mariana. Para incluí-la e incluir tantas outras crianças, acredito que devemos pensar e planejar todo ambiente. Espaços mais reservados, objetos como bastões, bolas, tecidos etc. que possibilitam interações mais concentradas. Propostas que não obriguem diretamente essas crianças a enfrentarem seus medos e dificuldades, mas que medeiem e provoquem sensações boas, até que elas consigam relaxar e vivenciar o ficar descalço, o pisar na areia, etc.

Nesse caso foi perceptível o progresso de Mariana, mas era só o começo, pois a menina ainda tinha uma enorme recusa em tocar e ser tocada. Vale a pena continuar insistindo para que as crianças se apropriem das ações e, posteriormente, ampliem parcerias prediletas, materiais e espaços.

Mas você sabe, não é mesmo, colega?, que muitas vezes esses comportamentos infantis oscilam. Basta ter uma ventania ou um temporal que nossa querida Mariana poderá ter uma recaída. Se isso acontecer, não desista. Acolha a Mariana e seus amigos e provoquem novos desafios.

Uma coisa é certa: desde o primeiro ano de vida identificamos bebês que não gostam de pegar uma banana, brincar na areia, brincar com água, bolinha de sabão, etc. Se isso acontecer, pense como você irá planejar situações educativas que aproximem gradativamente essas crianças do seu corpo e do corpo do outro.

Em nosso trabalho, um aspecto importante é a aproximação com as famílias. Compreender como as famílias se organizam, se elas são mais ou menos exigentes com higiene, enfim, se os ambientes da creche e domésticos permitem que a criança, desde muito cedo, possa se sentir suja ou limpa, aquecida ou resfriada, sintam solos ásperos ou flexíveis. Desse modo, com certeza estaremos zelando, cuidando e educando também essas crianças.

11

Ambiente de leitura na Educação Infantil

Rose Mara Gozzi

A crônica conta sobre os ambientes de leitura dentro da creche que favorece a formação de leitores competentes, sejam eles adultos e/ou crianças. Descreve a organização de ambientes, como também o processo de formação continuado para o trabalho com leitura e escrita.

Outro dia estava caminhando pelas ruas da charmosa Vila Madalena, bairro repleto de ateliês, livrarias, teatro e restaurantes em São Paulo, quando, de repente, uma cena pouco comum chamou a atenção de muitos pedestres e motoristas: debaixo de uma carroça carregada de papéis e papelões, entre a avenida e a calçada de pedestres, estava deitado o seu condutor. Ele estava com as pernas cruzadas e lia um jornal.

O que teria atraído a atenção do homem, dentro dos noticiários? Seria um hábito seu a leitura de jornais recolhidos? Que imagem diferente de leitura ele apresentou aos que notaram sua presença – no espaço público, uma leitura silenciosa, numa posição corporal de descontração!

Bem, com certeza você também já viu ou mesmo escolheu espaços diversos e formas diferentes para a realização das inúmeras possibilidades de leitura.

Ambientes para leitura são tão importantes que até mesmo livrarias, locais de consumo, vêm repensando seus espaços. Organizam espaços acolhedores e aconchegantes para que crianças e adultos possam manusear os livros, antes de comprá-los. E como estarão organizados os espaços e tempos para leitura na Educação Infantil?

A esse respeito, muitas questões podem ser colocadas. Quais os ambientes de leitura? Onde os livros estão acondicionados? Será que as crianças têm o direito de tocá-los? Estão de fácil acesso? São adequados à faixa etária?

Muitas propostas vêm sendo desenvolvidas para acolher as crianças em ambientes de leitura. Uma delas foi idealizada pelo PROESI (Programa Serviço de Informação em Educação), em parceria com a Divisão de Creches COSEAS USP, na Creche/Pré Escola Oeste: a Oficina de Informação que representa uma vivência prática, sinalizadora de caminhos para aproximar a comunidade dos vários dispositivos de informação.

Na primeira fase tivemos que organizar uma pequena sala, de 3 por 6 metros, no andar superior, por onde as crianças não circulavam. Único espaço disponível, apesar de pequeno, o desafio estava lançado: proporcionar um ambiente desafiador em que crianças e adultos pudessem se reconhecer e criar cultura nas várias linguagens expressivas.

Destinada às reuniões de trabalho e à guarda de inúmeros materiais que estavam em uso pela Creche, a pequena sala foi sendo transformada em espaço para acolher histórias orais e escritas, imagens, sons, cores, memórias, crianças e adultos. Assim, a chamada *Oficina de Informação* foi se constituindo como um ambiente construído coletivamente.

O espaço da Oficina de Informação estava totalmente transformado, os livros estavam acondicionados em várias caixas de madeira, distribuídos nos cantos de uma parte da sala. Havia dois grandes expositores, feitos com trilho de cortina, que ocupavam uma boa parte da parede. As almofadas com formato de bichos – cobras, sapo e tartaruga – tornavam o espaço encantador e instigador do imaginário.

Um painel de cortiça foi confeccionado, para expor os trabalhos das crianças. Um mural com bolsos transparentes, contendo diversas fotos das crianças e das educadoras, compunha também o espaço.

A televisão, o vídeo e as fitas estavam colocadas à disposição das crianças na estante. Em outra estante, o computador. Essa construção representou um forte impacto estético e visual na Creche como um todo.

No início, a Oficina de Informação se diferenciava dos demais ambientes da Creche. Ele não ostentava recursos excepcionais, mas tinha uma concepção de fineza de espírito, de cuidado com a educação das crianças, de poesia, imaginação, beleza e respeito à infância e a toda comunidade da Creche, que era impossível não se desejar estar lá.

No diálogo com o espaço da Oficina de Informação, as salas de atividades das crianças de 4 meses até 5 anos foram se transformando para receber os livros escolhidos, quinzenalmente, por educadores e crianças na Oficina, prática adotada com a finalidade de construir biblioteca de sala.

Fruto, portanto, do trabalho conjunto creche-comunidade, as educadoras passaram, assim, a delimitar um espaço nas salas para receber os livros, criando um ambiente acolhedor e aconchegante que redefinia o ambiente educativo. Em algumas salas foram colocados tapetes de borracha e almofadas.

No novo ambiente, as crianças podem sentar, deitar, espalhar-se, encolher-se, enfim, encontrar a melhor forma para se sentirem confortáveis em suas leituras. A corporalidade é elemento essencial e não pode – nem deve – ser descuidada nem padronizada, oferecendo diferentes possibilidades. Lembra-se, leitor, da imagem do catador de papel na Vila Madalena?

Assim, há crianças que gostam de ler sentadas no chão, outras deitadas, outras ainda ao lado de um amigo; há as que preferem ler sentadas em bancos, em cadeiras e até no colo, especialmente se são pequenas e precisam de auxílio de alguém que leia para elas, segure o livro e vire as páginas.

Desde o berçário, as crianças pequenas podem construir uma relação carregada de significados com o objeto livro. Considerando que os bebês leem o mundo sensorialmente, as educadoras organizaram um acervo de livros com materiais resistentes para suportar os toques, as babas, as brincadeiras, as disputas que ocorrem no dia a

FIGURA 1 Espaço Oficina de Informação – Creche e Pré-escola Oeste (Arquivo).

dia. Adequando-se, portanto, à idade das crianças, evitando-se ter que adverti-las a cada minuto ou mesmo deixá-las sem materiais de leitura.

São visíveis os resultados do trabalho. Em muitas experiências, vemos as crianças, rasgando e pisoteando os livros. Aqui, ao entrarmos nas salas, podemos contemplar crianças, independentemente das propostas dos educadores, lendo, trocando, realizando descobertas a partir dos vários indícios textuais, principalmente as ilustrações. Até os pequenos, ao avistarem um adulto adentrando ao módulo, pegam em suas mãos, puxam e o levam para o canto da leitura, pedindo que conte as histórias escolhidas.

Como as instituições brasileiras organizam tempos e espaços para as diferentes formas de leituras nas diferentes faixas etárias? Salas especiais como a nossa Oficina de Informação? Caixa que contam histórias ao ar livre? Aventais e tapetes que apresentam diferentes temas e personagens? Fantoches com cenários construídos...

Não importa, o que a criança brasileira abaixo de 6 anos quer, com certeza, é ouvir e ler histórias todos os dias em diferentes locais das creches e pré-escolas.

12

Quero colo!

Elaine Aparecida Machado Pereira Rabelo e Márcia Clause da Cunha

> A crônica questiona e orienta sobre dar ou não colo. Oferece ao leitor oportunidade de reflexão sobre como estar em contato com o outro é vantajoso. Discute a satisfação do bebê e os ganhos quando há necessidade de contensão para dormir, de se organizar corporalmente, compreendendo o meio social no qual ele está inserido.

O colo educa ou deseduca? Provavelmente você já se fez esta pergunta. Visto que, diante do choro, da resistência, do ciúme, sempre surge a dúvida para quem educa. Afinal, o colo ajuda ou mal acostuma?

Diante de nossas experiências pessoais e na educação infantil, observamos que o colo é mais que um cuidado, é uma "conversa", um jeito de se expressar. Por isso, para um bom desenvolvimento, a criança precisa da solidariedade, da empatia, de uma mão amiga, de um olhar afetuoso, de uma palavra de incentivo, um abraço caloroso e um bom, aconchegante e seguro colo.

Se para nós, adultos, "o colo" cria vínculos de amizade e dá segurança quando nos sentimos perdidos diante de tantas novidades e aprendizagens, imaginem para as crianças.

Para compreendermos a importância do colo não foi fácil. Só fomos entendê-la, quando ficamos com uma turma de berçário, onde uma criança, Matheus, se sobressaía quanto à questão do colo. Ele se sentia muito desconfortado diante de mudanças como, por exemplo, durante a adaptação de uma nova criança que vinha com um acompanhante, quando entrava um adulto novo na turma ou, até mesmo, quando precisavam deixar a sala e ir ao pátio. Nessas horas, seu choro era intenso, ele ficava muito nervoso e pedia insistentemente o colo das pessoas nas quais ele confiava. E era aí que morava o X da questão. Pegar ou não pegar? E se com isso ele ficasse mais "manhoso"?

Bem, em nossa reunião pedagógica essa história do colo gerou bons debates e várias questões foram levantadas:

– Só um pouquinho não faz mal.
– Mas, se a criança se acostumar, depois só vai querer ficar no colo.
– E se as outras crianças começarem a pedir colo também?

Então, durante esse período, começamos a estudar muito sobre o assunto. E, durante o momento em que líamos um dos textos sobre o colo, várias questões foram levantadas para nós, adultos: Quem teve muito colo na infância? E quem quase não teve colo? Quando vocês estão tristes, ou precisam tomar uma decisão, não sentem falta de serem acolhidos? Então pensem: será que as crianças não passam por situações semelhantes?.

A partir de então, percebemos que todos precisam e querem um "colinho". Assim, todo o nosso grupo ficou envolvido com a questão do colo e começamos a ter uma visão diferenciada para ele. E, aos poucos, fomos lendo e pesquisando vários textos que mostravam e confirmavam o nosso olhar.

Vimos que, nos hospitais, muitas mães, ao invés de usarem a incubadora, garantem o desenvolvimento dos filhos prematuros colocando-os contra o peito: são as chamadas "mães cangurus". Analisamos algumas culturas como as indígenas, ou culturas mais contemporâneas como a dos bolivianos, mexicanos, iraquianos, que embrulham bebês em panos junto aos corpos de suas mães. Alguns pais, atualmente, usam panos e cadeiras de lonas para amarrar os bebes em seus corpos, levando-os a museus, passeios, etc.

Enfim, todo grupo ficou afinado para compreender o Mateus e sua necessidade de colo. Passado um ano, quando olhamos para o Matheus e o vemos correndo no meio de crianças que não são as de sua sala, ou conversando com os pais de outras crianças, interagindo de forma muito mais tranquila, temos a certeza de que o colo não estraga e nem deseduca, pelo contrário: conforta e dá segurança para a socialização.

Imaginem que nem todas as contradições iniciais da vida da criança estão traduzidas para ela. Cenas, ruídos, pessoas e objetos para serem aprendidos e reconhecidos como naturais.

Assim, quando surgir a dúvida de dar ou não colo, lembre-se de que, muitas vezes, sentimos saudade daquele colinho bem aconchegante da vovó, da tia, da educadora...

Dar colo ou não na hora certa e na quantidade necessária deve estar na pauta das nossas reuniões continuadamente, buscando a singularidade de cada ato, de cada criança. O que sabemos hoje é que todos se beneficiam. Adultos e crianças merecem colos em diferentes momentos de seu desenvolvimento.

13

Balaio de gato

Irene Augusto Moraes e Janete Santiago

> O lúdico é um aspecto fundamental no trabalho com as crianças pequenas, principalmente com os bebês. Nesse sentido, imitar bichos e criar situações as quais os pequenos possam explorar os movimentos, os gestos e manusear objetos favorecem às crianças a apropriação do repertório da cultura corporal.

O dia a dia no berçário é um rebuliço só. Tanto rebuliço que, para o surgimento dele, foi um pulo. Esquisito? Pode até ser, mas o fato é que foi tudo real.

Dia normal, rotina previsível, muitas recomendações e lá estamos nós, as educadoras dos bebês, observando cada movimento, sempre a refletir sobre cada intervenção junto a eles.

Repensamos juntas, todos os dias, novas maneiras de ampliar as interações entre as crianças e entre os adultos e crianças. A fim de, a cada dia, vencer mais uma etapa na escalada do desenvolver-se, mas sempre respeitando o jeitinho e as limitações de cada bebê.

Foi assim que apareceu o Gato. Na verdade era um educador-gato. Ele vinha leve, manso, ágil, curioso, terno e afetuoso com os pequeninos.

De repente, lá estava ele no meio dos bebês que, "de gatinhos", engatinhavam para lá e para cá. Os pequenos, ao notar a presença do Gato, iniciaram uma jornada de exploração: tocavam, sorriam, apoiavam-se, ora no gato, ora nas paredes enfeitadas com imagens do felino, formando um caminho a ser percorrido por mãozinhas tateantes, enfim identificavam-se com o novo amigo.

De repente, um dos bebês cambaleia e cai de bumbum. Mais que isso: cai num chororô só. Os outros, prevendo o risco da queda, parecem balbuciar no "bebenês" algo como: "Bebê tem medo!"

Bebês têm medo, mas têm coragem também. Nessa experiência, os pequenos iam da aceitação e rejeição ao Gato. Do choro ao consolo e do consolo ao riso. Não fosse assim, esse negócio que é crescer seria bem difícil.

Está certo que, para situações de risco, lá estava o amigo Gato, todo solícito, pronto a amparar com rabo e patas as manobras mais ousadas de uns e outros bebês. Esse Gato é de coragem! No seu lugar eu ficaria assustada, pois não bastasse a canção "Atirei o pau no gato", ainda havia a diversidade de jeitos e trejeitos de cada bebê. Ele, ao contrário, parecia confiante e à vontade diante das várias linguagens: uns balbuciavam, outros arriscavam um "mãmãmã", "papapá", "nenênenê". Babas escorriam cá e acolá, mãos e pés se articulavam: o corpo todo falava.

Tudo parecia encantá-los. O ambiente lúdico, imagético, organizado com móbiles de variadas cores, tecidos de chita composto de multidesenhos e pluricoloridos, tules, almofadas e cubos enovelados sugeriam morros com vales meândricos, formando caminhos cheios de obstáculos a serem explorados e transpostos.

Essa grande e criativa organização de ambiente era um convite a permanecer por ali. Afinal, que gato desprezaria um lugar todo colorido, cheio de desafios, especialmente projetado para a faixa etária de "bebês-gatinhos"?

Os rolos e as almofadas formavam um labirinto convidativo aos ousados amigo Gato e "bebês-gatinhos". De repente, do que parecia um labirinto, transforma-se em uma grande mistura de cores, objetos, bebês e Gato que, ao ritmo do "Atirei o pau no gato", sugeria um grande de gato.

O entusiasmo foi geral e a brincadeira foi, aos poucos, contagiando a todos. Era um tal de miau, miau, miau para cá, miau, miau, miau para lá. Entre patas, pelos, espreguiçadas e risos, não demorou muito para que todo o berçário estivesse imerso naquele movimento felino.

Foi uma festa! Entre bolas, almofadas, cordões e colchões, aqueles pequenos mostravam de fato a que vieram: brincar e brincar de montão! Incansáveis, os bebês receberam com gosto a brincadeira do bambolê. Ah, mas não se tratava de qualquer bambolê.

O felino, intuindo as necessidades do mexe-mexe do berçário, iniciou um movimento de arquear e baixar o seu corpo para que os bebês pudessem passar um a um, ora por baixo do Gato, ora por cima do Gato. Logo o bichano era um recheado cacho de crianças penduradas aqui, lá e acolá: uma verdadeira caravana mirim.

Outra brincadeira divertida foi quando o Gato, com suas patas, motivou os bebês a imitar, com os pezinhos, o movimento da bicicleta. Olhem, esta brincadeira rendeu... Pé com pé, vai e vem, a bicicleta não parava e, quando um bebê cansava, outro já esperava para tudo recomeçar.

Ufa! Os pés cansaram e as perninhas também! Mas o gato, que não é bobo nem nada, logo emendou outra brincadeira ao som do "balança caixão, balança você!" em que, junto da educadora, balançava o corpo dos bebês, um a um, para lá e para cá, alongando e descansando esses pequenos-grandes brincantes.

Foram momentos de expectativa em que o medo, a alegria e a agitação estiveram presentes, mas foi através desses acontecimentos que os bebês se aventuraram para outras escaladas pela vida, cada qual com seu jeitinho, manifestando seus sentimentos.

Os bebês já estão crescidos e o Gato, apesar do dever cumprido, sente saudade de um tempo em que o tempo era mais tempo.

14

O tapete mágico

Sandra Heloisa de Paula Pinto Gomes

> A crônica trata de conversar com o leitor sobre as vantagens de marcar os tempos e espaços do dia a dia da creche e pré-escola através de marcadores como tapetes e aventais. Os personagens, um avental e um tapete, conversam entre si e convidam os educadores a contar histórias.

Organizar o dia a dia de crianças abaixo de 3 anos é tarefa para pensar e refletir coletivamente, não é mesmo? Ou seja, se um professor quiser fazer isso sozinho e, ainda mais, com crianças pequenas, é provável que fique isolado ou, pior, desorganizado. Desde bebês, as crianças gostam de saber o que vai acontecer: *"O que vamos fazer? Para onde iremos? O que iremos comer hoje? Onde iremos passear? Vamos usar tinta? Vamos brincar com água? Vamos ouvir histórias?"* É sabido também que quanto mais a criança conhece o que vai acontecer no seu cotidiano, mais ela se apropria do seu meio e, portanto, mais perguntas, mais participação e mais autonomia!

Portanto, colega, ampliar o grau de participação das crianças nas creches e pré-escola deve ser um princípio dos nossos planejamentos. Como chamar todo grupo? Como organizar turmas de 10, 15 ou 20 crianças?

Na Creche, todas as vezes em que precisávamos reunir uma turma de crianças para diversas situações, sentávamos no chão e utilizávamos as esteiras, alguns panos ou tapetes comuns. Para as crianças pequenas, muitas vezes não ficava claro o que iria acontecer ali. Nosso grupo precisava de marcadores que explicitassem cada momento do seu dia a dia. Assim, para ajudar as crianças, criamos um recurso que permitiu-lhes compreender o tempo e os espaços do seu dia a dia.

Confeccionamos um tapete que utilizávamos sistematicamente para marcar determinados momentos da rotina. Vale lembrar aqui que a criança pequena ainda não consegue perceber a noção de temporalidade que se configura pela percepção das três dimensões – passado, presente e futuro. Elas se centram no aqui e agora, querem que seus desejos e necessidades sejam atendidos imediatamente.

Como fizemos esse tapete? Como planejamos e utilizamos esse objeto?

O Tapete Marcador foi previamente confeccionado e organizado pelas educadoras e pintado pelas crianças do grupo. O acabamento foi feito posteriormente pelas educadoras. O tapete foi entregue à turma como um presente. Desse modo, as crianças poderiam se apropriar mais facilmente do tapete como sendo um elemento que agrega o grupo. Considerando o quanto a linguagem de faz-de-conta é um veículo privilegiado de comunicação para essa faixa etária, achamos que seria interessante que o tapete fosse apresentado para a Turma por um personagem. Elegemos então uma educadora-personagem: Sherazade da história *As Mil* e *Uma Noites*.

Nesse dia, foi o maior alvoroço, em que uma das crianças logo falou:

"Olha é um tapete, parece um tapete mágico."

Outra criança disse:

"É mesmo! Vamos voar... Voar?"

E, assim, nosso tapete foi batizado de TAPETE MÁGICO. Com ele a Turma se aventurou em fazer rodas nos vários lugares de creche.
Toda vez que a educadora pegava o tapete alguém perguntava:

"Onde vamos fazer a roda?"

"É no pátio?"

"Não, eu quero no parque."

"Pode ser na Praça?"

O Projeto Tapete Mágico representa o exemplo de um trabalho pedagógico capaz de auxiliar a criança a criar vínculos com o novo, com o conhecimento, com o fantástico, o fazer artístico, a exploração e a experimentação, de maneira muito participativa.
O Tapete foi um indicador para as crianças, ou seja, um signo, um sinal representativo de que, juntas, iriam vivenciar experiências. Podemos dizer que o Tapete Mágico funcionou como um espaço de aprendizagem, de formação e de emancipação, na medida em que também contribuiu para o desenvolvimento de uma maior autonomia por parte das crianças.
O Tapete deixou uma marca no grupo daquele ano. Sempre que ele era aberto, as outras turmas sabiam que, em seguida, a Turma do Jacaré estaria ali e que alguma surpresa iria acontecer. Com isso, montamos, também, uma marca, um jeito de fazer na instituição que também chamava a atenção dos outros adultos.
Nosso desejo? É que estas "marcas da infância" apareçam nas boas lembranças de cada criança.

15

Oxente, adulto brincante?!

Eliene Oliveira Almeida Santana

"A mulher do padre
Não ouve missa
Nem atrás dela.
Há quem fique...
Como isso é verdade,
assa o ovo
e a linha fica..."

> A autora pretende ressaltar a importância das brincadeiras da sua infância como um elemento agregador das relações e também um conhecimento importante a ser ensinado às crianças da creche. Brincadeiras que muitas vezes as crianças de hoje não conhecem, porque perderam o espaço da rua e dos quintais, e a escola no mundo contemporâneo é o lugar de reconhecimento e de construção da cultura da infância.

Mal chego à Creche e lá estão elas, curiosas, para que eu conte mais uma história. Quando é que poderia imaginar que eu, uma moça simples do interior da Bahia, iria fazer sucesso com o público infantil.

O que eu não sabia é que, de auxiliar de serviços, passaria, depois de muita resistência, é claro, a parceira coadjuvante no desenvolvimento daquelas crianças.

Era um tal de *"Eli, venha brincar com a gente!"*, *"Eli, conta uma história!"*. Mas aquele meu jeito sério de pensar o trabalho não permitia que eu me envolvesse nas brincadeiras.

Assim, como toda história tem um mistério, a minha não poderia ser diferente. Não sei dizer se por culpa ou vontade de brincar, mas o fato é que dei a sonhar com os pedidos das educadoras e com as brincadeiras das crianças. Foi aí que comecei levar a sério esse negócio de brincar. Por isso, a cada novo projeto, lá estou de prontidão para mais um "senta que lá vem história".

Brincadeira na Creche é coisa séria! Tem organização e tudo. Tem gente que pensa e se preocupa com a realidade das crianças cada vez mais sem espaço e companhia para brincar em suas casas.

Foi percebendo o esforço desse pessoal, tão preocupado com o presente e o futuro dos pequenos, que abracei a causa e as crianças. Hoje ensino as brincadeiras de roda com recitação de versinhos e tudo. Essa meninada curiosa e inteligente aprende rápido, querem mais e ainda dividem o que aprendem com os pais.

Aliás, história na Creche é algo que encanta e une pais e filhos. É por isso que as educadoras sempre retomam o projeto "Roda de histórias", do qual eu, muitas vezes, participo.

A história da "mula-sem-cabeça" ficou no imaginário das crianças e na memória dos pais. Essa história é sempre recontada e os "perguntadores de plantão" me encantam com tantas perguntas: "Eli, por que a mula tem de esperar o terceiro cantar do galo?", "Ela não se cansa de ficar correndo sem parar?", "Se assar o ovo ela vai embora? Acaba o feitiço?"

Outro dia, enquanto preparava a mesa para o lanche, cantarolava com meus botões algo como: *"A casinha da vovó, cercadinha de cipó, o café tá demorando, com certeza não tem pó!"*

Bastaram dois ou três ouvirem para assanhar todo o grupo. A essa altura, já corriam pelo pátio, anunciando a boa nova:

"Pessoal, corre! Vem que a Eli tem uma trova!"

A alegria ficou ainda maior quando prossegui com a cantoria:

"Brasil 2000! Quem mexer saiu! Estátua! Não vale rir, nem se mexer, nem piscar, nem se coçar, quem será que vai ganhar?"

Nessas horas, sou criança como as crianças. Retomo a minha infância e, de repente, redescubro que gosto de brincar, pular, correr, de sorrir e fazer sorrir.

A meninada se interessa e recebe com alegria e novidade as histórias, as trovas ou a fala de minha infância. Percebo que, com muito pouco, contribuo para que a hora do lanche, do lavar as mãos, das idas ao banheiro fique mais divertida e interessante.

E a "baguncinha" de todo dia não para por aí. No projeto "Frutas", por exemplo, eu trouxe um cacau da Bahia; imaginem a carinha das crianças quando tocaram na fruta de que é feito o "amigo" chocolate.

É por essas e outras que me considero uma educadora brincante na Creche. Aqui, eu cuido das *coisas das crianças*, troco experiências com os parceiros de trabalho, auxilio na adaptação de cada uma delas.

Oxente, aqui eu cuido e educo!

16

Painéis e murais para a criança abaixo de 3 anos?

Francisca de Fátima da Silva e Rita de Cássia Pizete Brunello

> A crônica apresenta vários modelos de murais e painéis como estratégias de aproximar a família dos projetos pedagógicos e do dia a dia das ações educativas. As diferentes formas de instalações provocam impacto nas famílias motivando sua participação nas diversas modalidades oferecidas pela instituição.

Criança pequena adora mostrar o que faz!

Os painéis e murais servem de referencial onde podem acompanhar os fatos que se sucedem e, também, garantir um espaço onde poderão expor suas produções, socializando, assim, suas expressões e seus conhecimentos. Painéis e murais significam também uma agradável forma de se marcar o tempo. Organizam ainda o dia a dia dos adultos, levam a acompanhar os fatos e programas promovidos pela instituição e organizam o fluxo de informações para toda comunidade. Além disso, os espaços das paredes, portais e portas das fachadas das salas e corredores das creches devem prover uma estética garantindo a produção infantil.

Os bebês e as crianças pequenas se apropriam de algumas habilidades. Assim, confeccionar os painéis e murais possibilita:

- desenvolver os diferentes sentidos – tato, olfato, visão, audição e gustação;
- ampliar e desenvolver o gosto artístico;
- ampliar as diferentes linguagens – plástica, escrita e oral;
- compreensão das informações na instituição;
- marcar o tempo dos acontecimentos na instituição;
- promover a socialização das atividades pedagógicas e dos eventos;
- conhecer as diversas rotinas da instituição;
- ampliar a autonomia das crianças.

Com certeza, os painéis e murais são espaços interativos que ajudam as crianças a se apropriarem dessas habilidades. Para tanto, os materiais podem ser diversificados, tais como: papelão, cartolina, papel cartão, papel machê, papéis coloridos, tecidos, jutas, madeira, plástico, guache, cola, cola colorida etc. É importante lembrar que os materiais selecionados para a confecção de painéis e murais devem ser resistentes para que as crianças possam manipular, mostrar e tocar. Para confeccioná-los, escolha um tema, um local para exposição e construa, com ou sem a participação da criança, dependendo do assunto, o seu mural ou painel. É preciso que o professor lance mão de sua criatividade, utilizando diversos materiais e técnicas como pintura, colagem, fotografias e desenhos infantis. Sempre que a construção do painel/mural é feita com as crianças, retira-se do professor a responsabilidade de todo o acabamento, valorizando, assim, a estética infantil.

É importante observar que:

- Os materiais devem ser resistentes, coloridos e significativos para a criança abaixo de 3 anos.
- Os materiais utilizados devem possibilitar a interação das crianças e dos adultos.
- Quando houver escrita, esta deve ser legível.
- Sempre que houver fotos é necessário conter a legenda correspondente.
- Os desenhos estereotipados de revistas e cartilhas devem ser evitados.
- Para incluir todas as famílias, deve-se considerar sempre as diferentes culturas.

É possível a confecção de painéis, como:

- Bem-vindos: para a recepção e acolhimento de crianças e famílias na instituição.
- Aniversariantes: para marcar um dia que é único e especial para o aniversariante, bem como informar a todos desse dia.
- Significado de nomes: este painel traz a história do nome da criança e como ele foi escolhido na dinâmica familiar.
- Ajudantes do dia: esse painel organiza as ações educativas e o tempo envolvendo as crianças e ampliando o grau de participação nas ações diárias.
- Exposição: de produções das crianças, para socializar as produções infantis para o restante da instituição e para as famílias.

- Avisos: para informar a família sobre o cronograma anual da instituição tais como reuniões, palestras, passeios, festas e eventos.
- Brincantes: fotos, imagens e peças com ímãs para que as crianças encaixem, classifiquem e separem.

17
O divertido é sentir medo

Janeide de Sousa Silva

> Ao pesquisar brincadeiras da sua própria infância o educador descobre como as brincadeiras de assustar fizeram parte da infância e de muitos de nós. Quem não se lembra das histórias de assombração? Ou das brincadeiras no quarto escuro? O objetivo desta crônica será refletir sobre o porquê de este assunto ser tão importante para as crianças.

A seção de cinema foi iniciada e o filme tinha sido escolhido pelas crianças, que entravam na sala apreensivas, agitadas, curiosas. Algumas já conheciam aquela animação e diziam não ter medo; outras preferiam ficar em silêncio, olhando os fantasmas no ar.

– Pssssssssiu! Silêncio. "O Estranho Mundo de Jack" já está começando.

É interessante observar como algumas crianças são atraídas por brincadeiras, histórias e cantigas de assustar. O que será que está por trás disso? Sentir medo e ou provocar medo no outro causa algum prazer? Bom, qualquer resposta agora seria um tanto precipitada; continuemos olhando as crianças na seção de cinema.

– *Nossa, olha aquele monstro!* Algumas crianças se abraçam, outras fecham os olhos, outras ainda enrijecem seu corpo, arregalando mais e mais os olhos, quase sem conseguir piscar, o filme tinha começado.

Alguém, com uma voz corajosa, fala bem alto, procurando quebrar o silêncio desconfortável:

"Jack é muito aterrorizante, é o melhor assustador, mas e eu sou melhor ainda!". Logo em seguida, a mesma voz completa:

"Dá um medinho gostoso, né!"

Será isso? O gostoso, o divertido é sentir medo?

No final da seção, as crianças que estavam eufóricas, saíam da sala dizendo que não foi tão assustador, que não sentiram medo, que nem foi tão engraçado.

É isso mesmo: o engraçado, o divertido é sentir medo!

As brincadeiras de assustar estão por aí, partilhando do cotidiano das crianças e também dos adultos, causando desconfortos, provocando sorrisos, criando fantasias.

"Eu gosto de brincar de assustar o meu irmão, porque ele é pequeno, daí eu cuido dele."

Assustar para cuidar? Para ser importante? Para partilhar de algo? Para ficar junto com o outro?

"Eu e meu pai, a gente brinca de ficar com medo, daí a gente fica juntinho! É que eu posso matar o monstro, se eu for monstro também!"

Se o medo pode ser encarado como um dos elementos do jogo simbólico, do faz-de-conta, que ativa a criação de fantasias e ajuda na exploração de significados e sentidos sobre assuntos do dia a dia, então se pode dizer que ele ativa a capacidade representativa da criança, assim como também pode ser um instrumento de aprendizagem dos valores de uma cultura.

Certa vez, numa roda de histórias sobre o Mito do Minotauro, as crianças, com faixa etária entre 5 e 6 anos, curiosas em desvendar os mistérios de como um touro poderia ter traços humanos, criavam hipóteses sobre quais seriam as ações desse monstro e entre risos e cochichos, questionavam:

"Quem criou o Minotauro?"

"Ele tem uma mão enorme pra pegar as coisas!"

"O que será que ele fez para ficar assim?"

"Será que ele come crianças?"

"Eu já vi um uma vez, mas daí ele correu muito rápido!"

Até que alguém sugeriu:

"Já pensou se a gente fosse ao labirinto do Minotauro?"

Pronto, esta foi a próxima aventura, conhecer o labirinto do Minotauro, e os professores foram intimados a organizarem tudo.

Então, o dia foi marcado, os combinados foram estabelecidos e as crianças foram convidadas.

Almofadas, tecidos úmidos, bolsas de água gelada, jornal amassado, jogos de encaixes..., ou seja, uma série de materiais e brinquedos espalhados pelo chão, formando uma trilha que era delimitada por mesas e cercas.

As crianças, embaladas ao som de músicas infantis de terror, ao aroma de perfumes de incensos e num clima de euforia e curiosidade, antecipavam o que possivelmente encontrariam naquele labirinto. De olhos vendados e pés descalços, algumas crianças, antes de percorrê-lo, demonstravam o desejo de participar e receio de fazê-lo, porém o ambiente ficou agitado como num divertido e excitante dia de festa infantil.

"Ai, ai, ai, que legal, vou conversar com o Minotauro!"

"Será que ele está em casa?"

"Tem fogo na casa do Minotauro?"

Mesmo sabendo o que aconteceria, isso não retirou a euforia das crianças perante o suposto desconhecido. Pois, então, o surpreende não era saber o que aconteceria, mas, sim, de que forma.

Algumas crianças pediram para que as educadoras as acompanhassem no labirinto. Outras escolheram colegas como parceiros e tiveram aquelas que foram acompanhadas por seus pais e nem todas usaram as vendas. Entretanto, todas tinham algo a dizer:

"Estou ouvindo os gritos dele!"

"Aqui está frio!"

"Ele está roncando!"

A alegria era contagiante quando a brincadeira chegou ao fim. Uns diziam ter tocado no Minotauro, que pegaram em algo que parecia fogo, que tinha espinhos no chão, que quase caíram no buraco, que pisaram no vômito do monstro, etc...

Foi aí que resolvi conversar com as crianças sobre esse tipo de brincadeira e quanta coisa elas tinham pra contar: que o corpo fica estranho, que encolhe, que as batidas do coração aceleram ao mesmo tempo em que tudo parece parar, que dá vontade de chorar, de correr, que dá arrepios e tremores, que sentem uma "cosquinha"... e, quando questionei se elas conseguiam dizer não para esse tipo de brincadeira, ouvi:

"É só não brincar mais."

"Eu prefiro ficar. Daí, se não dá, eu saio pra brincar de outra coisa."

"Eu falo que não estou gostando mais."

"Eu choro, né!"

O gostoso e o divertido de sentir medo têm um limite e é este, o limite entre a brincadeira e a realidade, o prazer e o temor, que deve ser observado.

Sentir medo pode ser uma experiência fabulosa, desde que não desestruture a criança. Parece-me que as brincadeiras de assustar acabam por desempenhar um papel importante para as crianças, no que se refere às possibilidades de lidar com os elementos da realidade que se pretende entender, sem, contudo, ser algo que lhes escape do controle.

O medo é uma reação natural do organismo diante do inesperado, do desconhecido. Pode acreditar, dá prazer! Libera adrenalina e as crianças aprendem a lidar com as surpresas.

18

Como as baleias mamam?

Clélia Cortez

> O objetivo desta crônica é discutir o trabalho de formação dos educadores como prática fundamental para a construção da ação educativa no contexto da instituição.

Criança pensa e diz cada coisa, não é mesmo? Por que a lua não cai do céu e anda com a gente quando estamos passeando de carro? Por que chove e por que faz sol? Por que o dia é claro e a noite é escura? Por que a gente morre? E por que a gente está vivo?

Quantas perguntas difíceis! Vira e mexe somos bombardeados com as suas indagações e ficamos perplexos por não possuirmos muitas respostas. São tantos anos de leitura, os planejamentos, mas nessas horas... titubeamos.

Mas quando damos ouvidos ao que as crianças pensam sobre o mundo e retornamos algumas de suas perguntas, ouvimos respostas do tipo:

"Ah, chove, porque São Pedro está lavando o céu!"

"Fica de noite, porque Deus apaga a luz e de dia ele acende."

"A gente está vivo porque come, ué!"

As crianças não estavam querendo saber como nascem os bebês baleias, como estes vivem no mar, algo que os livros podem até mencionar, mas não acompanham o brilhante raciocínio delas: se todos os bebês mamíferos mamam no peito de sua mãe, como ficam os bebês baleias?

Adulto não quer mais saber por que o céu é azul, por que as estrelas ficam no céu... Onde foi parar toda aquela curiosidade infantil, todo aquele desejo de desvendar os mistérios do mundo? Para dar continuidade com as crianças, as educadoras precisaram voltar no tempo, relembrar o quanto era bom questionar o universo e o quanto poderiam ter aprendido mais sobre os fenômenos, se os adultos se dispusessem a fazê-las pensar diante de suas dúvidas. Mergulharam então no universo das ciências e no entusiasmo contagiante das crianças, mas tinham um caminho: alimentar as perguntas das crianças com novas perguntas.

Recorreram ao mundo que as crianças consideram fantástico: as experiências. Qual a criança que não vibra com as outras perguntas que podem gerar um experimento? E duvidam, duvidam, questionam... Pois foi isso que viveram essas educadoras, e, para que as respostas fossem encontradas pelas próprias crianças, tiveram que deixar a pressa de lado e ser cautelosas, pacientes. Acho que faltou falar parcimônia!

As educadoras resolveram apresentar aquela velha experiência que fazíamos na escola, mas para a qual não encontrávamos um sentido real: a mistura do óleo na água. "Dois bicudos não se beijam", geralmente era a resposta para que entendêssemos esse fenômeno. Bom, mas queriam que descobríssemos o quê realmente? O sentido só estava no preenchimento daquelas fichas com nome do experimento, materiais, procedimentos etc? Ainda bem que criança gosta muito de investigar e procura tirar suas próprias conclusões.

As professoras sabiam que era preciso surpreendê-las. Resolveram então levar para a sala um copo com sal e outro com água.

- O que vocês acham que vai acontecer quando jogarmos este sal dentro da água?
- Ah, vai misturar igual quando coloca açúcar no suco! Experimentamos para ver os resultados.
- E vocês sabem o que é isso? As crianças se aproximaram, olharam, fazendo mais observações.
- É óleo, a minha mão usa óleo no arroz.
- A minha, no bife.
- Pois é, com óleo a gente faz muitas coisas na cozinha. Mas será que, se eu colocar água, vai misturar como o sal e a água?
- Vaaaaaaai!!!
- Ah é, então vamos ver... Ela misturou a água depois o óleo.
- O que aconteceu?
- Ah, não misturou, mas foi porque você colocou primeiro a água.
- Então vamos ver se é por isso...
- Ah, você não mexeu bem, tem que mexer.

Nesse momento, ela mexeu bem forte para que pudesse derrubar qualquer possibilidade de dúvida.

- Ah, não mistura, o óleo não mistura com a água não!

Resolveram então retomar o texto sobre as baleias. Leram, releram. As crianças ficaram se perguntando: como mamam os filhotes de baleia no fundo do mar? Ao lerem, e se depararem novamente com a informação de que as baleias jorram o leite na água e que este leite é extremamente gorduroso, uma criança imediatamente disse:

- Ah, já sei como ela faz: o óleo não mistura com a água, aí ele pega com a boca o leite quando ela joga no mar!

"Eureka!", não gritaram, mas pensaram as educadoras!

Como buscar explicações para o "como" e o "porquê" dos fenômenos que as crianças tentam entender? Como não ser rigoroso no planejamento e dar espaço ao que pensam? Como contemplar todas essas inquietações nas mais simples ações do cotidiano? Quantas dúvidas! Para isso, uma certeza: curiosidade, observação, paciência e informação na hora e dose certas devem caminhar juntas.

Criança diz cada uma, não é? Imagina se não dissesse! Quantas coisas deixariam de saber, se não escutássemos suas dúvidas e questionamentos sobre o mundo. Ora, se nos propomos a trabalhar neste universo, deixemos a paciência reinar para que possamos nos deliciar com os seus pensamentos. Transformemos indagações e interpretações em ferramentas para a produção de novas ideias. As crianças são capazes disso. E como são, não é mesmo?

19

Pra trabalhar com crianças, é preciso Bunzumzum

Ariane Fermino de Macedo

> Esta crônica é um relato da experiência de um grupo de crianças de 3 e 4 anos preparando-se para participar da reunião de pais, e de como o educador faz a mediação entre famílias e crianças para que, em um momento como o da reunião, fiquem evidentes os avanços e conquistas e não as dificuldades.

Estava lá, não havia mais jeito.
O calendário acusava: Semana de Reunião de Pais.
Mas como tornar esse momento especial e proveitoso, sem abordar as dificuldades e, ao mesmo tempo, evidenciar os avanços e as conquistas?
Foi então que resolvi perguntar ao grupo de crianças de 3 a 4 anos.
É verdade! Perguntei para as crianças o que eles gostariam de fazer para receber seus pais na Creche.
Uma das crianças arriscou um palpite:

– Vamos ao parque ecológico!

A alegria foi geral, até que uma outra criança comentou:

– Não somos a turma da girafa? Então, o que vamos fazer lá? Nem girafa tem...

Pronto, estava aberto o debate.
A vontade de palpitar, dizer o que se estava pensando, tornou a roda um pouco confusa. Resolvemos então escrever todas as propostas sugeridas e debatê-las, para chegarmos à nossa magnífica e sensacional tarde de reunião. Decidimos, então, o título que daríamos a reunião de pais seria: *Tarde de Aventuras*.

Um dizia que deveríamos montar o nosso próprio zoológico, pois nele sim existiria uma girafa. Outro defendia o passeio ao parque ecológico. Para ele, o melhor mesmo era irmos ao parque e fazermos um lanche, pois não era importante a falta de girafa, o mais importante era passear. Outros, ainda, arriscaram dizer que não poderiam faltar as nossas músicas prediletas, pois deveríamos fazer uma roda contada.

O assunto corria solto, até que um menino, aquele mais tranquilo da sala, que até o momento só observava, resolveu pôr o ponto final:

– Vamos fazer saladas! O que as girafas gostam de comer são folhas, por que não comermos alface?

O espanto foi geral. Como não havíamos pensado nisso antes? O Bunzumzum estava pronto! A menina com tranças dizia que não poderiam faltar tomates, o menino de boné (aquele defensor das girafas) achava melhor que tivesse uma girafa mesmo, a garota com os cabelos cheios de presilhinhas estava preocupadíssima com o leite. É bem verdade que os bebês girafas bebem leite, e como o seu boneco-bebê poderia beber leite, se só existiriam folhas?

Pronto, agora, com todo grupo envolvido, já poderíamos organizar todas as ideias. Como eu havia gostado da ideia da salada para girafa e coisa e tal, resolvi perguntar:

– E como temperaremos as saladas?

Todos se entreolharam e direcionaram seus olhares a mim. Foi quando uma das garotas me disse:

– Você é quem sabe, você é a professora.

Lá fomos nós fazermos nossa pesquisa, não sem antes fazermos o combinado do silêncio. Ninguém poderia contar aos pais o que estávamos preparando para eles.

Duas semanas se passaram.

Você já reparou como as semanas nas creches passam rápido?

Convites prontos, variedades de saladas escolhidas (alface, rúcula, agrião, tomate-cereja). Também teríamos suco de caju.

E os molhos para a salada? Tivemos até a ideia de colocarmos queijo minas no meio da salada, assim, não faltaria leite para o boneco-bebê de uma das meninas. Ah... não posso me esquecer dos *croutons*, aqueles quadradinhos de pão torrado, colocados no meio das saladas verdes, que fazem a alegria da garotada.

Havíamos trabalhado muito, todos desafiados para o grande dia, até que ele chegou.

Nossa *Tarde de Aventuras* tinha música, tinha saladas, tinha pais surpresos com os nossos talentos, tinha fotos espalhadas por todos os lados com o nosso passo a passo até chegarmos ali, tinha crianças aproveitando e se divertindo muito. Mas faltava algo...

Com um grupo com o nome de *Turma da Girafa*, não havia uma girafinha sequer para o encerramento do semestre?

Aí veio a surpresa. Convidei as famílias para que, junto com as crianças, fizessem uma escultura de girafa utilizando materiais alternativos como caixas de leite vazias, contando ainda com cola e fita adesiva. Nada mais.

Todos estavam trabalhando em uma mesma sintonia, todos se esforçando e se divertindo para chegarem, juntos, ao produto final.

Ao final daquela tarde, cada pai se despediu com a certeza dos avanços e conquistas que seu filho havia feito durante o semestre, sem que eu precisasse dizer uma única palavra a respeito.

A última frase que se ouviu foi:

"Que maravilha. Nossa girafa está pronta!".

20

Reconto: o canto do medo

Ana Maria Mello

> A crônica trata de apresentar arranjos espaciais temáticos narrando as oportunidades de interações entre as crianças. Também apresenta crianças brincando com o medo. Os cantos são organizados considerando os projetos que estão em cena como também algumas datas regionais.

Todo o Brasil sabe e fala: cantos, tocas e arranjos espaciais servem para as crianças abaixo de 6 anos brincarem. Com diferentes objetos e cenários, serve, ainda, para promover interações entre elas. Promove também autonomia, pois a criança constrói e reconstrói seus próprios cenários para suas brincadeiras de fazer de conta. Assim, estruturar cantos, que sejam um espaço que retrate temas da nossa e de outras culturas, possibilita interações entre as crianças e entre diversas linguagens, como: plástica, oral, faz de conta, musical, gestual, entre outras. Além disso, promove uma série de reações afetivas, considerando, também, aquelas contraditórias como a raiva/amor, aceitação/rejeição, medo/segurança, alegria/tristeza.

Afirmando assim, parece que descobrimos o remédio para todos os males da interação entre adultos e crianças e entre crianças nas creches e pré-escolas, não é mesmo? Mas, você sabe, organizar espaços é uma das dimensões do ambiente. É verdade, é preciso planejar espaços/objetos, mas é preciso organizar o tempo, as interações e a funcionalidade dos ambientes.

Mas, para fazer isso, e com crianças pequenas, e na educação infantil, precisamos, também, de método. Precisamos saber: o que oferecer para determinada faixa etária? Qual é o melhor horário? Qual é o tamanho do grupo? Quais são os desafios?

Esta história que vamos contar nasce na necessidade de responder a algumas dessas perguntas.

Naquele ano estávamos com crianças entre 2 a 3 anos. Crianças de 2 a 3 anos têm medo. Elas adoram histórias de lobo, mas elas têm medo; quando vão dormir, adoram cobrir o rosto para brincar, mas elas têm medo. Quando brincamos de cut-cut, adoram brincar de se esconder, mas algumas riem-choram-gritam. Sentimentos contraditórios aparecem no mesmo instante.

As professoras organizaram um canto na sala para brincar de medo ou com o medo de cada um. Puxaram tecidos (TNT) pretos, amarram ali e aqui, torceram as pontas e estava quase pronto, quando uma criança sugeriu: *"faltam olhos, muitos olhos!"*. Edna aproveitou a ideia e pediu para que todos desenhassem seus olhos em umas fichas de cartolina que ela mesma preparou. Em seguida, colou na parte interna da tenda aqueles muitos olhares. Pareciam mesmo olhares cuidadosos. Olhares que protegiam todas as crianças que por ali brincavam de medo. Também contou muitas histórias sobre medo, as crianças estavam bastante motivadas para o tema.

Quem trabalha com criança pequena sabe que os primeiros sinais de sustos e medos podem começar por volta dos 7 ou 8 meses, quando os bebês costumam estranhar ambientes e pessoas com os quais não estão acostumados. Já com 2 anos, é comum a criança ter medo de ser abandonada pelos pais ou pelo adulto responsável por ela. Com o desenvolvimento da linguagem/pensamento – em torno dos 3 anos de idade – quando a imaginação está também desenvolvida, é que aparecem os medos mais intensos e abstratos, como do escuro, de bruxas, dos lobos, fantasmas, monstros e bichos papões. Como resultado do pensamento mágico, a criança fantasia e acredita que existe de fato. *"A casa do Lobo existe, não existe?"*, perguntam elas.

Frequentemente, os pais e educadores ficam confusos e não sabem como lidar com essa situação. Uma boa maneira de auxiliar a criança a vencer seu medo consiste em fazê-la participar da procura de métodos práticos de lidar com a experiência assustadora. Daí o canto do medo da professora Edna ter sido um sucesso.

Em casa, algumas famílias relatam que, às vezes, o simples fato de manter acesa uma luz fraca no quarto durante a noite é suficiente para assegurá-la de que não há monstros espreitando no escuro. Outra forma consiste em mostrar o objeto que traz medo à criança numa situação em que ela se sinta segura.

Quando organizamos um canto do medo, por exemplo, contamos que, quando éramos crianças, também tínhamos medo – parece que a cumplicidade também é um método eficaz. E, mesmo quando conversamos com as crianças sobre os nossos medos, admitindo que até hoje temos medos, as crianças sentem-se aliviadas. O medo faz parte da vida da criança, embora ela ainda não tenha condições emocionais para enfrentá-lo.

Por essa razão, todos os medos das crianças – alguns absurdos, outros nem tanto – merecem o maior respeito. De nada adianta o adulto fingir que não notou. E nem insistir em dizer que não tem bicho nenhum atrás da cortina ou que fantasmas não existem. Conversar com a criança sobre o assunto, levá-la a revelar, a brincar no canto do medo, a ouvir história sobre medo traz alívio. O simples fato de poder compartilhar com os amigos, com o professor querido qualquer experiência vivida traz alívio aos pequenos.

Assim, deixar a criança falar, dividir o peso de suas dúvidas e experiências ainda é o melhor jeito de enfrentar o medo na infância.

> **Dicas das Professoras Lésia e Ionice para montar qualquer canto**
>
> É importante observar:
>
> • A escolha dos materiais para que eles sejam seguros para as crianças manusearem.
> • O canto tem que se transformar bimestralmente. Muitas vezes eles são resultados de um projeto ao longo do semestre.
> • Possibilite que a criança brinque com autonomia, criando suas próprias brincadeiras.
> • Sempre planeje o canto pensando em temas que retratem também culturas locais, nacionais e internacionais.
> • A montagem do canto deve envolver várias professoras, famílias e funcionários que contribuam com ideias criativas.
> • Os materiais podem ser recolhidos por toda comunidade.
> • Os espelhos e metais refletidos devem ser incluídos.

Para saber mais

ALZUGUIR, Élide M. V. As mil e uma noites. (adap.) *Os mais belos contos do mundo. Coleção: as melhores estórias infantis ilustradas*. Editora Vecchi, sem data.

CARVALHO, Ana Maria de Almeida; RUBIANO, Márcia Regina Bonagamba. Vínculo e Compartilhamento na Brincadeira de Crianças. In: ROSSETTI-FERREIRA, M. C. et al. (orgs.) *Rede de Significações e o estudo do desenvolvimento humano*. Porto Alegre, Artmed, 2004. p. 171-187.

CHAUÍ, Marilena. *Público, privado, despotismo*. In: *Ética*. São Paulo: Companhia das Letras, 1997. p.345-390.

CORREA, Cristina Mara da Silva; JORGE, Isa Maria Gouveia; SILVA, Maria Claudia Leme Lopes da; D'ÁVILA, Vera Regina Ciorlia. *Guia Prático do Educador: Berçário*. Divisão de Creches/ COSEAS – Universidade de São Paulo, São Paulo, 2004.

DE VRIES, Rheta; ZAN, Betty. *Ética na Educação Infantil: o ambiente sócio-moral na escola*. Porto Alegre: Artmed, 1998.

FORNEIRO, Lina Iglesias. A organização dos espaços na Educação Infantil. In: ZABALZA, M. *Qualidade em educação infantil*. Porto Alegre: Artmed, 1998.

GALVÃO, Izabel. *Henri Wallon: uma concepção dialética do desenvolvimento infantil*. Petrópolis: Vozes, 1995.

KAWASAKI, Clarice Sumi; CERRI, Analucia; ABDALA, Ludmila. A construção de um calendário biológico na Creche Carochinha. *Ciência & Ensino* (08), Junho de 2000, p. 03-06.

LOBO, Alfredo; QUELUZ, Ana Gracinda; CORDEIRO, Ana Maria. *A aventura de crescer: brincar e explorar é o trabalho da criança*. Rio de Janeiro: Rio Gráfica Editora, 1985.

OLIVEIRA, Zilma Moraes Ramos de (org.). *Educação infantil: muitos olhares*. São Paulo: Cortez, 1994.

ROSSETTI-FERREIRA, Maria Clotilde; MELLO, Ana Maria; VITÓRIA, Telma; GOSUEN, Adriano; CHAGURI, Ana Cecília. (orgs.). *Os fazeres na Educação Infantil*. 11. ed., São Paulo: Editora Cortez, 2008.

ROSSETTI-FERREIRA, Maria Clotilde; AMORIN, Kátia; VITÓRIA, Telma. Emergência de novos significados durante o processo de adaptação de bebês à creche. In: PEDROSA, Maria Isabel. (org.). *Investigação da criança em interação social. Coletâneas ANPEP*, Recife, vol. 1, nº 4, p.111-143,1996.

TAILLE, Yves de. Construção da fronteira da intimidade: a humilhação e a vergonha na educação moral. *Cadernos de Pesquisa*, São Paulo, n. 82, p. 48-55, 1992.

E mais... Vale consultar

- Há um *Programa Especial de Formação Inicial em Serviço* – Nível Médio (ADIMagistério) para auxiliares de desenvolvimento infantil publicado pela SME e a Fundação Vanzolini, SP 2002-2004. Com o mesmo objetivo o MEC organizou um Programa de Formação Inicial para Professores – PROINFANTIL, Brasília 2005.
- Já O UNICEF juntamente com o CECIP organizou um Programa *Trocando em miúdos*, RJ 2001 – para formação continuada em serviço.
- Há pesquisas, leis e normas no Brasil (CNE/MEC), sugerindo tamanho do grupo e quantidade de professores para cada faixa etária, como também as vantagens de trabalhar com crianças no ambiente externo, disponíveis em <www.portal.mec.gov.br>.

Supervisão I
Muitos olhares

Em busca de compreender o sentido das condutas infantis
Izabel Galvão

A leitura das crônicas apresentadas no Capítulo III – *Reconhecendo as contradições entre crianças, famílias e educadores: a construção da intimidade* – é muito gratificante. O conjunto de situações relatadas reflete práticas respeitosas da criança, um ambiente vivo, inventivo e estimulante, educadores compromissados e reflexivos. Esse conjunto transmite o jeito de fazer e de pensar próprio às creches da USP e, ao mesmo tempo, toca em pontos essenciais que são comuns a qualquer estrutura de atendimento da criança de 0 a 6 anos. Estou convencida de que a partilha desses fazeres iluminados por interrogações consistentes e soluções pertinentes é elemento pontencialmente inspirador para educadores inscritos em outros contextos de intervenção.

O olhar que os adultos dirigem às crianças traduz a permanente busca em compreender o sentido de suas condutas. A criança é reconhecida como indivíduo dotado de capacidades e recursos próprios, os quais, mesmo que diferentes dos adultos, têm coerência e eficiência. A surpresa diante de determinados gestos, palavras ou interrogações dá matéria à reflexão e permite que o adulto avance nesta compreensão. O desejo que a criança aprenda [se desenvolva] e se transforme se traduz nas intervenções adultas, seja voltadas para o grupo, seja centradas em um indivíduo.

Na crônica "Como as baleias mamam?" (18), vemos educadoras que, deixando de lado a ligeireza do adulto diante dos "mistérios do mundo", mergulham nas infindáveis perguntas geradas pela curiosidade infantil e buscam caminhos originais para alimentar as interrogações infantis: realizar a experiência da mistura óleo/água para explicar como mamam os filhotes de baleia. Essa situação ilustra o adulto se distanciando de seu modo habitual de fazer e de pensar, aproximando-se do modo próprio das crianças e indo buscar respostas em um campo que é produzido pelos adultos – a ciência – mas que muitas vezes pensamos inacessível às crianças.

Na crônica "Por que temos nojo?" (10), vemos como a observação que a educadora faz sobre o comportamento de uma criança a leva a ir de encontro com aquilo que parecia "natural" a essa menina de 4 anos. O demasiado respeito desta personalidade descrita como introspectiva poderia tê-la privado de experiências ricas e desafiantes, como brincar com os coleguinhas de pés descalços na areia. Felizmente a educadora foi mais além do respeito complacente à "especificidade" dessa criança e lhe propôs situações que, sem agredi-la, permitiram que ela se abrisse ao toque e ao contato com materiais, favorecendo por esta via sua abertura ao mundo de um modo mais geral.

O caso descrito na crônica "Quero Colo" (12) é oposto ao anterior, já que se trata de um bebê que busca o toque e o contato físico, pedindo colo de modo mais intenso do que os demais. A intervenção do adulto também foi oposta, pois ela foi no mesmo sentido da demanda infantil: as educadoras, depois de interrogações e reflexões coletivas, perceberam que, para este menino, naquele momento, o colo era uma necessidade que precisava ser diretamente atendida. O atendimento dessa demanda é que poderia fazer com que, em um momento seguinte, Matheus passasse a outras demandas e desenvolvesse outros recursos. Essa hipótese, que se constatou, contraria o risco comumente evocado de cristalização numa conduta que gostaríamos de ver evoluir: de fato isso pode mesmo acontecer, mas há situações em que é o não atendimento que pode representar uma privação e, esta sim, pode levar à cristalização da demanda e do comportamento.

Como se vê, é difícil estabelecer uma regra geral de como agir, de como intervir. É a constante interrogação sobre o sentido das condutas infantis que pode nos indicar caminhos. A clareza quanto à relação – entre diferenças e semelhanças – que há entre adulto e criança me parece ajudar nesta reflexão.[1]

Inventando formas diferentes do consagrado modelo escolar

As crônicas ilustram uma alternativa às práticas de educação infantil que, visando ao desenvolvimento e à aprendizagem da criança, ainda têm dificuldade de se distanciar do modelo escolar. A pregnância desse modelo pode ser identificada pelo tipo de atividades propostas, mas também pela organização do espaço, do tempo, dos materiais, e, sobretudo, pelo modo como é tratado o movimento infantil. Em ocasiões anteriores (Galvão, 2004) pude mostrar como as restrições impostas ao movimento, associadas a um

---

[1] Henri Wallon dá pistas interessantes no texto "O adulto e a criança", capítulo II do livro *Evolução Psicológica da Criança*, cuja tradução foi publicada pela editora Martins Fontes em 2007.

espaço empobrecido e à concentração excessiva do controle das atividades nas mãos do adulto, consitituem um ambiente propício à eclosão de conflitos com pouco, ou mesmo nenhum, potencial de impulsionar o desenvolvimento da criança e a dinâmica do grupo.

O quadro que nos fornecem as crônicas é muito distante deste. Por exemplo, a crônica "Ouvir com todos os sentidos" (1) relata "causos" ocorridos no quintal da creche, entre sibipirunas e paus-brasil, crianças investigando o mundo com o apoio de todos os sentidos e a educadora aprendendo com as crianças que um trabalho educativo pode ser feito no plano horizontal. Isto é, a posição sentada não é a única que viabiliza a atenção e a aprendizagem. Aliás, há determinadas situações em que, para podermos captar certos objetos, precisamos recorrer a outras posturas, a outros espaços, como deitar-se sob a copa de uma árvore para poder aprender em seus detalhes os contornos das folhas e a vida existente entre elas.

A crônica "Ambiente de leitura na Educação Infantil" (11) relata o percurso de construção e montagem da oficina de informação da Creche Oeste e é mais um bom exemplo desse modelo de ambiente educativo que se distancia do consagrado modelo escolar. O cuidado com a organização e a ocupação do espaço, como este pode facilitar o acesso das crianças aos livros e favorecer uma riqueza postural que convide à leitura, são aspectos que deixam clara essa concepção em que o ambiente educativo deve ao mesmo tempo acolher a criança em suas particularidades e promover atividades sem que estas tenham seus significados dissociados dos significados culturais de que se revestem fora do ambiente coletivo de educação.

Emoções

As crônicas trazem à tona as emoções, uma importante dimensão do desenvolvimento infantil. Primeiro recurso de interação do bebê com aqueles que o cercam, as emoções podem ser definidas como aquelas manifestações afetivas que têm uma inscrição corporal visível do exterior ou perceptível para o sujeito que as experimenta. Prescindindo inicialmente do apoio da linguagem (elas lhe são anteriores), as emoções vão, conforme a consolidação desta, articular-se às representações mentais e aos significados partilhados socialmente. Podem então ser exprimidas também em palavras e desencadeadas por imagens ou pelo discurso. O suporte corporal estará sempre presente, mesmo se reduzido em função das aquisições no plano da linguagem. A relação entre os componentes das emoções, seus fatores desencadeadores e suas formas de expressão é muito complexa, complexidade que se amplifica quando o contexto é o grupo, pois essas manifestações são muito sensíveis às reações ou estímulos sociais.

Três crônicas trazem à tona o medo, mostrando diferentes facetas desta emoção e permitindo aproximar a complexidade dessas manifestações afetivas. Na primeira delas, crônica "Causos na enfermaria" (5), trata-se do medo como reação a uma situação que pode provocar dor. Na crônica "O divertido é sentir medo" (17), trata-se do medo que provoca prazer e que tem um papel dinamizador da aprendizagem. Na crônica "Reconto: o conto do medo" (20), é o medo que diverte mas que pode, ao mesmo tempo, assustar demais, perturbando, por exemplo, o sono na hora de dormir.

Os modos de intervenção relatados ilustram os diferentes sentidos adquiridos pelo medo em cada situação descrita. Na primeira, trata-se de dissipar o medo provocado pela perspectiva de ir ao hospital para fazer um curativo. A enfermeira dissipa o medo do menino mediante uma conversa em que lhe explica a situação, tentando reduzir o peso das fantasias que, se não forem reconhecidas e elaboradas, tendem a fazer crescer o medo e, consequentemente, aumentar a dor. Na segunda, a educadora se apoia no prazer que crianças de 5 a 6 anos sentem em ouvir histórias de assustar para explorar conteúdos de aprendizagem. O prazer talvez esteja ligado ao domínio que, nesta idade, as crianças manfestam frente a esse tipo de narrativa que sabem muito bem diferenciar de situações reais. Este já não é o caso das crianças de 2 a 3 anos mostradas na crônica "Reconto: o conto do medo" (20): para elas, a distinção entre a fantasia e a realidade ainda não está bem consolidada, e essa confusão de registros as torna mais suscetíveis ao medo que paralisa e perturba.

O que essas crônicas ilustram sobre o medo vale para outros tipos de emoções: podem dinamizar a atividade ou bloqueá-la, em função do contexto em que se exprimem/são desencadeadas e dos sujeitos que as experimentam. O que parece necessário valorizar é que as crônicas propõem uma atitude de acolhimento das emoções e de trabalho com elas. Tratando-se de manifestações complexas e imprevisíveis, seus efeitos sobre as interações sociais e sobre a atividade cognitiva oscilam entre o útil e o desagregador. Demandam, portanto, uma observação aguda e permanente, pela qual se pode obter pistas de como lidar com as manifestações espontâneas das crianças e como propor um trabalho educativo que vise a uma progressiva apropriação, pelas crianças, de suas manifestações emocionais.

Para aprofundar a questão das emoções, seguem algumas sugestões

ALMEIDA, Ana Rita S. *A vida afetiva da criança*. Maceió: Editora Edufal, 2008.

DANTAS, Heloysa. A afetividade e a construção do sujeito na psicogenética de Wallon. In: LA TAILLE, Y.; OLIVEIRA, M.K.; DANTAS, H. *Piaget, Vygotsky, Wallon: teorias psicogenéticas em discussão*. São Paulo: Summus Editorial, 1992.

GALVÃO, Izabel. Emoções e expressividade na perspectiva de Wallon. In: ARANTES, Valéria (dir.). *Afetividade na escola: perspectivas práticas e teóricas*. São Paulo: Summus, 2003. p. 71-88.

GALVÃO, Izabel. *Conflitos sim, violência não: cenas do cotidiano escolar*. Petrópolis: Vozes, 2004.

Supervisão II
Muitos olhares

A crônica ou a deliciosa mistura de saberes e de sabores
Claudio Bazzoni

A crônica é um gênero de texto que tem personalidade literária complexa...

Em geral, circula em jornais e revistas, mas é cada vez mais comum que apareça em livros também.

O hibridismo é a característica constitutiva desse gênero, que gosta de misturar tudo. Costuma-se afirmar que a crônica sempre se prende à atualidade, mas sem nunca excluir a nostalgia do passado; que sempre procura ser engraçada, mas sem deixar de ser séria; que sempre é tendenciosamente crítica, mas nunca agressiva; que não escolhe outro assunto que a vida cotidiana, e que por isso fala de tudo.

Ela também assume as formas mais inusitadas. Tanto que às vezes pode se parecer mais com uma "reportagem", com um "artigo", com uma "crítica", com um "conto", com uma "carta", com um "comentário"... pode, enfim, parecer-se com qualquer forma literária que o cronista quiser imaginar. Vale a máxima de Fernando Sabino que escreveu certa vez: "crônica é tudo o que o autor chama de crônica".

A história confirma que, desde os primórdios, era assim, já que – como dizem – *os tempos* (que em grego é *chrónos*, de onde vem o nome desse gênero) *sempre foram para crônica.*

Desde a Idade Média, a crônica já era a forma mais utilizada para o registro de fatos locais – eclipses, coroamentos, uma campanha ou conquista, glórias de uma casa reinante, novas descobertas, feitos de um cavaleiro ou de todo um povo – e de tudo que aos olhos dos cronistas pudesse ser digno de nota. No entanto, os relatos dessa época limitavam-se a registrar os eventos sem aprofundar-lhes as causas ou dar-lhes qualquer interpretação. Só a partir do Renascimento (século XIV), quando a noção de *crônica* deu lugar a de *história*, aparecem as primeiras crônicas que apresentam uma análise mais crítica do que relatam e mostram as consequências de processos históricos. Crônicas assim são as do escritor português Fernão Lopes (1360 – 1460), que nos fornecem um amplo panorama de sua época, dos lugares descritos mas também das fraquezas ou feitos das pessoas.

Em terras brasileiras, na passagem do século XV para o XVI, Pero Vaz de Caminha escreve uma longa carta-crônica ao rei de Portugal, dom Manuel, relatando a descoberta das novas terras, os detalhes da viagem, do contato com a gente que vivia aqui... vê, compara, sente e relata tudo de significativo que seu olhar permitiu ver por aqui.

Muitos séculos e muitas crônicas depois, finalmente, a crônica assumiu o sentido que lhe atribuímos hoje. Precisamente no século XIX, em 1800, o *Journal des Débats* em Paris introduziu a crônica diária, colocando-a abaixo de uma linha para separá-la da parte noticiosa do jornal. Recebeu ali o nome de *feuilleton* (pequena folha). Vale lembrar que abaixo dessa linha também saíram mais tarde os capítulos de romances publicados nos jornais (os romances de folhetim).

Aqui no Brasil, muitos escritores cultivaram o gênero... Olavo Bilac, Machado de Assis, Manuel Bandeira, Carlos Drummond de Andrade, Clarice Lispector... Alguns como Rubem Braga, Sérgio Porto e Antônio Maria tornaram-se especialistas neste gênero. O professor Antonio Candido afirma que pela naturalidade e pela originalidade com que se desenvolveu a crônica no Brasil, ela poderia ser considerada um gênero brasileiro.

Esse brevíssimo panorama histórico permitiu-nos ver de relance algumas facetas da complexa personalidade literária da crônica, que se reconhece na profusão de formas e de sabores de variados temas. Em meio a todo esse hibridismo, há, no entanto, algo em comum nas crônicas de todos os tempos... o serviço da reflexão. Não importa a forma, a linguagem, a crônica sempre estará perto do leitor, para provocar reflexões.

São assim as *Crônicas brasileiras no dia a dia das creches e pré-escolas da USP.* Textos escritos com delicadeza que abordam questões igualmente delicadas do universo infantil.

É bonito de ver neste livro não só a conversa entre os muitos gêneros presentes nas crônicas, mas a que acontece entre teoria e prática, entre crianças e educadores, entre coordenadores e professores... enfim, entre todos engajados na tarefa de educar.

O texto que abre o capítulo 3, *Reconhecendo as contradições entre crianças, famílias e educadores: a construção da intimidade,* de Ana Maria Mello, dá o sabor teórico para os temas que é possível perceber nas crônicas também: a construção da história da criança, sua interação com o outro, o papel mediador do professor, a participação determinante do pessoal da limpeza e da cozinha na rotina da creche, a necessidade diária de planejar as atividades, o uso inteligente do espaço da creche para a promoção de vínculos, a importância do diálogo com as famílias, a reflexão sobre o papel da própria instituição. Ana Mello põe diante dos olhos do leitor um leque de reflexões e de intervenções com propósito de ajudar crianças e adultos a lidar com todo tipo de situações – principalmente as difíceis. Com propriedade aponta que o essencial em um trabalho com crianças é favorecer – com sabedoria – as interações. Nesse contexto de descobertas e aprendizagens é possível ajudar a criança a controlar os impulsos e emoções, a internalizar as regras, a ser sensível em relação ao outro, a desenvolver a capacidade de expressar afetos e conflitos. Essa maneira de encarar a educação infantil – de educar e de cuidar, que está atenta às necessidades do corpo sem perder de vista a dimensão psicológica, sociológica, antropológica da existência dos seres humanos – fortalece experiências e valores que nos acompanham durante toda a vida.

E nas crônicas...

Nas crônicas, vemos crianças e professores em ação, ouvimos conversas de professores, tomamos contato com preciosas reflexões. São nelas que vemos as crianças descobrindo a natureza, comentando "como o sol reflete nas folhas", descobrindo "por que as árvores balançam", saudando o vento em frases ticuna; nelas vemos como o papel medianeiro do professor pode decisivamente tornar o grupo mais companheiro e unido; nelas percebemos que todos (coordenadores, professores, pessoal de limpeza, pessoal da enfermaria, funcionários) educam na creche; nelas vemos como as crianças são divertidas, agudas, sensíveis, às vezes, cruéis, sempre amorosas e inteligentes; vemos também como vencem os medos, como se relacionam com o mundo sendo cidadãs, conhecendo direitos e deveres; nas crônicas vemos que brincadeira na creche é coisa séria, que contar histórias é atividade encantadora, que crianças adoram montar painéis, que saboreiam as explicações das coisas. Nas crônicas aparece o resultado dos planejamentos, dos acertos, dos erros; aparece a voz da criança na interação com os ambientes, com as histórias, com os poemas, até com um senhor educador, o educador-gato.

Como afirmei acima... na crônica fica tudo misturado...

Nessas *Crônicas brasileiras*, as vozes dos educadores misturam-se às vozes das crianças, a prosa dos autores vem com cara de poesia. Tudo que faz a delícia de saberes e dos sabores.

Por fim...

Bem, chegamos ao final e à difícil tarefa de encerrar este livro. É hora de apagar as luzes e fechar as cortinas; olhar o que ficou fora do lugar, rearrumar ideias, repensar tudo, outra vez. Assim é o trabalho em Educação Infantil: rico, vivo, refazendo-se a cada pergunta das crianças, recompondo-se de cada susto, de cada salto, de cada ideia nova. A cada dia, tudo de novo, com cores diferentes, com novos questionamentos, com saberes somando-se para mais uma vez recriar as teorias e dar mais uma volta na espiral.

Contar sobre o trabalho, como crônica, foi um aprendizado não só sobre a escrita e a produção do texto em si, mas sobre uma certa maneira de enxergar o cotidiano tão complexo das Creches. Foi preciso generosidade e bons olhos, para escolher as graças e trançá-las com a reflexão, para montar a urdidura do texto das crônicas, com a leveza e a sutileza que lhes fazem as características.

Aprendemos mais essa. E já devemos pensar em que desafio nos meteremos agora, como convém a todos os que desejam manter vivo o pensamento e a capacidade de avançar.

As Creches/Pré-Escolas administradas pela Divisão de Creches/Coseas USP começaram inovadoras, com foco nos direitos das crianças, com um corpo de funcionários diferenciado e uma equipe de coordenação multidisciplinar; investimos firmemente na formação dos funcionários, buscamos aproximação e parceria com os pais. Cuidamos das relações que se estabelecem em muitos níveis, brincamos e dançamos, lemos e escrevemos com as crianças. Erramos. Voltamos atrás. Batemos o pé nas ideias que defendemos, abrimos mão delas se outras mais interessantes se apresentam.

Temos o compromisso de defender a Educação Infantil e fazê-la mais forte, para que um dia todas as crianças possam se beneficiar de um bom começo na educação, possam ter seus direitos garantidos, possam brincar e crescer seguras de seus desejos.

Escrever é sempre um ato de coragem, porque escrever também quer dizer revelar-se, dizer de si, dizer do que se faz. Publicar crônicas sobre o trabalho realizado nas Creches e Pré-Escolas nos faz, a todos nós, os que escreveram e os que acompanharam essa empreitada, mais visíveis, mais vulneráveis e também mais fortes e cientes dos fazeres.

Ter o trabalho comentado pelos especialistas escolhidos foi, mais que um aprendizado e um exercício do debate de ideias e do aceite de um olhar estrangeiro, uma honra e um prazer. Agradecemos a disponibilidade de cada um dos que tiveram a delicadeza de tecer seus comentários, com firmeza e precisão. O diálogo entre esses *muitos olhares* foi rico, instigante e envaidecedor. E isso nos faz mais responsáveis na busca contínua de produzir e promover uma Educação Infantil de qualidade.

Espero que possamos outras vezes nos lançar em busca de novos projetos e inspirar outras pessoas que também defendem as crianças, a contarem seus fazeres.

Fica o convite a todos os que têm algo a dizer sobre a Educação Infantil.

Maria Clotilde Magaldi
Diretora da Divisão de Creches da
Coordenadoria de Assistência Social da USP